# COMO OUVIR MELHOR EM INGLÊS

# COMO OUVIR MELHOR EM INGLÊS

## ESTRATÉGIAS 4

### Denise Santos

Ampla experiência na área do ensino de língua estrangeira, tendo atuado como professora e coordenadora de inglês em escolas e cursos de línguas no Brasil; como pesquisadora na área de ensino de estratégias na aprendizagem de línguas estrangeiras nas Universidades de Oxford e Reading (Reino Unido), como professora e autora de livro sobre o ensino de português como língua estrangeira no Brasil, Estados Unidos e Reino Unido. Denise tem ativa participação em conferências nacionais e internacionais e possui inúmeras publicações acadêmicas (em livros, jornais e revistas especializados no Brasil e no exterior), bem como livros didáticos e paradidáticos na área do ensino de língua estrangeira. Mais informações sobre a autora podem ser encontradas em www.denisesantos.com.

© 2013 Denise Santos

**Capa e projeto gráfico:** Città Estúdio
**Editoração eletrônica:** Città Estúdio
**Supervisão Editorial:** Faccioli Editorial
**Assistência editorial:** David Santos
**Revisão:** Sandra Garcia Cortés

```
          Dados  Internacionais  de  Catalogação  na  Publicação  (CIP)
                 (Câmara  Brasileira  do  Livro,  SP,  Brasil)

          Santos, Denise
                Como ouvir melhor em inglês / Denise Santos. --
          1. ed. -- Barueri, SP : DISAL, 2013.

                ISBN 978-85-7844-147-0

                1. Inglês - Estudo e ensino I. Título.


          13-08633                                                CDD-420.7
```

Índices para catálogo sistemático:

1. Inglês : Estudo e ensino    420.7

Todos os direitos reservados em nome de:
**Bantim, Canato e Guazzelli Editora Ltda.**
Alameda Mamoré 911 – cj. 107
Alphaville – BARUERI – SP
CEP: 06454-040
Tel. / Fax: (11) 4195-2811
Visite nosso site: www.disaleditora.com.br
Televendas: (11) 3226-3111
Fax gratuito: 0800 7707 105/106
E-mail para pedidos: comercial@disal.com.br
Nenhuma parte desta publicação pode ser reproduzida, arquivada ou transmitida de nenhuma forma ou meio sem permissão expressa e por escrito da Editora.

A Felipe, Eduardo e Maurício, meu filhos,
pelas melhores aulas que já tive sobre
o que é ouvir – e como podemos ouvir melhor.

APRESENTANDO A COLEÇÃO .......................................... 8

## PARTE 1: FUNDAMENTOS

As habilidades linguísticas e o uso de estratégias ....... 12
    Um pouco de história ..................................................... 13
    O que são, afinal, estratégias? ........................................ 14
    Pesquisas recentes: focos e resultados ......................... 16
O que sabemos sobre estratégias
de compreensão oral ....................................................... 19
Palavras finais: Recado da autora para o leitor ........... 21

## PARTE 2: RECURSOS

Estratégias de compreensão oral ................................. 24
1. Preparando-se para ouvir ................................................ 26
2. Fazendo previsões ............................................................ 31
3. Monitorando previsões durante a escuta ..................... 35
4. Focando a atenção em palavras-chaves ....................... 39
5. Ouvindo para ter uma ideia geral ................................... 44
6. Focando a atenção em informações específicas ......... 48
7. Focando a atenção em elementos negativos ............... 53
8. Focando a atenção em marcadores do discurso .......... 58
9. Projetando a atenção no tempo verbal ......................... 62
10. Entendendo números ....................................................... 66
11. Identificando informações semelhantes
    em um texto oral ............................................................... 71
12. Focando a atenção em grupos de palavras (*chunks*) ..... 76
13. Vocalizando o que é ouvido ............................................. 81
14. Visualizando o que é ouvido ............................................ 84
15. Fazendo inferências ........................................................... 88
16. Inferindo o sentido de vocabulário desconhecido ........ 93
17. Lidando com lacunas na compreensão .......................... 98
18. Identificando o que é (e o que não é) dito .................. 104
19. Formulando e verificando hipóteses ............................ 109
20. Prestando atenção à pronúncia e à entonação ........... 114
21. Focando a atenção no dialeto e sotaque
    dos falantes ...................................................................... 119
22. Refletindo sobre a relação entre som e grafia ............ 124
23. Identificando fronteiras no que se ouve ...................... 129
24. Ouvindo para aprender ou rever vocabulário ............. 133

25. Transferindo o que se entende em uma parte para compreender outra parte do texto ........................138
26. Monitorando a escuta ....................................................142
27. Perguntando-se o que se sabe (e o que não se sabe) sobre o assunto ...........................147
28. Tomando notas ................................................................151
29. Considerando elementos para apoiar decisões ...........156
30. Identificando "o problema" ............................................162
31. Esclarecendo o que é ouvido ........................................167
32. Apoiando-se em elementos visuais ao ouvir ...............171
33. Elaborando ......................................................................176
34. Identificando as dificuldades e delineando um plano de ação para solucioná-las..............................180
35. Ouvindo em colaboração ...............................................184
36. Ouvindo de formas diferentes.......................................190
37. Ouvindo para aprender sobre comunicação oral ........194
38. Pensando sobre como se ouve .....................................199
39. Selecionando e aplicando as estratégias apropriadas para uma tarefa .........................................203
40. Avaliando as estratégias aplicadas...............................208

## PARTE 3: COMPLEMENTOS

Respostas dos exercícios .............................................. 216
Índice dos termos do glossário ..................................... 232
Fontes de referência ...................................................... 234
Bibliografia e sugestões de leituras complementares............................................................. 236

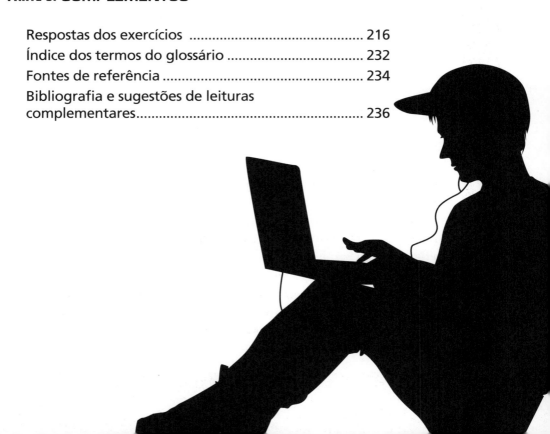

A coleção Estratégias é composta por quatro volumes:

- COMO LER MELHOR EM INGLÊS
- COMO ESCREVER MELHOR EM INGLÊS
- COMO OUVIR MELHOR EM INGLÊS
- COMO FALAR MELHOR EM INGLÊS

O objetivo da coleção é apresentar e discutir procedimentos que podem auxiliar o usuário de inglês a fazer uso mais competente dessa língua em suas quatro habilidades (leitura, escrita, audição e fala). Nesta coleção, tem-se em mente um usuário da língua inglesa que pode variar entre aquele que tem um conhecimento básico dessa língua e aquele que tem um conhecimento mais amplo, podendo até mesmo ser professor de inglês. Os leitores com menor proficiência na língua inglesa terão acesso, através da coleção, a inúmeras formas de lidar com dificuldades no uso da língua estrangeira, desenvolvendo recursos facilitadores para a sua comunicação oral (ao falar, ao ouvir) e escrita (ao ler, ao escrever), bem como recursos de apoio para sua aprendizagem dessas quatro habilidades linguísticas. Os com maior proficiência na língua inglesa poderão usar a coleção como fonte de informações recentes no âmbito de *learner strategies*, podendo incorporar tais informações tanto para seu próprio desenvolvimento pessoal quanto para sua capacitação profissional (no caso de o leitor ser professor de língua inglesa). Nesse sentido, a coleção oferece ampla gama de sugestões de atividades para implementação em sala de aula.

Tendo os objetivos descritos acima em mente, cada um dos quatro volumes que compõem esta coleção é dividido em três partes, conforme detalhes a seguir:

- FUNDAMENTOS: Esta parte apresenta informações gerais acerca do que se sabe atualmente sobre estratégias diante dos resultados de pesquisas recentes na área. Aqui se discutem questões básicas a respeito de estratégias: como elas são definidas, o que envolvem, o que sabemos sobre seu uso e sua aprendizagem, seus benefícios, as dificuldades a elas atreladas. Esta parte inicial é composta por uma seção mais geral (sobre estratégias em caráter mais amplo) e uma seção mais específica (sobre a habilidade em destaque no livro). Desta forma, neste volume, há considerações específicas sobre estratégias relacionadas com a habilidade de ouvir.

- RECURSOS: Esta parte contém a apresentação e discussão detalhada de 40 estratégias relativas à habilidade focalizada no livro. Em cada uma delas, parte-se sempre de uma situação específica de uso do inglês para se apresentar uma potencial dificuldade nesse contexto de uso. A partir dessa dificuldade, apresentam-se a estratégia e suas características, e em seguida as formas de implementação (quer dizer, o que precisa ser feito, pensado ou dito para pôr tal estratégia em uso), além das vantagens, dificuldades e benefícios associados à estratégia em foco. Cada uma das 40 seções que compõem esta parte inclui exercícios para aplicação e prática da estratégia em foco, bem como sugestões de atividades suplementares.

- COMPLEMENTOS: Esta parte oferece subsídios adicionais para ampliar o conhecimento e a prática das estratégias apresentadas no livro. Ela contém 4 seções: (1) Respostas dos exercícios; (2) Índice de termos do glossário, com a relação dos termos técnicos utilizados na obra. No decorrer do texto, esses termos são destacados na cor, e suas definições são dadas na margem da página; (3) Fontes de referência: sugestões de *sites* que o leitor pode utilizar para praticar as estratégias apresentadas no livro; (4) Bibliografia e sugestões de leituras adicionais sobre o assunto tratado na obra.

# AS HABILIDADES LINGUÍSTICAS E O USO DE ESTRATÉGIAS

Há algumas décadas o ensino de inglês vem sendo organizado ao redor das quatro habilidades linguísticas (*reading*, *writing*, *listening* e *speaking*). Essa abordagem é traduzida na maioria dos livros didáticos e nas aulas de inglês através de atividades que envolvem "prática" de leitura, de escrita, de audição, de expressão oral, mas não se costuma oferecer ao aprendiz oportunidades de "como aprender" a ler, a escrever, a ouvir e a falar em inglês, isto é, não se costuma ensinar estratégias para melhor aprendizagem e aplicação das quatro habilidades.

No Brasil, a habilidade de leitura costuma ser uma exceção nesse quadro mais geral de negligência ao desenvolvimento das estratégias. Desde 1998, com a publicação dos Parâmetros Curriculares Nacionais para o ensino de língua estrangeira, vem-se dando destaque à leitura, incluindo atenção especial à prática de algumas estratégias relacionadas com essa habilidade. No entanto, o que se nota é que, mesmo quando há práticas de estratégias nesse cenário, estas tendem a vir desacompanhadas de um apoio mais sólido, que leve o aprendiz a entender os benefícios que o uso de uma estratégia pode trazer, tanto para uma atividade específica quanto para futuras situações de comunicação e/ou aprendizagem.

Por exemplo, é comum vermos em livros didáticos atividades que pedem ao aluno para fazer uma leitura rápida inicial de um texto (*skimming*) antes de fazer uma leitura mais detalhada. Mas raramente essas atividades incluem passos que estimulem tais aprendizes a refletirem, por exemplo: *Por que e para que devo fazer uma leitura rápida inicial? Até que ponto esta leitura pode me auxiliar no entendimento do texto? Em que ocasiões uma leitura rápida inicial pode ser benéfica ao leitor? Há situações em que uma leitura rápida inicial é inapropriada ou mesmo impossível?* O mesmo acontece com o uso de *brainstorming* ao escrever, o reconhecimento de palavras-chave (*key words*) ao ouvir, ou a prática de pedidos de esclarecimentos ao falar. Essas estratégias são comumente trabalhadas nas aulas de inglês atualmente, mas raramente se dá oportunidade ao aluno de refletir sobre elas: haveria situações de escrita em que *brainstormings* não são aconselháveis? Como fazer para saber quais de fato são as *key words* num *listening*? Os pedidos de esclarecimento devem variar em função de condições contextuais, tais como nível de formalidade da conversa ou relação entre os participantes?

São questões como essas que esta coleção contempla, a fim de instrumentalizar o aprendiz de língua inglesa para saber decidir, implementar e avaliar as estratégias apropriadas em diferentes contextos de produção e compreensão oral e escrita em inglês.

## Um pouco de história

A publicação, em 2007, de um livro chamado *Language Learner Strategies: Thirty Years of Research and Practice* (organizado por Andrew Cohen, da Universidade de Minnesota, e Ernesto Macaro, da Universidade de Oxford), indica que o interesse e o debate a respeito de estratégias não são recentes. Ao longo do tempo – e como acontece em qualquer área de pesquisa –, acadêmicos vêm desenvolvendo enfoques e entendimentos diversos a respeito da noção de estratégias. Para melhor situar o conceito nos tempos atuais, é importante rever abordagens e crenças do passado e entender o que mudou (e por quê) ao longo dos anos.

A noção de estratégias, no contexto da aprendizagem de língua estrangeira, surgiu no século passado, em meados dos anos 70, e ganhou ímpeto nos anos 80. A ideia que originou tal movimento estava pautada na premissa de que "*good language learners*" agem e pensam de forma diferente dos "*not so good language learners*". Consequentemente, a observação das características desses aprendizes mais bem-sucedidos deveria levar à identificação de estratégias por eles usadas, e esses resultados, por sua vez, deveriam ser interpretados como práticas a serem implementadas por todos os aprendizes.

Desta forma, os primeiros estudos na área procuraram listar as *learning strategies* usadas por bons aprendizes. Este objetivo levou ao desenvolvimento de diversas taxonomias, as quais eram frequentemente organizadas ao redor de aspectos cognitivos (como *repetition, note-taking, deduction, inferencing*), metacognitivos (como *selective attention, advance preparation, self-evaluation, self-monitoring*) e socioafetivos (como *cooperation, asking others for clarification*).

Com o passar do tempo, porém, concluiu-se que o uso de determinadas estratégias, ou a frequência desse uso, não estava necessariamente associado ao melhor desempenho de diferentes aprendizes. Percebeu-se que alguns aprendizes não tão bem-sucedidos faziam uso de estratégias, às vezes com frequência, mas simplesmente não tinham desempenhos satisfatórios de uma forma mais geral na sua aprendizagem.

Pesquisas subsequentes revelaram que resultados positivos no processo de aprendizagem não estão relacionados a "se" ou "com que frequência" certas estratégias são implementadas, mas sim a "como", "por que" e "para que" os aprendizes usam estratégias. No cenário das pesquisas atuais, questões cruciais são: As estratégias usadas existem em que situações? Elas apoiam que tipo de tarefas? Elas se combinam com outras estratégias? Se sim, de que forma? Há combinações de estratégias que parecem ser mais benéficas em certas situações do que em outras? Como os aprendizes mais bem-sucedidos tomam decisões para aplicar ou descartar certas estratégias?

E, de forma fundamental, procura-se entender: como podemos definir e caracterizar o termo "estratégias"? Trataremos desta questão a seguir, antes de apresentar outros resultados de pesquisas recentes.

## O que são, afinal, estratégias?

Ao longo dos anos, várias definições foram dadas para a noção de estratégias. Vejamos algumas delas:

> *Learning strategies are the behaviours and thoughts that a learner engages in during learning that are intended to influence the learner's encoding process.* (Weinstein e Mayer, 1986)

> *Learning strategies are techniques, approaches or deliberate actions that students take in order to facilitate the learning and recall of both linguistic and content area information.* (Chamot, 1987: 71)

> *The term learner strategies refers to language learning behaviours learners actually engage in to learn and regulate the learning of a second language.* (Wenden, 1987: 6)

> *Specific actions taken by the learner to make learning easier, faster, more enjoyable, more self-directed, more effective and more transferable to new situations.* (Oxford, 1990: 8)

> *Those processes which are consciously selected by learners and which may result in action taken to enhance the learning or use of a second or foreign language, through the storage, retention, recall, and application of information about that language.* (Cohen, 1998: 4)

Como se pode perceber acima, acadêmicos tendem a divergir no que se refere à definição e caracterização de estratégias. Mas não se espante, isso não é anormal: essas discordâncias costumam mesmo acontecer em qualquer área de pesquisa, e elas são bem-vindas; afinal, discordâncias geram debates que, por sua vez, levam a novos – e frequentemente melhores – entendimentos sobre o assunto estudado.

Retornando às definições acima, repare que as discordâncias giram em torno de diferentes aspectos. Um desses aspectos envolve o caráter observável ou não das estratégias. Para alguns acadêmicos, estratégias são definidas como *comportamento* (sendo, portanto, observáveis); para outros, são tidas como *processos mentais* (não observáveis). Há ainda outros estudiosos que as concebem no âmbito mais funcional das *técnicas*.

Outro aspecto que leva a divergências entre os que investigam estratégias refere-se ao nível de consciência associado ao seu uso: enquanto alguns estudiosos acham que as estratégias ocorrem num nível *inconsciente*; outros pregam que elas são aplicadas de forma *consciente*.

Pesquisadores destacam também o fato de que, enquanto algumas estratégias envolvem *aprendizagem* da língua estrangeira (por exemplo, a leitura detalhada de um texto para aprendizagem de novo vocabulário), outras envolvem *uso* desta língua (por exemplo, a previsão do conteúdo de um texto antes de sua leitura).

Para conciliar tais dilemas, adota-se neste livro uma definição abrangente que caracteriza estratégias como *ações* (que podem ser tanto mentais quanto físicas, ou as duas coisas ao mesmo tempo). De fato, esta é a abordagem de definições mais recentes, como a reproduzida a seguir:

*Learning strategies are procedures that facilitate a learning task.* (Chamot, 2005: 112)

Nesta obra, entende-se, também, que inicialmente as estratégias são ativadas consciente e intencionalmente, mas ao longo do tempo, e através da prática de uso, muitas delas passam a ser automáticas e inconscientes.

Finalmente, esta obra apoia tendências atuais que designam estratégias como *learner strategies* e não apenas como *learning strategies*. A nomenclatura *learning strategy* coloca na aprendizagem o foco de aplicação das estratégias, o que é adequado mas limitador. As estratégias atuam não apenas no âmbito da aprendizagem de uma língua, mas também no âmbito do uso dessa língua, e nos dois âmbitos ao mesmo tempo. O termo *learner strategy* dá conta dessa amplitude, e mais: ele põe o aprendiz no centro e no controle do uso das estratégias, fazendo com que ele seja agente de suas decisões estratégicas.

Duas noções adicionais costumam estar presentes nas caracterizações mais recentes sobre estratégias: *contexto* e *situação-problema*. Como esclarecido anteriormente, entende-se atualmente que *learner strategies* são ativadas e implementadas dentro de um contexto específico de uso da língua. No caso de uma situação que envolva leitura, elementos contextuais incluem o texto propriamente dito, o objetivo da leitura, o nível de proficiência do leitor, seu interesse pelo que é lido, se o leitor lê o texto pela primeira vez ou não, entre outros. Condições similares existem em situações de fala (o que falamos, com quem, sobre o quê, nossos propósitos comunicativos etc.), de escuta (o que escutamos, por que, para que, em que circunstâncias etc.) e de escrita (o que escrevemos, para quem, com que objetivo etc.). Tudo isso deve ser levado em consideração ao se descreverem e analisarem as estratégias ativadas em cada uma dessas situações.

Outro fator associado à ocorrência de *learner strategies* é a percepção, por parte do aprendiz, de que o contexto envolve algum nível de dificuldade, o que lhe cria uma espécie de problema. Num contexto de leitura ou de compreensão oral, o problema pode ser algo mais imediato como o não entendimento de uma palavra, ou pode ser algo mais amplo que envolva aprendizagem de inglês de uma forma mais geral, tal como o desenvolvimento do vocabulário. Num contexto de produção oral ou escrita, o problema pode estar relacionado com a dificuldade de expressar uma ideia ou sentimento naquele momento, ou pode estar relacionado a um questionamento do aprendiz sobre como estar atento a fatores contextuais em outras situações de fala ou escuta.

Concluindo, as palavras-chaves na definição e caracterização de estratégias adotadas neste livro são: contexto, *learner strategy*, situação, problema, ação, reflexão.

## Pesquisas recentes: focos e resultados

Como visto acima, sabe-se atualmente que aprendizes bem-sucedidos conhecem os potenciais benefícios associados ao uso de certas estratégias e que consideram sua aplicação de forma contextualizada. Em outras palavras, esses aprendizes não usam determinada estratégia "num vácuo", mas optam pela sua aplicação diante de um certo contexto de uso da língua (ao ler, escrever, falar ou ouvir).

É importante realçar que uma estratégia não é "boa" ou "má" por si só. Ela "pode ser" adequada num dado momento de comunicação ou aprendizagem, e portanto só pode ser entendida dentro de um contexto de uso específico da língua. Uma leitura rápida inicial de um texto, por exemplo, não é potencialmente útil (e, portanto, não é aconselhável) quando temos pouco tempo para achar uma informação específica em um texto ou quando lemos um romance por prazer e/ou entretenimento e não queremos saber o que vai acontecer no final do texto.

Numa conversa, o uso de perguntas para promover o envolvimento do interlocutor pode ser apropriado se a situação permitir que se façam tais perguntas. Numa conversa com alguém hierarquicamente superior a nós, não é aconselhável que façamos perguntas demais ao nosso interlocutor. Em situações mais informais, ou em que o nível de relação dos participantes seja mais simétrico (isto é, sem maiores diferenças de poder interacional), é sempre uma boa ideia fazer perguntas para promover o envolvimento dos participantes na interação.

Ao assistir a um filme em inglês num cinema, não é apropriado que usemos vocalizações (repetições do que ouvimos) em voz alta, porque há outras pessoas à nossa volta que certamente não vão apreciar tal "barulho". No entanto, a estratégia de vocalizar o que ouvimos é um recurso importante para desenvolver nossa habilidade de ouvir em inglês, e tal estratégia deve ser implementada, por exemplo, quando ouvimos um programa de rádio no carro, e estamos na dúvida quanto ao que acabamos de ouvir. Tal "repetição em voz alta" pode ser bastante útil para esclarecer uma dúvida quanto ao que foi ouvido.

O mesmo acontece com estratégias de *writing*: a mesma estratégia pode ser apropriada numa situação, e inapropriada em outra. O uso de revisão no texto que escrevemos a partir da observação de textos similares pode ser uma estratégia útil quando temos tempo extra para rever com cuidado algo que escrevemos previamente, ou se estamos escrevendo algo que não deve conter problemas de conteúdo ou de forma (por exemplo, uma *application letter* para um emprego ou uma vaga em uma escola ou universidade). No entanto, tal estratégia não será tão apropriada numa situação de escrita mais informal (um bilhete para um amigo, por exemplo) ou quando não temos tempo ou recursos para tal revisão (por exemplo, ao escrever no metrô uma mensagem de texto respondendo a uma pergunta urgente). Em suma, um usuário eficiente da língua inglesa precisa estar apto a tomar decisões estratégicas ao ler, falar, ouvir e escrever nessa língua, avaliando quais estratégias são e não são apropriadas num dado momento comunicativo.

Resultados de pesquisas recentes indicam que aprendizes bem-sucedidos pensam e conversam sobre as estratégias aplicadas durante a aprendizagem e o uso do inglês. Além disso, percebe-se que tais aprendizes costumam avaliar o uso das estratégias que estão sendo e que foram usadas, criando novos planos de ação (que deverão incluir a implementação de novas estratégias) se algo não funciona bem.

O foco de pesquisas atuais é projetado para o melhor entendimento das características acima, bem como para um melhor entendimento do que atualmente é descrito na literatura como uma *orchestration of strategies* desenvolvida por aprendizes bem-sucedidos. Esta orquestração pode ocorrer em sequência, criando o que se conhece como *strategy chains;* ou pode ocorrer com o uso simultâneo de várias estratégias, criando *strategy clusters*. Não é sempre fácil fazer a distinção entre os dois tipos de usos, mas acredita-se que, por exemplo, a estratégia "ativando conhecimento prévio" é desejável em toda e qualquer situação de produção e compreensão oral e escrita, em combinação com outras estratégias. Acredita-se, também, que quanto mais desafiadora for a atividade, mais estratégias o leitor deverá ativar a fim de ser bem-sucedido na tarefa.

Os pontos discutidos nesta seção refletem o interesse no desenvolvimento de estratégias no contexto do ensino e aprendizagem de línguas estrangeiras, mas a questão fundamental é: é possível ensinar e aprender estratégias? Resultados de pesquisas recentes apontam que sim. Mais do que possível, tal ensino é mesmo desejável por duas razões. Primeiramente, como dito acima, entende-se que os alunos com maior repertório e controle de uso de estratégias têm melhor desempenho ao aprender uma língua estrangeira. Segundo, estudos na área sugerem que um aprendiz de língua estrangeira não necessariamente transfere seu conhecimento sobre estratégias em língua materna para sua aprendizagem de uma língua estrangeira. Em outras palavras, um aluno brasileiro que sabe quando e como fazer inferências ao ler em português não saberá necessariamente aplicar essa mesma estratégia na sua leitura de textos em inglês. O mesmo acontece com, por exemplo, a atenção para *key words* ao ouvir, o uso de hesitação ao falar, ou a preocupação com as necessidades do leitor ao escrever: essas estratégias podem ser bem utilizadas na língua materna, mas seu uso em língua estrangeira precisa ser trabalhado até ficar automatizado. Portanto, devemos ensinar e aprender sobre estratégias relativas ao uso da língua inglesa se queremos formar e nos tornar usuários mais competentes dessa língua!

Para aprender sobre estratégias, e sobre como usá-las de forma eficaz, é importante ter conhecimento de um repertório de opções: quanto mais estratégias um aprendiz conhece, melhor. Tal conhecimento é o primeiro passo para se criarem oportunidades de prática, que incluam aplicação, reflexão e discussão de estratégias.

# O QUE SABEMOS SOBRE ESTRATÉGIAS DE COMPREENSÃO ORAL

Tratamos até agora de estratégias de uma forma mais geral, e aqui faremos algumas considerações específicas sobre *listening strategies*. Das quatro habilidades linguísticas, *listening* é a que recebeu menos atenção da pesquisa acadêmica de uma forma geral e na área de estratégias em particular (Vandergrift, 1997). Nos últimos anos, no entanto, tem-se notado um interesse crescente na área incluindo publicações importantes (por exemplo, Field, 2009; Vandergrift e Goh, 2012) e mesmo uma edição especial sobre o tema no prestigioso jornal *System* (2008).

Para compreendermos melhor como a compreensão oral está sendo discutida na literatura recente (e como as estratégias de *listening* se encaixam na concepção atual), é importante entendermos como a compreensão oral tem sido conceituada através dos tempos. Inicialmente, e até os anos 60 do século passado, estudos em compreensão oral se apoiavam em conceitos empregados em estudos de leitura – afinal, ambas as habilidades linguísticas eram definidas àquela época como "habilidades passivas" (ao contrário de produção oral e escrita, percebidas como "habilidades ativas"). Sob essa ótica, compreensão oral era percebida como um "produto" pronto para ser consumido pelo ouvinte, e o sucesso em *listening* estava associado a saber responder perguntas de compreensão sobre o conteúdo do texto. Se o áudio envolvesse, por exemplo, uma conversa entre amigos planejando um passeio no fim de semana, essas perguntas verificariam, por exemplo, compreensão de informações dadas pelos falantes, como: aonde vão, a que horas, como, o que farão nesse lugar etc.

Esse foco no conteúdo do texto, por sua vez, apoia-se teoricamente no conceito de processos *bottom-up,* isto é, processos de percepção oral que focam em elementos do texto, partindo de unidades de significado menores, seguindo para maiores: de fonemas para palavras, para locuções, para frases etc. Nos anos 1980 estudos em *listening* começaram a chamar a atenção para o fato de que "elementos do texto", apesar de importantes, não eram os únicos fatores necessários para uma boa compreensão oral. Com isso, passou-se a dar atenção a processos *top-down* no trabalho com *listening*, isto é, começou-se a apoiar a escuta em ativação de conhecimento prévio (de mundo, de gêneros textuais) bem como no desenvolvimento de inferências sobre o que se ouvia. Retomando o exemplo acima sobre o áudio envolvendo uma conversa entre amigos, nessa abordagem, uma atividade de *listening* típica seria iniciar o trabalho fazendo-se previsões sobre o que essas pessoas iriam dizer e pedir aos alunos-ouvintes que respondessem a perguntas sobre a situação cujas respostas não necessariamente estivessem contidas no áudio ouvido, por exemplo: quantas pessoas estão conversando? Onde elas estão? Como eles se sentem no final da conversa?

Atualmente acredita-se que uma combinação dessas duas abordagens é necessária para uma boa escuta. Macaro (2001: 39) propõe que ouvintes menos eficientes tendem a priorizar um processo de "decodificação", tentando entender todas as palavras na sequência em que elas são ouvidas, enquanto ouvintes mais eficientes fazem maior e melhor uso de estratégias *top-down*, como inferências baseadas em conhecimento prévio ou monitoramento de coerência. Tal comentário está relacionado com outra ideia repetidamente ressaltada na literatura sobre estratégias de compreensão oral: o fato de que a aplicação de estratégias metacognitivas evidencia-se como o que mais diferencia ouvintes bem-sucedidos dos não bem-sucedidos (Goh, 1998; Vandergrift, 1997; 1998).

Além disso, estudos recentes (Graham et al., 2008; Santos et al., 2008; Vandergrift, 2003) destacam que não é o uso de certas estratégias em si, mas sua combinação eficaz, que faz alguns ouvintes serem mais bem-sucedidos em seu *listening* do que outros. Por exemplo, uma aprendiz que prevê o que vai ouvir não necessariamente terá uma escuta bem-sucedida se não monitorar essas previsões com verificações contínuas sobre o que ouve (e o que não ouve) ou com monitoramento de coerência diante do que ela sabe sobre o assunto.

Ao finalizar uma vasta revisão da literatura na área, Macaro et al. (2007: 184) concluem: "*Strategy research has provided fairly conclusive evidence that successful listeners use different strategies and in different combinations to less-successful listeners. There is mounting evidence that within those strategy combinations metacognition plays an important part*".

Obviamente, os estudos sobre essas estratégias têm contextos diferentes (as línguas estrangeiras abordadas variam, podendo ser o inglês ou outras; os aprendizes têm idades diferentes; os objetivos de leitura dos aprendizes variam etc.) e essas diferenças afetam os resultados das investigações. Como esclarecido nos comentários gerais na seção anterior, há uma tendência atualmente de atrelar os resultados de uma pesquisa aos contextos específicos em que tal estudo foi encaminhado. Quando falamos de estratégias, é importante ter em mente que contexto e estratégias estão integrados todo o tempo.

Uma distinção final a ser feita nesta seção envolve as noções de "produto" e "processo". Através dos tempos, avaliações de *listening* têm adotado uma abordagem de compreensão oral como "produto", utilizando tarefas que envolvem perguntas de compreensão cujas respostas estão presentes no texto ou requerem algumas inferências. Esse tipo de abordagem, apesar de importante para verificação de conteúdo específico do que se ouve, não revela aspectos importantes sobre o processo de compreensão oral, por exemplo, os pontos que causaram alguma confusão ao ouvinte (e por quê), os procedimentos encaminhados para se lidar com tais dificuldades, os pensamentos desenvolvidos em paralelo à escuta, as decisões tomadas (e seus fundamentos). A atenção a esses aspectos faz parte das tendências atuais em se conceituar *listening* como um processo, focando-se não apenas "no que" se ouve, mas também "no como" se ouve. Esse foco, acredita-se, é fundamental para que aprendizes de inglês tornem-se ouvintes mais eficientes.

# PALAVRAS FINAIS: RECADO DA AUTORA PARA O LEITOR

Este livro apresenta e discute algumas estratégias de compreensão oral (*listening*) com o intuito de auxiliá-lo a se tornar um "ouvinte estratégico em inglês" – ou, no caso de você ser professor de inglês, de enriquecer o seu repertório de informações sobre *listening strategies,* e paralelamente contribuir com ideias para implementação nas suas aulas de compreensão oral em inglês, de forma que seus alunos tornem-se *strategic listeners.*

O ato de ouvir é complexo e envolve muitas outras dimensões além de aspectos mecânicos ao redor da "decodificação de sons e palavras", e um ouvinte estratégico precisa estar atento a outras dimensões envolvidas ao ouvir. Para tal, é preciso conceber *listening* não apenas como um produto, isto é, uma tarefa que se encaminha a fim de se responder a perguntas de compreensão sobre o texto ouvido. Para ouvir melhor, é preciso entender *listening* como um processo, parando-se para refletir como se ouve, por que, quais as dificuldades encontradas, como se lida ou se pode lidar com elas. Isso tudo significa uma mudança do que normalmente se faz em cursos de inglês. Como explica a linguista aplicada Christine Goh (2010: 180), "[...] *listening instruction in many language courses tends to focus almost exclusively on understanding the content of spoken texts, with little time given to teaching about the process of listening and how to listen*".

Para tornar-se um ouvinte mais apto, mais capaz de tomar decisões imediatas sobre o que ouve, ouviu ou está por ouvir, você pode desenvolver algumas estratégias. Isso é uma boa notícia. No entanto, é importante ressaltar que esse desenvolvimento estratégico requer muita prática, em que ocorrerão erros e acertos, e muita reflexão sobre o que se ouve, como se ouve, o que pode ser feito para melhorar o processo de escuta no presente e no futuro.

Um entendimento das estratégias a seu dispor facilitará tal prática, e este livro tem o objetivo de apresentar e discutir as estratégias de compreensão oral mais importantes, a fim de que você e seus alunos "apropriem-se" delas: para tal, deve-se ler sobre elas, experimentá-las em diferentes situações de compreensão oral, refletir sobre elas, adaptá-las, tomar posse delas.

Este livro apresenta as estratégias de forma isolada por questões pedagógicas: esta organização é necessária para que você tenha um entendimento dos "elementos" dentro do conjunto "estratégias de compreensão oral". Mas, sempre que possível, fazem-se conexões entre as estratégias, e estimula-se essa "orquestração de estratégias". Acredito que este livro pode instrumentalizá-lo a tomar importantes decisões ao ouvir ou ao ensinar sobre compreensão oral em inglês, de forma que você ou seus alunos tornem-se ouvintes autônomos e competentes em língua inglesa.

# PARTE 2

# ESTRATÉGIAS DE COMPREENSÃO ORAL

**Gêneros textuais** (*textual genres*, em inglês) são realizações orais ou escritas estabelecidas em um grupo social. Essas realizações são reconhecidas e produzidas pelos membros do grupo a partir de suas convenções de forma e conteúdo. Alguns exemplos são: bilhetes, *e-mails*, comerciais de TV, receitas, recibos, poemas, palestras, aulas, conversas informais, entre outros.

**Sitcom** é a abreviação de *situation comedy*, comédia de TV, por exemplo, *Two and a Half Men*.

Nesta parte serão discutidas quarenta estratégias de compreensão oral, e cada estratégia será trabalhada na seguinte sequência: parte-se de uma situação que envolve algum desafio para o ouvinte e apresenta-se então um texto relacionado à situação (a transcrição do áudio ou vídeo, a tarefa a ser encaminhada, a interação oral entre os ouvintes, entre outros). Em seguida discute-se a estratégia propriamente dita, tanto especificamente sobre a sua utilização para lidar com o desafio da situação, como em termos gerais sobre aplicabilidade, benefícios e riscos associados ao uso da estratégia. A essa discussão seguem-se exercícios e sugestões de atividades extras.

As situações de escuta apresentadas são variadas, e os textos reproduzidos apresentam uma vasta gama de assuntos e gêneros textuais: anúncios, apresentações, histórias infantis, entrevistas, *sitcoms*, interações em sala de aula, entre outros. Muitos exemplos remetem a fontes na Internet, que são sempre explicitadas, e nesses casos recomendamos ao leitor que procure ouvir o áudio correspondente (se o *site* estiver disponível) antes de ler os comentários sobre as estratégias correspondentes. Caso o *site* não esteja disponível, deve-se apenas ler a transcrição do trecho, mas nesses casos, considerando que "ler" envolve processos diferentes de "ouvir", deve-se tentar, na medida do possível, imaginar uma situação em que se ouve tal texto.

Alguns exemplos dados envolvem transcrições de interações em sala de aula em torno de situações que envolvem compreensão oral. Essas interações foram observadas pela autora, gravadas em áudio e posteriormente transcritas usando-se as seguintes convenções:

```
=      indica falas contíguas (latches)
/      indica início de sobreposição de falas (overlaps)
(?)    indica que o trecho omitido na transcrição
       é incompreensível
[...]  indica que parte da transcrição foi omitida
itálico indica que há uso de português no meio da fala em
       inglês (codeswitching)
```

> Usam-se convenções ortográficas para indicar perguntas (?), exclamações (!), reticências (...), pequenas pausas (,) e pausas maiores (.).
>
> Aspectos não verbais são indicados entre parênteses duplos.
>
> Os participantes são identificados de uma forma não individualizada para manter sua anonimidade: T, S1, S2 etc., indicando respectivamente Teacher, Student 1, Student 2 etc.

**Propósito comunicativo** (*communicative purpose*, em inglês) é um conceito normalmente associado à identificação de um **gênero textual**; o propósito comunicativo de um texto pode ser entreter, informar, persuadir, entre outros.

**Processos cognitivos** envolvem processamento mental, como retenção, agrupamento, identificação, ensaio e recuperação de informação.

**Processos metacognitivos** envolvem "cognição sobre cognição", ou seja, planejamento, monitoramento e avaliação de **processos cognitivos**.

Assim como há diversidade nos assuntos, fontes e propósitos comunicativos dos textos usados nesta parte do livro, há também variedade nos tipos de exercícios propostos, evitando-se mecanização e abordagem simplista. Ao fazer os exercícios, o leitor/ouvinte de inglês deve ter a preocupação de executá-los da forma proposta, pois a intenção não é criar oportunidades para ouvir em um sentido mais estrito de "fazer exercícios de compreensão oral" mecanicamente, mas sim de aplicar a estratégia. Parte-se, pois, da premissa de que esses exercícios auxiliarão o leitor a ficar consciente dos processos cognitivos e metacognitivos que apoiam ou podem apoiar sua compreensão oral no presente e no futuro.

A composição deste livro procurou partir de estratégias mais básicas (no sentido de serem de mais fácil entendimento e mais ampla aplicação) para em seguida apresentar outras de maior complexidade. Isso não significa que a ordem de apresentação das estratégias tem alguma relação com sua importância. Não existem estratégias "mais" ou "menos" importantes de uma forma geral: o que há (e isso será repetidamente enfatizado) são estratégias "mais apropriadas" e "menos apropriadas" a um dado contexto de compreensão oral, e um ouvinte estratégico saberá selecionar tais estratégias, e aplicá-las, de forma competente.

Ao ler esta parte do livro, o leitor deve ter sempre em mente que as estratégias estão relacionadas entre si e, ao ouvirmos, frequentemente usamos mais de uma estratégia ao mesmo tempo, ou sequencialmente (uma após a outra). O leitor pode seguir a ordem apresentada ou pode preferir ler sobre as estratégias numa ordem de sua escolha. Como as estratégias são relacionadas entre si, procurou-se sempre que possível evidenciar as relações entre elas ao discuti-las. O leitor pode, também, decidir retomar estratégias já lidas (reler sobre elas, refazer alguns exercícios) ao ler sobre outra estratégia que se relaciona com elas.

Em suma, como indica o título desta parte, espera-se que aqui o leitor encontre informações e prática sobre "recursos" que podem ajudá-lo a ouvir melhor em inglês ou a formar alunos-ouvintes mais competentes.

# 1>> PREPARANDO-SE PARA OUVIR

### A situação

Você está se preparando para um exame de inglês que contém uma parte dedicada a atividades de compreensão oral. Você gostaria de se preparar para essa parte do teste de uma forma geral e, em particular, aprender a lidar com duas dificuldades suas durante atividades de *listening*: a primeira delas é que você invariavelmente entra em pânico logo após o início do áudio por não compreender o que é dito. A segunda dificuldade diz respeito às tarefas em si: você nunca sabe o que precisa entender para poder realizar a tarefa. Por exemplo, na atividade que você está por realizar pede-se o seguinte:

### O texto

1. Listen to a description and answer the questions.
2. 1. What job does the person do?
3. 2. When did the people meet?
4. 3. How does she describe the person's character?

Harrison, L.; Cushen, C.; Hutchison, S. *Achieve IELTS 2*: English for international education. Student's Book Upper Intermediate – Advanced. Londres: Marshall Cavendish, 2006. p. 106.

### A estratégia

Na situação acima você detecta duas dificuldades específicas com relação à tarefa de ter de ouvir em inglês: uma ansiedade diante da possibilidade de não entender o início do áudio e uma falta de clareza diante do que precisa ser compreendido para a realização da tarefa. As dificuldades estão relacionadas entre si e podem ser minimizadas por meio da aplicação de estratégias associadas à preparação para se ouvir em inglês.

Para desenvolver essas estratégias é importante perceber que o ato de ouvir não se inicia do nada. Quando ouvimos algo, sempre apoiamos essa escuta em conhecimentos prévios que temos, bem como em decisões sobre os procedimentos necessários ao processo de ouvir. Aprender a tomar essas decisões de forma criteriosa e, com isso, decidir os melhores procedimentos a serem seguidos ao ouvir leva um ouvinte a se tornar "estratégico" e, desta forma, mais eficiente.

Um passo fundamental ao se preparar para ouvir envolve o estabelecimento do estado de espírito adequado (o que, na literatura em inglês, é conhecido como *getting the right frame of mind*). Se houver, por parte do ouvinte, alguma ansiedade atrelada à preparação para uma tarefa de compreensão oral, há chances de essa instabilidade emocional afetar a compreensão de forma negativa. É importante procurar descontrair-se e focar essa preparação no que pode ser feito para garantir maior controle do processo de escuta. Nessas ocasiões, vale a pena perguntar-se:

> - Meu foco de atenção está voltado para o que vou ouvir?
> - Estou relaxado?
> - Meu nível de concentração é adequado?

**Tipos de texto** (*text types*, em inglês) são categorias usadas para descrever diferentes textos de acordo com seu **propósito comunicativo**, por exemplo, **texto narrativo, texto argumentativo, texto informativo.**

Em situações que envolvem testes, pode ser mesmo difícil lidar com essa ansiedade, mas a prática das perguntas acima durante a preparação para esses testes, antes de se iniciar a escuta, pode auxiliar o ouvinte a lidar com situações de testes de forma menos tensa. Um detalhe fundamental que precisa ser levado em conta por quem ouve em inglês é que o ouvinte deve estar em controle de sua escuta, agindo e pensando de forma a tornar o processo de compreensão mais eficiente. Aqueles que atribuem as dificuldades a elementos externos (por exemplo, à pronúncia dos falantes, à velocidade com que se fala, à dificuldade do vocabulário utilizado) não demonstram um nível de controle desejável para uma boa escuta. Ao longo deste livro discutiremos várias formas de desenvolver esse controle por parte do ouvinte.

Na situação ilustrada na abertura desta seção, além das perguntas listadas na caixa acima, outros passos poderiam ser tomados como forma de preparação para a tarefa. Antes de ouvir, o aprendiz-ouvinte tinha a seu dispor o enunciado da tarefa relacionada à escuta (linha 1) e três perguntas a serem respondidas sobre o texto ouvido (linhas 2-4). No restante da página do livro em que se encontra a atividade, não havia mais nenhuma "pista" sobre o conteúdo do áudio: os outros exercícios e informações referiam-se a outros assuntos; não havia elementos para concluir se a foto de uma jovem no alto da página estava relacionada aos outros exercícios ou ao áudio a ser ouvido na atividade de *listening*. Portanto, conclusões prévias sobre o que iria ser ouvido somente poderiam ter como base o enunciado e as perguntas específicas ao áudio em questão: pelo enunciado, poderia ser concluído que o tipo de texto ilustrado no áudio seria uma descrição (*a description*, linha 1). Essa conclusão, por sua vez,

> **Adjetivo** é uma palavra que caracteriza um **substantivo** atribuindo-lhe qualidades (*generous woman*), aparência (*pretty woman*), estados (*healthy woman*) etc.
>
> **Advérbio** é uma palavra que modifica o sentido do **verbo**, acrescentando a ele noções de modo (*He reads carefully.*), tempo (*Read this now.*), intensidade (*She reads a lot.*), entre outras. Os advérbios de intensidade também podem modificar **adjetivos** (*He's an extremely generous person.*) e outros advérbios (*Read this very carefully.*).

poderia levar à inferência de que o texto provavelmente iria conter adjetivos e advérbios, comparações (com *like*, por exemplo). Essas expectativas cumprem a função de estabelecer uma espécie de diálogo entre o ouvinte e o que será ouvido, criando condições favoráveis para o entendimento do texto. Outra forma de entender seus benefícios é considerar que essas expectativas de certa forma diminuem o rol de possibilidades do conteúdo do áudio: ao ler o enunciado sabe-se que o texto não apresentará um argumento, nem uma narrativa, nem instruções, nem outro tipo de texto. A exclusão dessas possibilidades ajuda o ouvinte a canalizar seu foco e sua atenção através do que se sabe sobre descrições em geral e sobre como elas podem ser apresentadas em inglês (por exemplo, com que vocabulário e estruturas são formuladas). Pela pergunta 1, sabe-se de antemão que o texto mencionará o trabalho (*job*) que a pessoa descrita faz: tal conclusão permite a formulação de previsões sobre vocabulário a ser ouvido (mais sobre isso na próxima seção), novamente levando a um estreitamento das possibilidades do que será dito no texto. Um raciocínio similar pode ser feito pela leitura da pergunta 2, na qual se indica que o texto mencionará uma data ou um tempo no passado (*when*) em que o falante e a pessoa descrita se encontraram. Uma conclusão paralela que pode ser tirada neste ponto é que o texto incluirá elementos referentes ao passado ao dar essa informação (ampliaremos este assunto em "Projetando a atenção no tempo verbal"). Finalmente, a pergunta 3 traz ainda mais elementos que permitem o estreitamento do foco de atenção ao ouvir: ela indica que o ouvinte precisará atentar para aspectos da personalidade da pessoa descrita (e não, por exemplo, para detalhes sobre sua família, seus *hobbies*, sua saúde, seus planos para o futuro). Uma informação adicional contida na pergunta 3 é que a descrição no áudio será feita por uma mulher (*she*). Todas essas informações permitem ao ouvinte uma conexão prévia com o áudio, e por consequência uma sensação de "controle" sobre o que será ouvido.

Um ouvinte pode aprender a se preparar para situações de compreensão oral. No caso acima, por exemplo, bem como na "aprendizagem da preparação" para quaisquer outros testes que envolvam compreensão oral, pode-se desenvolver um plano de estudo que envolva prática de preparação usando-se fichas como a seguinte:

---

1. Que tipo de texto será ouvido?
2. Qual o gênero textual?
3. O que posso concluir a partir do enunciado da tarefa, bem como seus detalhes?

---

> 4. Há informações adicionais (ilustrações, destaques com o uso de negrito, sublinhamento ou itálico) que me permitem chegar a alguma conclusão?
> 5. Minha atenção está focada no que tenho de ouvir?
> 6. Posso prever alguma dificuldade a ser contemplada durante a realização da tarefa? (Se sim, o que posso fazer para superar tais dificuldades?)

O questionamento acima deve auxiliar o ouvinte a se sentir mais seguro para ouvir, o que, por consequência, deverá ter efeito positivo no seu estado de espírito, proporcionando-lhe confiança e motivação. Outros passos potencialmente benéficos durante a preparação para a escuta envolvem estratégias que discutiremos ao longo deste livro, como "Fazendo previsões" e "Perguntando-se o que se sabe (e o que não se sabe) sobre o assunto". E um comentário final: nesta seção discutimos estratégias de preparação de escuta tendo-se um cenário acadêmico como pano de fundo, mas os pontos levantados podem ser adaptados para outros cenários como o de trabalho, por exemplo: antes de uma apresentação oral de um colega, um ouvinte deve certificar-se que tem clareza do assunto a ser tratado, se domina o vocabulário central relativo ao assunto (e se sabe reconhecer tal vocabulário em sua forma oral!). Como na situação em destaque nesta seção, o importante, ao se preparar para ouvir, é sentir-se no controle do processo de ouvir que se realizará.

### Aplique a estratégia

**1 >** Para cada uma das atividades de *listening* a seguir, responda, no seu bloco de notas:
  I. O que você pode concluir sobre o tipo e o gênero textual a ser ouvido?
  II. A que conclusões você pode chegar a partir do enunciado e outros componentes da tarefa?
  III. Quais cuidados você deve tomar para manter seu foco de atenção durante a escuta?
  a. Listen to these telephone directions and circle the appropriate picture.

Baseado em: Santos, M. dos. *In Tune*: Workbook/Listening comprehension manual 2. Glenview, Illinois: Scott Foresman, 1983. p. 42.

**b.** Listen to Nick's sister reading Nick's homework. Read the statements and decide if they are true (T) or false (F).

|    |                                                                                          | T | F |
|----|------------------------------------------------------------------------------------------|---|---|
| 1  | Nick gets up at 6:30.                                                                    |   |   |
| 2  | He usually takes a shower.                                                               |   |   |
| 3  | He has breakfast.                                                                        |   |   |
| 4  | He usually walks to school.                                                              |   |   |
| 5  | He's never late for school.                                                              |   |   |
| 6  | He has lunch at eleven o'clock.                                                          |   |   |
| 7  | School lunches are always delicious.                                                     |   |   |
| 8  | He sometimes takes the dog for a walk.                                                   |   |   |
| 9  | On school days, he never goes out with friends. He stays in and does his homework.       |   |   |
| 10 | On the weekends, he often helps at home.                                                 |   |   |

Barker, C.; Mitchell, L. *Mega 1:* Student's Book. Oxford: Macmillan, 2004. p. 75.

**2 >** Visite algum *site* que contenha material em áudio para escuta (para sugestões, veja a seção *Fontes de referência* na p. 234 deste livro). Antes de ouvir o áudio (ou ver o vídeo, se for o caso), prepare-se para ouvir conforme as orientações desta seção. Depois ouça o material e responda: o seu entendimento do conteúdo do áudio/vídeo foi facilitado de alguma forma pela preparação? Justifique sua resposta.

## Sugestões adicionais

- Durante uma ou duas semanas, registre tudo o que você ouve em inglês, acrescentando o que você fez para se preparar para ouvir. Após o tempo definido, avalie: as suas formas de se preparar para ouvir cada um desses textos foi satisfatória? Haveria algo que pudesse ter sido feito para melhorar essa preparação? Até que ponto a preparação teve um impacto positivo na sua compreensão?
- Explore o *site* <http://www.voanews.com/> ouvindo duas notícias em sequência: a primeira delas você deve ouvir sem preparação alguma; a segunda, após alguma preparação. Avalie o seu entendimento das notícias em função da presença ou ausência de preparação, a fim de perceber melhor o impacto da estratégia no seu processo de audição.
- Se você tem de se preparar para alguma avaliação que envolva compreensão oral, faça uma pesquisa sobre atividades propostas em testes passados, compilando os tipos de demanda das tarefas, por exemplo, entender a ideia geral do texto; ouvir para detectar informações específicas; fazer inferências etc. Em seguida, pense em formas de se preparar para encaminhar cada um desses tipos de tarefas. Na sua preparação, inclua reflexão sobre potenciais fontes de referência (*sites* na Internet, livros didáticos, exercícios e testes feitos no passado, entre outros) que podem ser usadas como apoio no processo de escuta. O *site* <http://www.ets.org/toefl/pbt/prepare/sample_questions> contém alguns exemplos de tarefas na seção de *Listening* do exame TOEFL® .
- Se voce dá aulas de inglês, estimule seus alunos a trocarem ideias em *blogs* sobre como se preparam para ouvir.

TOEFL® é um teste de inglês usado por universidades e outras instituições para verificar o nível de proficiência em língua inglesa daqueles que não são falantes nativos de inglês. O teste abrange as quatro habilidades linguísticas (*Reading, Speaking, Listening e Writing*), e as iniciais que compõem seu nome significam *Test of English as a Foreign Language*.

## 2>> FAZENDO PREVISÕES

### A situação

Você frequenta um curso de inglês, e, como parte de um trabalho sobre o movimento pelos direitos humanos, seu professor reproduziu o famoso discurso *I have a dream*, feito pelo ativista político norte-americano Martin Luther King, Jr em 1963. Antes de tocar o áudio do discurso, foi pedido aos alunos que fizessem algumas previsões sobre o que iriam ouvir e que, em pares, listassem um vocabulário básico que achavam que seria utilizado no discurso. Você e seu colega escreveram o seguinte: *free(dom), equality, future, women*. Ao ouvir o áudio, você nota que algumas das palavras previstas de fato estavam no texto, mas outras não. Você fica frustrado, pensando em como pode fazer para melhorar suas previsões.

### O texto

 Transcrição do áudio

1  […]
2  I have a dream that one day this nation will rise up and live out the true meaning of its
3  creed: "We hold these truths to be self-evident, that all men are created equal."
4  I have a dream that one day on the red hills of Georgia, the sons of former slaves and the
5  sons of former slave owners will be able to sit down together at the table of brotherhood.
6  I have a dream that one day even the state of Mississippi, a state sweltering with the heat
7  of injustice, sweltering with the heat of oppression, will be transformed into an oasis of
8  freedom and justice.
9  I have a dream that my four little children will one day live in a nation where they will
10 not be judged by the color of their skin but by the content of their character.
11 I have a *dream* today!
12 […]

Disponível em: <http://www.americanrhetoric.com/speeches/mlkihaveadream.htm>. Acesso em: 9 abr. 2013.

### A estratégia

É sempre uma boa ideia fazer previsões sobre o que vamos ouvir. Normalmente, ao nos engajarmos em situações do dia a dia que envolvem compreensão oral (por exemplo, ao encontrarmos um amigo na rua, ao assistirmos a um programa de TV, ao vermos um filme no cinema), normalmente temos uma ideia do contexto que tais situações envolvem. A estratégia de fazer previsões em sala de aula antes de ouvir um trecho gravado é uma forma de tentar trazer à tona alguns elementos do contexto da gravação, tornando a tarefa mais genuína.

Outra forma de entender os benefícios de previsões em situações que envolvem compreensão oral é pensar que, ao se fazerem previsões, ativa-se conhecimento prévio sob as formas de conhecimento sistêmico, conhecimento de mundo e conhecimento de organização textual. Essa ativação contribui para o estabelecimento de uma conexão entre o ouvinte e o texto antes mesmo de a escuta começar, desenvolvendo vários tipos de previsão, entre eles:

- Previsões de vocabulário: Como na situação acima, estas envolvem ativação de conhecimento sistêmico antes de ouvir, incluindo previsão de palavras-chaves.
- Previsões de assunto: Estas são mais gerais que as previsões de vocabulário e envolvem ativação de conhecimento de mundo a respeito de possíveis temas sobre o que será ouvido.
- Previsões de respostas: Em casos de situações de compreensão oral que envolvam perguntas ou outros exercícios de compreensão (*gap-filling, true/false, matching*, entre outros), pode-se encaminhar a formulação de previsões sobre as respostas aos exercícios.
- Previsões de gênero textual: Ativa-se conhecimento de organização textual nesses casos para se prever o gênero a ser ouvido e suas características. No exemplo acima, sabendo-se que se vai ouvir um discurso político, pode-se prever que haverá um falante apenas, que o texto será pausado e planejado e que envolverá repetições, por exemplo.

Como se vê, as previsões estão associadas à aplicação de conhecimento prévio no que se vai ouvir, o que sob o ponto de vista da compreensão oral é benéfico, pois qualquer entendimento é construído em cima de entendimentos prévios. As previsões podem ainda trazer o benefício adicional de apoiar a criação de expectativas e estímulo à curiosidade.

É importante destacar, porém, que não há uma relação de causa e efeito entre a formulação de previsões e os benefícios mencionados acima. Para que de fato as previsões feitas antes de ouvir tragam esses benefícios é importante verificá-las continuamente durante a escuta, confirmando-as ou substituindo-as por novas previsões. Na situação acima, em que os alunos previram vocabulário antes de ouvir, mas não necessariamente retomaram essas previsões ao escutar o áudio, não há garantia de que a estratégia tenha sido benéfica além de uma inicial tentativa de se conectar com o texto a ser ouvido.

E este é exatamente o problema no encaminhamento da estratégia na situação acima: a ausência de monitoramento das previsões. Neste sentido, o fato de não se escutar *women* no áudio não é necessariamente um equívoco sob o ponto de vista da aplicação desta

---

**Conhecimento sistêmico** é o conhecimento sobre o sistema de organização de uma língua, e envolve aspectos de **fonética e fonologia, morfologia, léxico e semântica, e sintaxe**.

**Conhecimento de mundo** é o conhecimento que se tem a partir da experiência de se viver no mundo. Por exemplo, saber que se tem de pagar uma quantia em dinheiro para se comprar algo faz parte do conhecimento de mundo de uma pessoa.

**Conhecimento de organização textual** é o conhecimento que se tem a respeito de como os textos que fazem parte do meio social são organizados, produzidos e distribuídos. Saber distinguir um anúncio de um artigo de jornal faz parte do conhecimento de organização textual de um indivíduo.

**Palavra-chave** (*key word*, em inglês) é um termo cuja compreensão é essencial para o entendimento de um texto.

estratégia, como pensou o aluno-ouvinte na situação de abertura desta seção: ao fazer previsões, o importante não é acertar ou errar, mas estabelecer uma conexão prévia com o texto, conexão esta que deve ser continuamente verificada a fim de ser mantida. Em outras palavras, para serem eficazes, previsões devem ser acompanhadas de monitoramento. Retomaremos e ampliaremos este assunto na próxima seção.

Um ponto final que deve ser mencionado é que nem sempre é possível fazer previsões *antes* de ouvir. Imaginemos, por exemplo, uma situação em que começamos a ouvir "do nada", por exemplo, ao ligarmos o rádio no carro ou ao sermos abordados por um estranho na rua. Nesses casos, apesar de não fazermos previsões antes de começar a ouvir, podemos começar a fazê-las imediamente ao começar a ouvir (Isso é um programa de entrevistas ou a apresentação das notícias? Quem está falando? Sobre o que essa pessoa está falando? Por que ela está falando comigo?).

### Aplique a estratégia

**1 > a.** Você fará um exercício de compreensão oral conforme os detalhes na caixa a seguir. Antes de ouvir o áudio, e apenas com base no conteúdo do exercício, preencha o quadro com algumas previsões:

| | |
|---|---|
| Previsão de assunto | |
| Previsão de gênero textual | |
| Previsão de vocabulário | |
| Previsão das respostas dos exercícios | |

Listen to the passage and choose the option that completes each of the following statements:

I. Burney Crouss has a collection of:
   (a) birds that make unusual sounds.
   (b) recordings of animal sounds.
   (c) CDs with sounds from nature.

II. "Jungle Shoes" is:
   (a) the name of a song.
   (b) Burney's parrot.
   (c) the name of the hotel where Burney stayed when he was in the Amazon.

III. Burney's work is motivated by:
(a) his passion for children's education.
(b) his love for making music.
(c) his belief that we need to save nature.

IV. When Burney was in Alaska:
(a) he met musicians from all over the world.
(b) he composed a new song.
(c) he heard loud noises not too far away from the whales.

**b.** Ouça o áudio em <http://www.cdlponline.org/index.cfm?fuseaction=activity1&topicID=11&storyID=73> e avalie: até que ponto as previsões facilitaram a realização da tarefa? (Caso deseje conferir seu entendimento do conteúdo do áudio para fazer este exercício ou se o áudio não estiver disponível, leia o *script* do texto na seção *Respostas dos exercícios* ao final do livro.)

**2 > a.** Selecione um *site* que contenha áudios e/ou vídeos sobre as notícias do dia (por exemplo, os *sites* <http://www.bbc.co.uk/news/video_and_audio> e <http://www.npr.org/>) e, antes de ouvir, faça previsões sobre os assuntos e sobre o vocabulário: os assuntos previstos podem ser registrados em círculos, como as "ideias centrais", e desses círculos saem "pernas" em que você registra o vocabulário previsto, criando teias de informações.

**b.** Ouça o áudio e avalie: as previsões contribuíram para um melhor entendimento do conteúdo do áudio? Se sim, de que forma? Se não, por que não e o que poderia ser feito para tornar o uso de previsões mais eficaz no futuro?

## Sugestões adicionais

- Em <http://iteslj.org/Techniques/Lingzhu-Listening.html>, você pode ler um artigo que trata da ativação de conhecimento prévio para fazer previsões antes de ouvir.
- Se você dá aulas de inglês, a fim de apoiar o trabalho de previsões feito por seus alunos, procure usar uma ou mais imagens relacionadas ao que vai ser ouvido. No caso da situação acima, por exemplo, seria possível usar uma imagem (em foto, em *slide*) de Martin Luther King, Jr fazendo o seu discurso. Outros recursos como o dicionário ou o livro didático podem (e devem!) ser consultados como apoio de previsões.
- A fim de desenvolver sua conscientização sobre as possíveis estratégias a serem implementadas antes de ouvir, procure preencher fichas de avaliação como a seguinte antes de ouvir em inglês:

Before listening, I ...
(  ) Decided on key words to listen out for.
(  ) Thought about the speaker(s): how many/their relationship/purpose of talk.
(  ) Predicted what was going to be heard based on the layout and/or illustrations in the textbook.
(  ) Tried to guess the answers to the questions.

As fichas podem listar outras estratégias que você for conhecendo e, se preferir, podem ser feitas em português. Após ouvir, releia a ficha e reflita sobre seu uso das estratégias (os benefícios e as dificuldades a elas associadas). Neste ponto você pode fazer anotações adicionais sobre suas conclusões.

# 3>> MONITORANDO PREVISÕES DURANTE A ESCUTA

## A situação

Você costuma assistir a pequenas apresentações no computador como forma de praticar sua habilidade de ouvir em inglês. Você sabe que fazer previsões sobre o que vai ser ouvido é uma boa estratégia e, desta forma, costuma pensar sobre previsões ou mesmo escrever sobre elas antes de assistir às apresentações. Hoje você assistirá a um vídeo cujo título é *"5 ways to listen better"*. Antes disso, você faz as seguintes previsões: 1. O assunto do vídeo será estratégias de escuta; 2. O falante vai começar explicando o que são estratégias; 3. Uma das estratégias focadas será previsões; 4. O falante vai usar os termos *strategies*, *making predictions*, *sound* e *meaning*. Você começa a ouvir a apresentação logo em seguida, mas, depois de um minuto e meio de escuta, sente-se perdido. Você nota que a maioria das suas previsões estava errada, e essa constatação faz você concluir que sua compreensão oral é um fracasso.

## O texto

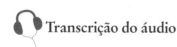 Transcrição do áudio

1  We are losing our listening. We spend roughly 60% of our communication time
2  listening, but we're not very good at it; we retain just 25% of what we hear. Now, not
3  you, not this talk, but that is generally true. Let's define listening as making meaning
4  from sound. It's a mental process, and it's a process of extraction. We use some pretty
5  cool techniques to do this, one of them is pattern recognition, so in a cocktail party like
6  this, if I say 'David, Sarah, pay attention,' some of you just sat up. We recognise patterns
7  to distinguish noise from signal, and especially our name. Differencing is another
8  technique we use. If I left this pink noise on for more than a couple of minutes you
9  would literally cease to hear it. We listen to differences, we discount sounds that remain
10 the same. And then there is a whole range of filters. These filters take us from all sound
11 down to what we pay attention to. Most people are entirely unconscious of these filters.
12 But they actually create our reality in a way, because they tell us what we're paying
13 attention to right now. I'll give you one example of that: intention is very important in
14 sound, in listening. […]

Disponível em: <http://www.ted.com/talks/julian_treasure_5_ways_to_listen_better.html>.
Acesso em: 9 abr. 2013.

## A estratégia

Ao fazer previsões antes de ouvir você deu um bom passo no sentido de se preparar para o que ia ser ouvido: suas previsões permitiram que, de certa forma, você estabelecesse um diálogo com o texto que ouviria antes mesmo de começar a ouvi-lo. Você também demonstrou entendimento de que é preciso verificar as previsões enquanto ouve.

O que falhou, então, na situação acima? Falhou a forma de encaminhar o monitoramento das previsões feitas antes de ouvir. Previsões não consistem em *checklists* a serem usados apenas para dizer se algo é dito ou não em um texto que ouvimos; elas devem ser percebidas como um guia para o entendimento do que é ouvido. Sua relevância está, pois, nas conexões que elas estabelecem entre o ouvinte e o que é ouvido, e são essas conexões que devem ser verificadas durante a escuta.

Evidentemente, as previsões que são confirmadas ao ouvir garantem um entendimento mais ágil do texto do que as previsões não confirmadas: estas devem então funcionar como uma espécie de "ponto de partida" para novos entendimentos ou, se for o caso, novas previsões a serem feitas durante a escuta. O quadro a seguir sugere alguns pensamentos que poderiam ser encaminhados durante a escuta de forma que monitore as previsões feitas na situação acima.

| Linhas | O que você ouve | Em que você pensa |
|---|---|---|
| 1-2 | *We are... listening. We spend... 60% of our communication time listening, but we're not very good at it; we... just 25% of what we hear.* | Hmm, ele não começa falando em estratégias, mas sim em "o que se ouve". Será que ele vai falar de estratégias depois? |
| 4-7 | *We use... techniques to do this... if I say 'David, Sarah, pay attention,'... We recognise... noise from signal, and especially our name.* | Ah! Aqui ele fala de estratégias de audição para *make meaning*, mas usa o termo *techniques*. |
| 7-8 | *... is another technique we use.* | *Another technique* deve ser *another strategy*. |
| 8-14 | *If I left this... noise on for more than a couple of minutes you would... to hear it. We listen to differences, we... sounds that... the same. [...]* | Até agora ele não falou de previsões; mas falou de *sounds* e como eles podem ou não afetar *meaning*. |

Como se vê, mesmo uma "previsão errada" (especificamente, o fato de o falante não falar sobre estratégias no vídeo) pode ser útil na compreensão global de um texto ouvido: ao projetar sua atenção para o que seria dito no início da fala, o ouvinte percebeu que o tema não era estratégias, mas sim compreensão. E, na sua tentativa continuada de verificar a menção de estratégias na apresentação, pode rapidamente perceber que o que o falante descrevia como "techniques" eram, na realidade, estratégias de compreensão oral.

Neste ponto o leitor pode estar desanimado, pensando na dificuldade de encaminhar monitoramentos ao ouvir quando já tem de se concentrar para ouvir e essa concentração já impõe de antemão muitas dificuldades. De fato, o processo de monitoramento pode trazer desafios ao ouvinte, mas por meio da prática pode-se aprender a fazer tal monitoramento de forma mais automática. Uma forma de encaminhar tal prática é "quebrar" o que se ouve, fazendo-se pausas para o monitoramento e prosseguindo-se com a escuta após cada pausa. Outra forma de praticar o monitoramento é escrever as previsões antes de ouvir e, durante a escuta, ticar as previsões confirmadas e cortar as previsões não confirmadas. Novas previsões, baseadas em entendimentos do que se ouve, podem também ser acrescentadas à lista, levando a novos processos de verificação.

Conforme você for prosseguindo sua leitura deste livro, perceberá que muitas das estratégias apresentadas podem apoiar o monitoramento de previsões. Desta forma, ao familiarizar-se com outras estratégias, procure incorporá-las no seu processo de monitoramento de previsões feitas antes e durante a escuta. Os exercícios a seguir oferecem uma forma mais guiada (Exercício 1) e outra menos guiada (Exercício 2) para monitorar as previsões feitas ao ouvir. Repita ou adapte os procedimentos sugeridos com outros áudios ou vídeos de sua escolha no futuro: quanto mais prática você tiver, mais hábil deverá se tornar na aplicação da estratégia.

## Aplique a estratégia

**1 > a.** Você vai ouvir um áudio intitulado *Train Tickets: Getting Around Tokyo*. Com base neste título, faça previsões sobre o que vai ouvir.

| | |
|---|---|
| **Gênero textual** | |
| **Assunto do áudio** | |
| **Vocabulário a ser ouvido** | |

**b.** A escuta do áudio tem como objetivo a realização de um exercício (reproduzido na página seguinte). Com base no exercício, verifique as previsões acima e faça novas previsões no quadro abaixo.

| | |
|---|---|
| **Gênero textual** | |
| **Assunto do áudio** | |
| **Vocabulário a ser ouvido** | |
| **Respostas dos exercícios** | |

I. Where does the man want to go?
- a. Tokyo Subway Station
- b. Tokyo Art Museum
- c. Tokyo Tower

II. How much is the train fare?
- a. 130 yen
- b. 140 yen
- c. 150 yen

III. Where should the man get on the train?
- a. Platform number 3
- b. Platform number 4
- c. Platform number 5

IV. How often do the trains come?
- a. About every five minutes
- b. About every six minutes
- c. About every seven minutes

V. Where should the man get off the train?
- a. At Kamiyacho Station
- b. At Kamigaya Station
- c. At Kamiyama Station

Disponível em: <http://www.esl-lab.com/train/trainrd1.htm>. Acesso em: 3 abr. 2013.

**c.** Vá ao *site* mencionado acima e ouça o áudio gradualmente, parando ao final de cada frase. Nessas pausas, verifique suas previsões anteriores. (Caso o áudio não esteja disponível, leia o *script* do texto na seção *Respostas dos exercícios* ao final deste livro.)

**2 > a.** Consulte a seção *Fontes de referência* neste livro (p. 234-235) e explore algumas sugestões lá relacionadas, selecionando um áudio (ou vídeo) de seu interesse.
**b.** Antes de ouvir, faça previsões sobre o que será ouvido. Anote suas previsões.
**c.** Ao ouvir, monitore suas previsões.
**d.** Ao final da escuta, avalie: de que forma a formulação de previsões e seu monitoramento contribuiu para a sua compreensão oral? Como você poderia proceder no futuro para fazer e monitorar previsões de forma mais bem-sucedida?

## Sugestões adicionais

- Para uma sugestão de atividade para prática de monitoramento de previsões ao ouvir, visite o *site* < http://www.teachersdomain.org/resource/vtl07.la.rv.text.lppredict/>.
- Encaminhe previsões e seu monitoramento visitando *sites* que contêm apresentações orais como a do texto ilustrativo desta seção (http://www.ted.com), onde se podem encontrar muitas apresentações interessantes e de curta duração.
- Se você dá aulas de inglês para iniciantes, conscientize-os desde cedo sobre a importância das previsões e de seu monitoramento ao ouvir. Para tal, você pode tocar (ou ler em voz alta) áudios curtos, pedindo aos alunos que, antes de ouvir, façam previsões (de assunto, de conteúdo, de gênero) sobre o que será ouvido. Os alunos ouvem então com pausas, monitorando suas previsões oralmente em cada pausa feita.
- Previsões também podem ser encaminhadas em sala de aula por meio de *brainstorms*. Estes devem ser feitos em conjunto pela turma, antes de ouvir, e registrados no quadro. Em seguida, toca-se o áudio uma vez, pedindo-se aos alunos que verifiquem as previsões registradas no quadro e que façam novas previsões. Os alunos ouvem o áudio mais uma vez e verificam as previsões em pares ou pequenos grupos. Ao final, a turma debate sobre os benefícios e dificuldades associados à formulação e ao monitoramento das previsões.

*Brainstorm* processo que envolve a geração de ideias com base na participação espontânea e conjunta de todos os membros de um grupo.

## 4>> FOCANDO A ATENÇÃO EM PALAVRAS-CHAVES

### A situação

Você tem dois professores de inglês. Ambos costumam dizer que para se compreender o que se ouve não é necessário entender todas as palavras: o que deve ser feito, eles sempre repetem, é focar a atenção nas palavras-chaves (*key words*) do que se ouve. Com o intuito de preparar seus alunos a ouvir essas palavras-chaves, cada um de seus professores segue procedimentos diferentes: um deles não encaminha preparação alguma, dizendo apenas antes de tocar o áudio ou o vídeo: *Listen out for the key words.* Seu outro professor diz de antemão quais são essas palavras-chaves, e as escreve no quadro como referência. Um dia, ao ouvir um áudio na Internet, você quer focar sua atenção nas palavras-chaves, mas não sabe bem como fazê-lo. Você se pergunta: como posso saber quais são as palavras-chaves do que ouço?

### O texto

 Transcrição do áudio

1 My son Casey was a bright, fearless 20-year-old, with a boundless future ahead of him.
2 But in the blink of an eye, he was gone. While out riding his skateboard, Casey fell; he
3 was not wearing a helmet. Our whole family wishes he was, it could have saved his life.
4 I'm Captain Kevin Rafaeli of the San Mateo Police Department. Parents, encourage
5 your kids to strap on a helmet every time they jump on a bike, scooter or skateboard.
6 Think of my son Casey, and use your head, put a helmet on, it could save your life.

Disponível em: <http://www.cpsc.gov/vnr/audio/helmet1.mp3>. Acesso em: 9 abr. 2013.

### A estratégia

O foco em *key words* ao ouvir é sabidamente uma boa estratégia de compreensão oral; afinal, essa estratégia possibilita diminuir a pressão de se precisar entender tudo o que é dito em um texto oral. Os procedimentos descritos na situação acima também são comuns, sendo ambos (instruções para ouvir focando a atenção nas palavras-chaves e apresentação de vocabulário-chave antes de ouvir) frequentes em livros didáticos e práticas de professores.

**Sinônimo** é uma palavra que tem sentido idêntico ou similar à outra. Por exemplo, *enormous* e *huge* são sinônimos em inglês.

**Paráfrase** é a reprodução de maneira diferente de algo dito anteriormente, em geral para se obter clareza.

**Derivados** são palavras formadas através de, por exemplo, uso de **prefixos** ou **sufixos**, a partir de uma palavra original. Por exemplo, as palavras *unhappy* e *happily* são derivadas de *happy*.

**Marcadores do discurso** (*discourse markers*, em inglês) são palavras ou **locuções** usadas para conectar e sinalizar partes do discurso, por exemplo, indicando hesitação, troca ou manutenção do assunto, relação entre ideias.

No entanto, nenhum dos dois procedimentos de fato prepara o aluno/ouvinte para saber identificar as palavras-chaves ao ouvir, e a dúvida descrita ao final da situação é comum entre aprendizes de inglês. Vamos examinar cada um dos procedimentos:

Procedimento (1):
Diz-se de antemão quais são as palavras-chaves no texto que vai ser ouvido.
Este procedimento tem a vantagem de auxiliar os aprendizes a focarem sua atenção no que é realmente essencial no texto a ser ouvido, mas possui um problema básico: se o vocabulário básico nos "é fornecido" antes da escuta, como saberemos identificar quais são as *key words* de um áudio ao nos engajarmos em processos de compreensão oral de forma autônoma, sem os nossos professores por perto?

Procedimento (2):
Simplesmente toca-se o áudio e se pede aos alunos que foquem a atenção nas palavras-chaves.
Esta ideia tem a vantagem de proporcionar uma experiência auditiva menos guiada àquele que ouve, mas ela tem riscos exatamente nessa ausência de apoio: se os alunos não sabem como identificar as *key words*, como eles poderão focar sua atenção nessas palavras ao ouvir?

Portanto, podemos concluir que a dúvida articulada ao final da situação de abertura desta seção é legítima: como pode um ouvinte saber quais são as palavras-chaves? E, de forma mais básica, como pode um aluno-ouvinte aprender a identificar as *key words* do que ouve?

Em alguns casos essa identificação é mais imediata. Em um anúncio no aeroporto, por exemplo, as palavras-chaves estarão associadas ao número do voo, seu destino, horário e informação sobre o portão de embarque. Ao pedir direções na rua, termos que indiquem pontos de referência (por exemplo, *corner, bank, traffic light*), direção (*right, left, straight on*) e sequência (*first, second,* entre outros) são chaves para o entendimento. Nessas situações, o ouvinte deve focar sua atenção nesses itens.

Mas há mais boas notícias! De modo geral, há alguns procedimentos que podem ajudar um ouvinte a identificar as *key words* de um texto oral. Como na leitura de um texto escrito, o foco em palavras frequentes (ou ideias semelhantes expressas através de sinônimos ou paráfrases), negativas (*not* e derivados, *never*), números, palavras que restringem (*only, almost, usually*) e marcadores do discurso podem auxiliar o entendimento de ideias importantes no texto oral. Esses tópicos serão retomados e desenvolvidos, respectivamente, nas seções "Identificando informações semelhantes em um texto oral", "Focando a atenção em elementos negativos", "Entendendo números" e "Focando a atenção em marcadores do discurso". A identificação de tempos verbais também apoia o entendimento do tempo sobre o qual se fala (mais sobre isso na seção "Projetando a atenção no tempo verbal"). No áudio acima, temos alguns exemplos que ilustram esses pontos:

- O nome *Casey* é mencionado 3 vezes. Além dessa frequência em uso, o fato de tal nome ser mencionado logo no início do trecho sugere que ele será um assunto central do texto. Um ouvinte atento irá notar que o rapaz é mencionado de outras formas (*a...20-year-old*, linha 1; *he*, linhas 2 e 3; *his*, linhas 2 e 3; *my son*, linha 6).
- A palavra *helmet* é também mencionada 3 vezes; *skateboard*, 2 vezes. Ambas são *key words* no trecho.
- Uso de *but* (linha 2) indica que uma situação contrária está para ser apresentada.
- O uso de *not* em *he was not wearing a helmet* (linhas 2-3).
- A justaposição entre verbos no *Simple Past* (*was*, linhas 1 a 3) e no imperativo (*encourage*, linha 4; *think, use, put*, linha 6) é chave para o entendimento da estrutura do texto: eventos no passado → recomendações para o futuro.

Em textos escritos, algumas ideias-chaves são destacadas através de recursos tipográficos como negrito, itálico, sublinhamento. Em textos orais, esse destaque é feito por aumento no volume ou tom ao se falar, e também por pausas antes dos termos destacados. No texto acima há pausas antes de *key information* como *he was gone* (linha 2) e *he was not wearing a helmet* (linhas 2-3). Há aumento de tom em *parents*, destacando a quem o áudio é dirigido.

Ao orientarmos a escuta para esses elementos que costumam estar associados à articulação de ideias centrais, temos grande chance de identificar as *key words* em um texto: é a partir dessa identificação que podemos perceber as informações centrais no que ouvimos. Vale notar que outras estratégias devem apoiar esse trabalho de percepção auditiva. Saber prever as *key words* do que vamos ouvir pode facilitar o processo de escuta, mas, como discutido na seção anterior, é sempre importante ter em mente que *predicting* não é um *guessing game* em que participamos a fim de "acertar" ou "errar". É necessário monitorar essas previsões continuamente durante a escuta. Outra estratégia que deve apoiar o foco em *key words* é o apoio em conhecimento prévio, em cognatos e no cotexto: no

---

**Tempo verbal** é um conceito que descreve o tempo associado a um **verbo**, por exemplo, *Simple Present, Simple Past*.

**Verbo** é uma palavra que normalmente indica uma ação (*walk, work, run*), mas que também pode indicar um processo verbal (*say, tell, praise, respond*) ou mental (*think, like, feel, hear*).

**Imperativo** é uma forma verbal que expressa uma ordem, comando, sugestão ou conselho. Uma frase no imperativo termina em ponto final ou de exclamação: *Do it!; Read that book.; Don't forget to call me.*

**Recursos tipográficos** são recursos visuais que têm a função de chamar a atenção do leitor, por exemplo, negrito, itálico, sublinhamento.

**Cognatos** são termos que têm a mesma origem, por exemplo tanto *parlour* quanto *parliament* originam-se do francês "parler" (falar), sendo portanto, palavras cognatas.

**Cotexto** é o texto que acompanha ou está nas imediações de uma palavra. Trata-se, pois, de um conceito interno ao texto, ao contrário de "contexto", que pode envolver aspectos externos ao texto em si, como a situação, o objetivo do texto, seu suporte, seu autor etc.

**Paralinguagem** é o que "acompanha" a linguagem, adicionando sentido ao que é dito ou escrito. Em discurso oral, paralinguagem inclui gestos, olhares, posicionamento corporal, entonação, tom de voz, entre outros; em discurso escrito, fonte, cor, sinais de pontuação, uso de negrito, itálico, sublinhamento etc.

caso acima, por exemplo, suponhamos que o ouvinte consiga perceber que *helmet* é uma palavra-chave (pela sua frequência no texto), mas que não compreenda seu sentido. Nesse caso, pode-se inferir o significado da palavra pelo apoio em *skateboard, bike, scooter* e *not wearing a helmet* ao falecer; ou pelo apoio no conhecimento da palavra "elmo" (jogadores de *video game* deverão conhecer esse vocabulário!). Trataremos dessas conexões nas seções "Transferindo o que se entende em uma parte para compreender outra parte do texto" e "Elaborando". Finalmente, a identificação de *key words* está associada a processos de inferência com base em uso de paralinguagem (por exemplo, entonação, ênfase, pausas) no que ouvimos. Veja mais sobre isso em "Fazendo inferências" e "Apoiando-se em elementos visuais ao ouvir".

## Aplique a estratégia

**1 > a.** O áudio em <http://memory.loc.gov/service/afc/afc2001015/sr/sr203a03.mp3> faz parte de uma coleção de depoimentos gravados após os ataques terroristas em Nova York em 11 de setembro de 2001. Ouça a gravação (ou leia seu *script* nas p. 218-219, na seção *Respostas dos exercícios*, caso o áudio não esteja disponível) e complete o quadro registrando a presença dos itens listados na primeira coluna:

| | |
|---|---|
| **Termos repetidos** | |
| **Marcadores do discurso** | |
| **Números/Estatísticas** | |
| **Tempos verbais** | |
| **Termos enfatizados (voz/tom mais altos)** | |
| **Termos apresentados depois de pausas** | |
| **Termos pronunciados mais devagar** | |

**b.** Leia suas anotações acima e reflita: elas podem lhe dar uma ideia geral do conteúdo do áudio? Procure justificar suas ideias.

**c.** Ouça o áudio mais uma vez. Ao final, avalie: a identificação de *key words* ajudou o processo de escuta?

**2 >** a. Selecione um áudio de seu interesse (para tal, você pode consultar a listagem de *sites* na seção *Fontes de referência*).
   b. Antes de ouvir, faça previsões sobre o que vai ser ouvido e liste suas previsões no seu bloco de notas.
   c. Ao ouvir, monitore suas previsões com base no foco em *key words*.
   d. Ao final da escuta, avalie: a combinação de monitoramento de previsões e foco em *key words* facilitou sua compreensão? Se sim, de que forma? Se não, quais foram as dificuldades encontradas e como você pode superá-las no futuro?

## Sugestões adicionais

- Para atividades de compreensão oral envolvendo o foco em *key words*, explore o *site* <http://www.teachingenglish.org.uk/activities/listening-key-words-songs>.
- Em <http://libweb.surrey.ac.uk/library/skills/note%20taking/1/page_10.htm>, encontra-se um exercício para prática de escuta com foco em *key words*, incluindo áudio e sugestão de resposta.
- Para ler mais sobre a identificação de *key words* no contexto do exame IELTS, veja os *links* <http://www.adviceforyou.org.uk/blog/ielts-tips/ielts-listening-preparation-%E2%80%93-identifying-key-words> e <http://www.dcielts.com/ielts-listening/how-to-listen-for-key-words>.
- Monólogos em filmes prestam-se muito bem para a prática desta estratégia. Em <http://www.filmsite.org/bestspeeches.html>, você encontra a transcrição de vários desses monólogos. Ouça o vídeo correspondente (para tal, você pode fazer uma busca na Internet) e foque sua atenção nas *key words*, usando a transcrição para referência posterior à escuta.
- Se você dá aulas de inglês, use os elementos listados no quadro do exercício 1 acima e peça a seus alunos que ouçam um áudio identificando os elementos destacados. Em seguida, em pares, os alunos comentam sobre seus resultados, trocando ideias. Toque o áudio mais uma vez para verificação da presença dos elementos identificados. Os pares então avaliam se tais elementos estão mesmo relacionados a *key words* no trecho. Neste estágio, eles podem ler a transcrição do trecho se quiserem. Repita esses procedimentos com outros áudios, em outros momentos.
- Incentive sempre a autoavaliação dos alunos sobre sua capacidade de (1) prever *key words* e saber monitorar essas previsões ao ouvir; e (2) saber identificar *key words* ao ouvir e usar essa identificação no entendimento do texto. Essa autoavaliação pode ser feita por meio de fichas para reflexão, diários, *blogs*, debates em sala de aula, entre outros.

> IELTS é o *International English Language Testing*, que, assim como o **TOEFL®**, tem como objetivo verificar a proficiência de falantes não nativos de inglês nas quatro habilidades linguísticas em inglês.

# 5>> OUVINDO PARA TER UMA IDEIA GERAL

### A situação

Você está navegando na Internet e o título de uma reportagem chama a sua atenção: "*Miami Invaded By Giant, House-Eating Snails*". Você resolve ouvir a reportagem para ver se tem um entendimento geral sobre seu conteúdo, mas depois de ouvi-la por um minuto você se sente perdido. Você pensa: "É muito difícil! Essas pessoas falam rápido demais! Não entendi nada!". Você se pergunta se há alguma forma de lidar com essa sensação de fracasso e frustração ao ouvir um áudio que lhe gera interesse, mas cuja ideia geral você não consegue captar.

### O texto

 Transcrição do áudio

| | | |
|---|---|---|
| 1 | **Interviewer** | In the state of Florida this week, in southwest Miami to be pre- |
| 2 | | cise, a small subdivision has been invaded by, by what, Richard |
| 3 | | Gaskalla? |
| 4 | **Interviewee** | The Giant African snail, it's a very large land snail, that is a, an |
| 5 | | invasive species, that is, not native to the United States. |
| 6 | **Interviewer** | Wow. At 10 inches long apparently, 4 inches wide, thousands of |
| 7 | | them are overtaking that neighborhood in Miami, uh, apparently |
| 8 | | the most damaging land snails in the world and Richard Gaskalla |
| 9 | | is the man trying to eliminate them. He's the director of plant |
| 10 | | industry at the Florida Department of Agriculture and Consumer |
| 11 | | Services. Ah, so Richard, the most damaging land snails in the |
| 12 | | world, I mean, maybe it's a dumb question, how much damage |
| 13 | | can a land snail actually do? |
| 14 | **Interviewee** | Well that's a good question, as you mention these snails get very |
| 15 | | large and they're omnivores, they feed on just about any kind |
| 16 | | of plant material. They also like substances that have calcium in |
| 17 | | them, like the side of a house, so they'll attach to the side of a |
| 18 | | house and eat the stucco off the side of the house and leave a |
| 19 | | slime trail and excrement on the side of the house so they're a |
| 20 | | major nuisance factor and [...] |

Disponível em: <http://www.npr.org/2011/09/17/140540662/miami-invaded-by-giant-house-eating-snails>.
Acesso em: 18 abr. 2013.

## A estratégia

É comum vermos aprendizes de inglês reagirem com comentários semelhantes aos registrados acima, queixando-se da velocidade da fala em inglês, e manifestando um não entendimento do que é dito. No entanto, mesmo que ouvido por aprendizes com conhecimento básico de língua inglesa, o áudio acima não deveria levar a uma sensação de entendimento nulo como expresso na reação "Não entendi nada!". Afinal, é bem provável que o ouvinte seja capaz de inferir algumas informações básicas sobre o contexto do áudio: que há duas pessoas falando, que essas pessoas são dois homens, e que um deles está fazendo perguntas ao outro que, por sua vez, dá respostas às perguntas feitas. Essas conclusões constituem entendimentos importantes sobre o áudio, e é fundamental que aqueles que aprendem inglês estejam cientes disso, percebendo que, apesar de tais inferências não estarem diretamente relacionadas ao que é dito no áudio, elas fornecem importantes informações sobre o texto. Portanto, em situações como a acima o primeiro passo é "destruir" qualquer sensação equivocada de que não houve entendimento algum! Muito frequentemente é possível ter algum entendimento sobre elementos contextuais do que ouvimos, e ouvintes estratégicos saberão apoiar-se nesses elementos na construção da ideia geral do texto.

O segundo equívoco na reação do ouvinte acima diz respeito à sua percepção do entendimento da ideia geral do áudio como "muito difícil". O entendimento dos elementos contextuais mencionados acima (isto é, que há dois falantes e que um faz perguntas e o outro responde) apoiado na percepção de cognatos como *Florida, Miami, director, Department of Agriculture*, bem como de *key words* como *snails* (pela frequência), *invasive/invaded* (pela repetição de termos similares), *thousands of them* (números) deve ser suficiente para um aprendiz de inglês em nível elementar ser capaz de perceber que o texto trata de uma entrevista com o diretor de um órgão público sobre a invasão de milhares de algo chamado *snails* (supondo que esse termo seja desconhecido) na área de Miami, Flórida.

A terceira reação mencionada acima, sobre a velocidade da conversa, também merece ser discutida. Em primeiro lugar, vale ressaltar que aprendizes de qualquer língua estrangeira sempre acham que os falantes dessa língua falam rápido demais! Em termos mais concretos, descreve-se uma fala com velocidade média quando os falantes usam cerca de 150 palavras por minuto. Falas lentas têm cerca de 100 palavras; falas moderamente rápidas, cerca de 200 palavras. O diálogo transcrito acima tem 208 palavras que foram produzidas em 1 minuto e 8 segundos, o que dá uma média de 183 palavras/min: tal

---

**Elementos contextuais** são elementos que se referem ao contexto, por exemplo, quem participa da interação e sua relação, a modalidade (oral ou escrita) envolvida, onde a interação ocorre, sua finalidade, entre outros.

**Língua estrangeira** (*foreign language*, em inglês) é uma língua não usada como meio de comunicação dentro de um espaço geográfico. Por exemplo, o inglês é uma língua estrangeira no Brasil; o português é uma língua estrangeira nos Estados Unidos.

**Tópicos frasais** (*topic sentences*, em inglês) são frases que indicam sobre o que é um parágrafo e às vezes funcionam como um resumo do parágrafo. Comumente essas frases aparecem no início de um parágrafo.

número está de fato acima da média mas não caracteriza o diálogo como exageradamente rápido. O que pode dificultar a compreensão oral de aprendizes de inglês (e que é muitas vezes confundido com "velocidade da fala") é o fato de que, em inglês, muitas palavras são monossílabas, o que faz com que se possa articular um grande número de palavras em um pequeno espaço de tempo.

Para entender a ideia geral de um texto pode-se também atentar para eventuais expressões que destacam o assunto do que será falado, como nos exemplos da caixa a seguir. Essas expressões funcionam como uma espécie de introduções para tópicos frasais anunciando a ideia geral do que vai ser dito, e são comumente empregadas em textos orais, como aulas, apresentações, noticiários de TV.

---

What I'm going to talk about today is… and in order to do that I will…
The topic of today's lecture is… and we're going to see…
Good evening. Today's headlines are…

---

Os pontos discutidos até agora nesta seção nos fazem concluir que, mesmo ouvindo textos "difíceis" sob o ponto de vista linguístico, é possível identificar a ideia geral do que se ouve apoiando-se em algumas estratégias de compreensão oral que conhecemos. Além disso, se o que você ouve é acompanhado de imagens (em vídeos ou situações de interação face a face, por exemplo), você pode se apoiar no que vê (cenários, expressões faciais dos falantes, gestos, entre outros) para construir um entendimento geral do que se diz (mais sobre isso em "Apoiando-se em elementos visuais ao ouvir"). Além disso, a fim de que a identificação da ideia geral do que se ouve seja acurada, é importante monitorar esse processo de identificação durante a escuta, integrando diferentes partes do texto na construção desse entendimento. Trataremos desse assunto na seção "Transferindo o que se entende em uma parte para compreender outra parte do texto".

Como acontece com outras estratégias, a prática da identificação de ideias gerais do que ouvimos pode nos ajudar a lidar com textos "difíceis" com menos ansiedade, apoiando nosso entendimento no que pode ser compreendido e fazendo inferências fundamentadas com base nesse entendimento. Se encaminhada sistematicamente, esta estratégia pode ajudar o aluno-ouvinte a aceitar melhor a ideia de que não é necessário compreender tudo o que se ouve para ter uma ideia geral do texto. Com isso, desenvolve-se a capacidade de lidar com textos mais sofisticados desde o início da aprendizagem da língua.

## Aplique a estratégia

**1 > a.** Consultando as seção *Fontes de referência* (p. 234-235), selecione um áudio que você considere difícil do ponto de vista linguístico. Ouça o segmento uma primeira vez e responda em seu bloco de notas: quais são as *key words* do texto?
   **b.** Ouça novamente o texto, desta vez anotando quantos são os falantes, quem são eles, qual a sua relação, como se sentem, onde estão.
   **c.** Toque o áudio mais uma vez, concentrando-se no seu início e final e procurando identificar e anotar *topic sentences*.
   **d.** Retome suas anotações e considere: elas podem ajudá-lo a ter uma ideia geral do texto?
   **e.** Ouça o texto todo mais uma vez, ou leia sua transcrição, a fim de obter melhor entendimento da ideia geral do texto e avaliar o uso da estratégia.

**2 > a.** Selecione um material audiovisual (por exemplo, um dos vídeos em <http://edition.cnn.com/video>) e ouça o áudio sem ver as imagens correspondentes. Em seguida, responda em seu bloco de notas: qual a ideia geral do texto?
   **b.** Veja o vídeo acompanhado de seu áudio e retome suas anotações anteriores, fazendo as modificações que achar necessárias.
   **c.** Reflita: quais elementos do áudio (sem as imagens) podem ser utilizados como base para identificação da ideia geral do texto? De que forma o vídeo complementa essa informação?

## Sugestões adicionais

- Para ler mais sobre como identificar a ideia geral em aulas e palestras, visite o *site* <http://www.wwu.edu/tutoring/note_taking.shtml#two>.
- Em <http://linguistics.byu.edu/resources/lp/lpl9.html>, você pode encontrar um plano de aula que tem o objetivo de ensinar os alunos a identificar a ideia principal de um texto ouvido.
- Se você dá aulas de inglês, adapte os procedimentos do exercício 1 acima dividindo a turma em 3 grupos (A, B e C) e pedindo a cada grupo que ouça um trecho concentrando-se em um aspecto do conteúdo do áudio. Os membros do grupo A ouvem e anotam as *key words*; os do B concluem quantos são os falantes, quem são eles, qual a sua relação, como se sentem, onde estão; os do C prestam atenção ao início ou ao final do áudio à procura de *topic sentences* sobre o trecho. Após ouvirem o áudio uma vez, formam-se novos grupos com membros de A, B e C e os alunos compartilham suas anotações, tentando identificar a ideia geral do áudio. Ouvem então mais uma vez para confirmarem suas ideias.
- Outra ideia que pode ser encaminhada em sala de aula é: escreva a ideia geral de um texto oral no quadro. Toque, então, três ou quatro pequenos textos orais e peça aos alunos que identifiquem qual deles contém a ideia geral escrita no quadro, justificando suas respostas.

# 6>> FOCANDO A ATENÇÃO EM INFORMAÇÕES ESPECÍFICAS

### A situação

Imagine que você tenha de ouvir um texto a fim de responder a algumas perguntas sobre seu conteúdo, conforme detalhes a seguir:

> Listen to the passage and mark T (true) or F (false) for each of the following statements:
>
> 1. ( ) We need carbohydrates to produce energy.
> 2. ( ) Carbohydrates are responsible for the high levels of obesity in the United States.
> 3. ( ) Carbohydrates and starches are the same thing.
> 4. ( ) Breads and cereals are types of complex carbohydrates.
> 5. ( ) Sugar is used as energy in the pancreas.

Antes de ouvir o áudio, você se pergunta qual a melhor forma de se preparar para a tarefa: Será que devo ler as frases e adivinhar as respostas antes de ouvir? Será que devo encaminhar uma previsão de *key words*? Será que devo prever o assunto do áudio e ativar conhecimento de mundo que tenho sobre o assunto?

### O texto

 Transcrição do áudio

1 Carbohydrates are the body's most important and readily available source of energy.
2 Even though they've gotten a bad rap lately and are sometimes blamed for the
3 obesity epidemic in America, carbs are a necessary part of a healthy diet for both
4 kids and adults.
5 The two major forms of carbs are:
6 1. **simple sugars** (simple carbohydrates), such as fructose, glucose, and lactose, which
7 also are found in nutritious whole fruits

2. **starches** (complex carbohydrates), found in foods such as starchy vegetables, grains, rice, and breads and cereals

So how, exactly, does the body process carbs and sugar? All carbohydrates are broken down into simple sugars, which are absorbed into the bloodstream. As the sugar level rises, the pancreas releases the hormone insulin, which is needed to move sugar from the blood into the cells, where the sugar can be used as energy. [...]

Disponível em: <http://kidshealth.org/parent/growth/feeding/sugar.html>. Acesso em: 20 abr. 2013.

## A estratégia

Todas as suas ideias procedem em situações como a acima: fazer previsões de assunto, de *key words* e de respostas aos exercícios são estratégias potencialmente facilitadoras de tarefas como a descrita acima. Ao fazer tais previsões, os ouvintes direcionam a sua audição para ideias específicas fazendo com que o processo de escuta se torne, de certa forma, uma verificação de tais previsões.

À primeira vista, pode-se pensar que a identificação de ideias específicas de um texto é uma estratégia que envolve processos *bottom-up*, que parte dos elementos do texto para o seu entendimento. No entanto, sabemos que a escuta não se inicia do nada. Ela se situa em orientações previamente definidas por aqueles que ouvem e usa essas orientações como base para construção de novos entendimentos. No caso acima, a partir da leitura das sentenças que compõem o exercício, o ouvinte já sabe de antemão que o áudio tratará de aspectos relativos a carboidratos, açúcares, energia e alimentação. Com base nessa conclusão, pode prever a tradução dessas palavras como *key words* no texto e pode usar seu conhecimento de mundo para prever as respostas aos exercícios. O ouvinte pode, ainda antes de começar a ouvir, acionar seu conhecimento de organização textual e prever que, nesse tipo de exercício, as afirmativas costumam aparecer na ordem em que seu assunto é mencionado no texto, e que dificilmente todas as afirmativas serão ou falsas ou verdadeiras.

Como se vê, muitas ideias sobre o que vai ser ouvido já podem ser exploradas mesmo antes de se começar a ouvir o áudio. E o processo específico da escuta, nesse caso, passa a ser configurado como uma verificação dessas previsões, mantendo-se a mente aberta para o fato de que nosso conhecimento prévio pode falhar e que pode haver outras palavras-chaves no que ouvimos. De qualquer forma, como já discutimos em seções anteriores, o importante ao fazermos previsões não é necessariamente acertar o que

> Processos *bottom-up* ocorrem quando uma pessoa tenta construir sentido da linguagem a partir de partes e não de elementos mais globais. Em compreensão oral, processos *bottom-up* ocorrem quando um ouvinte concentra sua atenção em sons, **fonemas** e partes das palavras que ouve.

> *Scanning* é uma forma de leitura em que o leitor lê o texto a fim de procurar informações específicas. Por exemplo, ao se procurar o sentido de uma palavra em um dicionário, o leitor faz um *scanning*.

prevemos, mas, sobretudo, manter um canal de comunicação aberto com o que ouvimos, refinando nossos entendimentos continuamente durante a escuta.

Neste ponto o leitor pode estar se perguntando se o foco em ideias específicas está sempre agregado à formulação de previsões. A resposta para essa pergunta é sim, porque ao focarmos nossa atenção em algo específico no que ouvimos estamos necessariamente à procura de algo que achamos que deve ser mencionado – isso, por definição, é uma previsão. O que pode ocorrer, porém, é que essas previsões não sejam conscientes nem claramente articuladas. Uma pessoa que liga a TV ou inicia um vídeo no computador para ouvir o resultado das eleições presidenciais nos Estados Unidos, sem formular previsões explícitas sobre o que vai ouvir, terá necessariamente algumas expectativas sobre o conteúdo do áudio (por exemplo, nomes de pessoas e locais a serem mencionados, estatísticas). Ao focar sua atenção no nome do vencedor e seu número de votos, de certa forma ela está retomando expectativas, e podemos entender essas expectativas como previsões não explícitas.

Ao ouvir um trecho à procura de informações específicas deve-se evitar a perda de foco no que se quer, ou transferindo-se a atenção para detalhes desnecessários ou tentando-se obter um entendimento geral que possa ser desnecessário numa certa situação. Por exemplo, ao ouvir o trecho acima, o aluno perderia o foco se tentasse memorizar os tipos de *simple sugars* e os tipos de *starches*; perderia concentração e se distanciaria do objetivo da tarefa se tentasse entender todo o processamento dos carboidratos na alimentação.

Concluindo, em situações de compreensão oral é importante ter claro o objetivo da escuta: se ouvimos algo sobre o qual queremos apenas informações específicas, vale a pena focar a atenção nessas informações apenas. Situações como essa ocorrem em exercícios de compreensão ou testes que envolvem perguntas de múltipla escolha, afirmativas para serem classificadas como *true or false*, ou quadros para serem preenchidos com determinadas informações. Em situações do dia a dia, ouvimos à procura de informações específicas em diversas ocasiões, por exemplo, ao ouvir anúncios em aeroportos ou estações de trem, quando perguntamos pelo preço de algo, quando perguntamos quais ingredientes são usados em um alimento que pensamos em consumir.

Como ao fazer uma leitura do tipo *scanning* numa leitura, ouvir por informações específicas requer prática e apoio em outras estratégias, por exemplo, uma primeira escuta com o objetivo de identificar a ideia geral de um texto. Além disso, ao procurar identificar informações específicas no que ouvimos pode ser necessário integrar informações dadas em partes diferentes do texto a fim de construir a informação necessária (mais sobre isso em "Transferindo o que se entende em uma parte para compreender outra parte do texto"). No exemplo acima, essa integração é necessária para classificar a frase 3 como falsa. A identificação de informações específicas pode também estar associada à estratégia "Identificando 'o problema'", em que o ouvinte é capaz de identificar um determinado ponto no áudio que contém a informação de que precisa, sem necessariamente ser capaz de entender tal trecho. Para tal, outras estratégias tais como vocalização e visualização podem servir de apoio (essas duas estratégias serão comentadas em outras seções deste livro).

### Aplique a estratégia

**1 > a.** Vá ao *site* <http://sounds.bl.uk/Accents-and-dialects/Millenium-memory-bank/021M-C0900X05078X-0200V1> e ouça o primeiro minuto e meio completando o quadro a seguir com as informações ouvidas. Ao ouvir, você pode pausar, retroceder, repetir e avançar o áudio quantas vezes achar necessário. Use a coluna do meio do quadro para registrar as informações específicas indicadas na primeira coluna; use a coluna à direita para marcar as estratégias usadas para compreender tais informações. Caso o áudio não esteja disponível, peça a alguém que leia a transcrição que se encontra na p. 219 em voz alta.

|  |  | **Estratégias utilizadas** |
|---|---|---|
| O que você compreendeu sobre o quarto da menina |  | (  ) Prevendo o assunto<br>(  ) Prevendo *key words*<br>(  ) Monitorando as previsões ao ouvir<br>(  ) Identificando o ponto no áudio em que a informação desejada se encontra<br>(  ) Focando a atenção em ideias repetidas ao ouvir<br>(  ) Ouvindo para ter uma ideia geral do texto<br>(  ) Outras. Favor especificar _____ |
| O que você compreendeu sobre a família da menina |  |  |

**b.** Responda:
  I. O uso das estratégias facilitou sua compreensão?
  II. Alguma estratégia foi mais importante do que as outras nesse processo?
  III. Você deixou de usar alguma estratégia que poderia ter facilitado sua compreensão?

**2 > a.** Ouça uma notícia em algum jornal *on-line* que contenha matérias em vídeo (por exemplo, <http://edition.cnn.com> ou <http://www.reuters.com/news/video>) e complete o quadro a seguir com as informações sobre a notícia.

| | |
|---|---|
| **What happened** | |
| **Where** | |
| **When** | |
| **Who was involved** | |
| **Other details** | |

**b.** Quais estratégias você utilizou para entender as informações registradas no quadro? Elas foram úteis? Se sim, de que forma? Se não, o que poderia ser feito no futuro para tornar sua aplicação mais eficaz?

### Sugestões adicionais

- A Internet contém várias fontes de exercícios que envolvem *listening for specific information*. Você pode explorar alguns deles para seleção e adaptação de tarefas:
    - <http://free-english-study.com/home/listening.html>. Exercícios de compreensão diversos (com áudio), organizados por nível;
    - <http://www.teachingenglish.org.uk/activities/listening-specific-information>. Sugestões de atividades, sem áudio, para diferentes níveis;
    - <http://www.onestopenglish.com/skills/listening/listening-lesson-plans/topic-based-lessons>. Neste *site* há *links* para várias atividades envolvendo a estratégia.
- No *site* <http://www.bbc.co.uk/skillswise/topic/listening-for-specifics>, você pode ver um pequeno vídeo em que profissionais falam da importância de saber ouvir informações específicas no seu dia a dia de trabalho.
- Se você dá aulas de inglês, explore os *sites* mencionados acima com seus alunos. Outras ideias são:
    - Pratique a diferença entre a escuta pela ideia principal (*listening for the main idea*) e a escuta por detalhes (*listening for details*) tocando pequenos áudios sistematicamente — por exemplo, no início ou no final de todas as aulas. O áudio deve ser tocado duas vezes. Na primeira vez, os alunos ouvem para identificar a ideia principal; na segunda, por informações específicas a serem predefinidas.
    - Com alunos de pouca proficiência linguística, você pode aplicar atividades de *Total Physical Response*: antes de tocar o áudio, liste no quadro algumas palavras que os alunos devem ouvir. Toque o áudio e instrua os alunos para levantarem seus dedos (ou bater palmas, ou levantarem-se) quando ouvirem tais palavras. Torne a atividade mais desafiadora pedindo à turma que ouça determinados *chunks* (grupos de palavras).
    - Saber identificar informações específicas que são ditas em um texto está relacionado com saber identificar o que *não* é dito. Você pode praticar essa identificação ao apresentar novo vocabulário, da seguinte forma: liste uns 6 a 8 vocábulos no quadro e leia-os em voz alta por algumas vezes, seguindo ordem diferente. Em seguida, leia a lista excluindo um de seus elementos; os alunos devem então dizer qual item não foi lido. Repita algumas vezes, excluindo elementos diferentes em cada vez.
    - No *site* <http://www.hawaii.edu/eli/student-resources/sa-lis2-specific-info.html>, você encontra um plano de aula com o objetivo de praticar a estratégia trabalhada nesta seção.

# 7>> FOCANDO A ATENÇÃO EM ELEMENTOS NEGATIVOS

## A situação

Quando você ouve em inglês, sempre fica na dúvida se as ideias expressas são afirmativas ou negativas. Você atribui essa dificuldade à falta de clareza na articulação de ideias negativas em inglês: ao passo que em português essas ideias lhe parecem sempre claramente articuladas no que se diz, em inglês lhe parece que nem sempre há essa clareza. Você ouve uma notícia sobre o uso de dinheiro em espécie na economia da Suécia e fica na dúvida sobre alguns detalhes do texto: na Suécia os ônibus públicos aceitam ou não pagamento em dinheiro? As igrejas aceitam ou não doações digitais?

## O texto

 Transcrição do áudio

1 **Sweden In Move To Cashless Economy (20th March, 2012)**
2  Sweden is destined to become the first country in the world to switch from
3 banknotes and coins to a cashless economy. Only three per cent of transactions in
4 Sweden are made using cash; the rest is credit cards or mobile phone payments. This
5 compares with 7 per cent in the USA and 9 per cent in other Eurozone countries.
6 Canada's Chronicle Herald newspaper reported on the extent of Sweden's move away
7 from cash. It wrote: "In most Swedish cities, public buses don't accept cash; tickets are
8 prepaid or purchased with a cellphone text message. A small but growing number of
9 businesses only take cards." It also said churches are only accepting digital donations
10 and not hard currency.

Disponível em: <http://www.breakingnewsenglish.com/1203/120320-cashless_economy.html>.
Acesso em: 20 abr. 2013.

## A estratégia

Sua dúvida procede. Pode ser mesmo mais fácil identificar elementos negativos ao ouvir em português porque essa língua permite o uso múltiplo desses elementos em uma mesma frase, como em "Ele não fez nada de mal a ninguém" ou mesmo em "Não, não conheço essa moça, não". Em inglês essas repetições não acontecem. Mas há similaridades com relação ao uso de negativas nas duas línguas: uma delas é que ambas usam um termo equivalente ("não" e

**Contrações** são formas curtas de algo que é dito ou escrito a partir da eliminação de letras na forma completa. Por exemplo, *what's* é a contração de *what is*; *let's*, de *let us*.

**Verbo auxiliar** é o verbo usado com outros verbos para fazer perguntas (*Did you understand?*), negativas (*She doesn't love him as much as he loves her.*) ou apoiar a formação de **tempos verbais** (*He had fallen asleep when I arrived from work*).

**Prefixos** é um elemento usado no início de uma palavra a fim de adicionar um novo sentido à palavra original. Por exemplo, *re-* é um prefixo que indica "fazer novamente" e é encontrado em *rename, redo, rewrite,* entre outros.

*not*, respectivamente) para articular estruturas negativas: Eles não bebem/*They do not drink*; Ela não sabia/*She did not know*; Nós não tivemos tempo/*We have not had the time*.

Se, por um lado, a possibilidade de a palavra *not* ocorrer em contrações (*They don't drink; She didn't know; We haven't had time*) e, portanto, soar reduzida, dificulta sua percepção pelo ouvinte, por outro lado a necessidade de verbos auxiliares para se formar a negativa pode funcionar como um alerta ao ouvinte para suspeitar que juntamente com essas formas (*do, did, have,* nos exemplos acima) pode haver a adição de *not*.

O conhecimento das regras de formação de estruturas negativas em inglês e a atenção focada a elas podem orientar o ouvinte a perceber se o que ouve é uma frase afirmativa ou negativa. No exemplo acima, esse foco levaria o ouvinte a entender, a partir da percepção de *don't* em *In most Swedish cities, public buses don't accept cash* (linha 7), que na Suécia os ônibus públicos não costumam aceitar dinheiro vivo.

Mas a boa aplicação da estratégia de identificação de elementos negativos no que se ouve envolve atenção e foco a outros elementos além do *not* e seus derivados. Como em português, a língua inglesa tem a seu dispor outros elementos que permitem a construção de ideias negativas, conforme detalhes a seguir:

| | |
|---|---|
| Prefixos | As formas *in-, a-, dis-, non-, anti-* são comumente "acopladas" a palavras para lhes dar uma ideia negativa: assim, temos *decent* mas *indecent; typical* mas *atypical; honest* mas *dishonest; smoker* mas *non-smoker; thesis* mas *antithesis*. Esse tipo de formação de palavras (e a mudança de sentido que acarreta) é familiar aos falantes de língua portuguesa, já que nesta língua também há a possibilidade de se formarem palavras negativas a partir da adição de prefixos. E há outro ponto em comum entre as duas línguas: tanto em inglês quanto em português os prefixos comumente usados são derivados do grego ou do latim, trazendo sentidos semelhantes nas duas línguas (veja, por exemplo, "indecente", "atípico", "desonesto", "não fumante", "antítese"). Vale lembrar que nem sempre há equivalência de prefixos nas duas línguas (por exemplo, desconfortável x *uncomfortable;* irreal x *unreal*). E para se evitar confusão, vale também lembrar que tanto *flammable* quanto *inflammable* significam "inflamáveis" em inglês! |

| | |
|---|---|
| Sufixos | Em inglês, o sufixo *-less* indica ausência e, portanto, a negação da presença. Atentar a escuta para seus usos, como no caso de *cashless* (linhas 1 e 3) ajuda a perpepção de ideias negativas, como as também expressas em *homeless, careless, strapless, endless.* |
| Palavras que restringem | Termos como *only, almost, nearly, rarely, seldom, barely* não expressam ideias negativas propriamente ditas, mas eles restringem significado e, desta forma, podem ser percebidos como elementos negativos. No texto acima, o uso de *only* em *only three per cent of transactions in Sweden are made using cash* (linhas 3-4) de certa forma realça a relevância de sua negativa: que 97% das transações na Suécia não usam dinheiro vivo! Esse contraste entre o que é dito com *only* e seu contraponto é articulado de forma explícita na frase final do texto *It also said churches are only accepting digital donations and not hard currency* (linhas 9-10). De forma similar, quando ouvimos *I only have 2 children*, temos de considerar que o falante está de certa forma enfatizando uma negativa ao que é dito – que não tem 3, ou 4, ou mais filhos. E se ouvimos *I rarely go to the theatre*, é importante perceber que é dada a ideia de que não se vai com frequência ao teatro. |
| *Nobody, no one, nothing, nowhere, neither… nor* | Essas palavras veiculam ideias negativas: *Nobody fully understands the brain*; *Nothing is better than lying in the sun watching the clouds*; *Nowhere else in England can you find houses like this*. Se escutarmos *Either Paul or David is coming to help me tonight* ou *Neither Paul nor David is coming to help me tonight*, teremos entendimentos completamente diferentes do que é dito. No último caso, nenhum dos dois ajudará o falante. |
| Palavras que expressam ideias negativas | Evidentemente, para se focar a atenção em ideias negativas é aconselhável ter um bom entendimento de vocabulário que expresse tais ideias. Em inglês, assim como em português, há diversas dessas palavras: entre os verbos, *destroy, eliminate, damage, break;* adjetivos incluem *weak, terrifying, disgusting, manipulative*; entre os substantivos, *despair, anguish, war, crime*. Quanto maior o conhecimento do ouvinte sobre tal vocabulário, melhor será sua competência ao aplicar a estratégia. Na ausência de conhecimento do vocabulário, pode-se focar a atenção em outras *key words*. |

**Sufixo** Sufixo é um afixo adicionado ao final de uma palavra, formando uma nova palavra com sentido diferente da original. Por exemplo, *-ly* é um sufixo formador de advérbios que, adicionado ao **adjetivo** *competent*, forma o **advérbio** *competently*.

**Substantivo** é um nome que designa um ser (*Mary*), lugar (*London*), objeto (*computer*) ou uma ideia abstrata (*generosity*).

**Dialetos** são variações regionais ou sociais de uma mesma língua no que se refere a pronúncia, vocabulário e gramática.

**Linguagem não padrão** (*non-standard language*, em inglês) são manifestações linguísticas que diferem da **língua padrão** em algum aspecto (fonológico, morfológico, sintático etc.).

| Marcadores do discurso | O uso de termos como *but, however, nevertheless, although* sinalizam apresentação de ideias contrárias (e, portanto, de certa forma, uma negativa em relação à outra). É o que ocorre em *A small but growing number* (linha 8). Vamos considerar que o ouvinte entenda *small* e *number* e que conclua que seja um número pequeno de empresas que só aceitem cartões. Essa conclusão não contempla a complexidade da quantidade mencionada: ela é pequena, mas é crescente. Mesmo que o ouvinte não compreenda o sentido de *growing*, a atenção ao uso de *but* pode ajudá-lo a concluir que há um contraponto ao adjetivo *small*, indicando uma caracterização contrária a esse adjetivo. Na próxima seção ampliaremos a discussão sobre o foco em marcadores do discurso. |
|---|---|

Como visto, ideias negativas são expressas em inglês de várias formas, e o bom ouvinte deve ter conhecimento dessas opções e focar sua atenção nessas formas ao ouvir em inglês. É importante lembrar que outros elementos no texto podem apoiar o entendimento de ideias negativas, como repetição de ideias, paráfrases, ênfases. No entanto, vale ressaltar que de modo geral *double negatives* (isto é, dois elementos negativos um ao lado do outro, como por exemplo em *I don't have nothing*) não é tido como bom uso por muitos falantes, apesar de essas formas serem comuns em *Ebonics* (o dialeto usado por muitos afrodescendentes nos Estados Unidos) e em *Estuary English* (um dialeto frequentemente usado no sudeste da Inglaterra, ao redor do Rio Tâmisa e seu estuário, incluindo a cidade de Londres). Em músicas, essas estruturas às vezes são usadas para efeito de familiaridade, informalidade ou ênfase, por exemplo, "*(I can't get no) Satisfaction*" (Rolling Stones); "*We don't need no education*" (Pink Floyd); "*Ain't no sunshine*" (Bill Withers). Em tempo: *ain't* é uma forma contrata e coloquial de "*am not*", "*is not*", "*are not*", "*has not*" e "*have not*" (em alguns dialetos também substitui "*do not*", "*does not*" e "*did not*"), mas, apesar de ser comumente usada, é considerada linguagem não padrão e portanto inapropriada por muitos falantes. De qualquer forma, ao ouvir a forma, capriche na atenção: afinal, ela constrói ideias negativas e é obrigatória em expressões fixas como *You ain't seen nothing yet* e *If it ain't broke, don't fix it*.

## Aplique a estratégia

**1 > a.** Ouça o áudio disponível em <http://www.breakingnewsenglish.com/1205/120510-hoodie.html> duas ou três vezes, completando a tabela:

| Há exemplos de... | Sim ou não? Se sim, qual/quais? |
|---|---|
| ...prefixos ou sufixos negativos? | |
| ...palavras que restringem? | |
| ...palavras que expressam ideias negativas? | |
| ...marcadores do discurso associados a ideias contrárias? | |
| ...frases com estruturas negativas? | |

**b.** Leia suas anotações na segunda coluna. Ouça o áudio mais uma vez, desta vez registrando em seu bloco de notas os "vizinhos" do conteúdo anotado, isto é, o que aparece ao lado dos exemplos registrados na tabela.

**c.** Com base em todas as suas anotações, responda: o que você pode concluir sobre o conteúdo do áudio? Ouça mais uma vez o texto, ou leia o seu *script*, na seção *Respostas dos exercícios*, para avaliar sua resposta.

**2 >** Repita os procedimentos acima com outro áudio de sua escolha em <http://www.breakingnewsenglish.com> ou em <http://learningenglish.voanews.com/section/articles/2385.html>.

### Sugestões adicionais

- Para ler sobre o uso de negativas em atividades de *listening* no exame TOEFL®, visite o *site* <http://www.toeflskill.com/2011/01/listening-part-skill-2-negatives.html>.
- Para rever as regras de formação de estruturas negativas em inglês, vá a <http://www.perfectyourenglish.com/grammar/negatives.htm>.
- Para ler mais sobre prefixos negativos, explore o *site* <http://hum.ku.ac.th/learn/learnenglishthroughsong/backatone/prefix.html>, que contém explicações, exemplos e exercícios.
- Uma lista de *negative words* e *positive words* pode ser encontrada em <http://www.englishbanana.com/positive-and-negative-words-1-ev50.pdf>. Se possível, peça para alguém ler a lista para você enquanto você reage oralmente dizendo se as palavras lidas são *positive* ou *negative*. Para uma lista mais completa que pode servir como referência, veja <http://listofeverything.wordpress.com/2011/02/15/list-of-words-to-express-common-negative-feelings-negative-feelings-words-list/>.

# 8>> FOCANDO A ATENÇÃO EM MARCADORES DO DISCURSO

### A situação

Você ouve um áudio sobre a carreira de treinadores de cães. Apesar do seu interesse no assunto, você acha o texto difícil de ser entendido: há muitas palavras que desconhece e você não está conseguindo inferir o significado de muitas delas usando outras estratégias que já conhece. Você ouve o áudio mais uma vez e percebe, então, que a maioria das frases inicia-se com termos familiares (por exemplo, *if, note that, at present*) que, por sua vez, indicam ideias como causa, ênfase e tempo. Você se pergunta se o apoio nesses termos constituiria alguma estratégia de escuta.

### O texto

 Transcrição do áudio

1 **How To Start A Career In Dog Training**
2     Starting a career in dog training can be a lot of fun. If you are one of
3 those people who genuinely love dogs, a career in dog training is definitely
4 something that you must consider. Technically, dog training can be a very
5 lucrative career especially if you are really good at what you do. Note that
6 there are literally thousands of people all over the country that owns dogs
7 and would love to have their dogs trained to become good citizens. If you
8 can tap into this market, you will most likely earn good income doing the
9 thing that you love most.

10 **Finding The Right School For Dog Trainers**
11     At present, there are really no colleges and universities that are offering
12 a bachelor's degree or even an associate degree on dog training. If you are
13 really interested to start a career in dog training, you need to find a good
14 school that offers classes on dog training. Make sure that the school is
15 accredited with the right dog association or organization in the country so
16 that you will not have any problems getting into the business later on. Being
17 accredited by a good association of dog trainers is also very important to
18 help you promote your business later on.

Disponível em: <http://www.efl.net/audio_articles/dog-training.htm>. Acesso em: 20 abr. 2013.

## A estratégia

Você estava certo ao perceber que o entendimento de termos como *if, note that* e *at present* ajuda a compreender a relação entre a frase que a antecede e a frase que ela inicia. Esses termos são chamados de marcadores do discurso (em inglês, *discourse markers*) exatamente porque indicam que a relação entre a ideia que antecede seu uso e a ideia que se segue são, respectivamente, de condição, ênfase e tempo. Desta forma, e respondendo à pergunta feita ao final da situação de abertura desta seção, o foco nesses elementos (e em outros *discourse markers*) constitui, sim, uma estratégia que pode apoiar o entendimento do que ouvimos em inglês.

Marcadores do discurso (elementos também conhecidos como *transition words* ou *cohesion markers*) têm função de conectar e facilitar o desenvolvimento das ideias em um texto, portanto sua percepção e identificação auxiliam o ouvinte a compreender a organização do que se ouve. O quadro a seguir apresenta algumas das noções expressas por marcadores do discurso, bem como alguns exemplos desses termos.

| Idea | Examples |
|---|---|
| Addition | *too, moreover, on top of that, in addition, as well, also* |
| Contrasting ideas | *however, nevertheless, but, even so, whereas, on the contrary* |
| Concession | *although, even though, though, despite, in spite of* |
| Cause | *because, due to, given that, for this reason* |
| Consequence | *therefore, thus, consequently, so (that), then* |
| Purpose | *so that, in order to, so as to* |
| Examples | *for instance, for example* |
| Emphasis | *actually, indeed, in fact, as a matter of fact* |
| Conclusion | *in sum, in conclusion, to sum up, in short* |
| Change of subject | *as far as... is concerned, regarding, as regards, as far as* |
| Condition | *if, as long as, unless* |
| Rephrasing/Giving alternatives | *in other words, that is, instead of* |
| Giving/Reporting opinion | *in my opinion, according to* |

No texto acima, o uso de diversos *discourse markers* permite ao ouvinte que identifique as ideias apresentadas no texto e entenda como elas são conectadas. A fim de identificar essas ideias, pode-se fazer uma escuta rápida do texto, à procura dos *discourse markers*. Tal escuta levaria à observação do seguinte vocabulário, na sequência apresentada:

*If – technically [if] – note that – if*
*At present – if – make sure (so that) – also*

> **Reparo** é a forma usada em uma interação para se retificarem erros, mal-entendidos ou formas usadas sem querer.

A sequência acima sugere que as ideias apresentadas no texto seguem a seguinte ordem:

Condição – maneira [condição] – ênfase – condição

Tempo – condição – ênfase (propósito) – adição

Essa análise, por sua vez, indica que o texto apresenta uma série de condições associadas ao tema em foco. Também sugere que há ênfase em dois momentos, provavelmente para tratar de assuntos importantes – sempre é uma boa ideia focar a atenção ao ouvir *discourse markers* antecipando ênfases. A ideia de adição no final também pode servir de apoio na escuta, ou para confirmar o que foi entendido anteriormente ou para funcionar como uma oportunidade extra de compreender um aspecto do texto cujo "par" não foi compreendido.

Como se vê, o entendimento das ideias apresentadas no que se ouve é importante, uma vez que, mesmo que o ouvinte não entenda detalhes dos pontos apresentados, ele pode fazer uma inferência mais fundamentada se compreende as ideias apresentadas pelos *discourse markers* utilizados. Numa situação, por exemplo, em que se compreenda parte de uma frase, bem como o uso de *but* ligando a parte compreendida com outra não compreendida, pode-se concluir que a parte não compreeendida envolve uma ideia contrária ao que se entendeu.

O foco em marcadores do discurso é especialmente recomendável em textos mais longos, em que muitas ideias são apresentadas – neles, é provável que haja um maior número desses elementos. A estratégia é também recomendável em textos cujo vocabulário é difícil para o ouvinte: os *discourse markers* podem ao menos sinalizar as relações entre as ideias e a estrutura do texto.

Textos orais planejados, tais como discursos políticos, noticiários de TV e palestras tendem a fazer uso de marcadores do discurso mais formais; textos orais não planejados, como conversas entre amigos ou membros de uma família, tendem a fazer uso de marcadores do discurso mais informais. Assim, é possível que uma mesma ideia seja associada a marcadores do discurso diferentes: a ideia de consequência deve ser percebida numa conversa informal através do uso de *so* (e não de *consequently*, ou *thus*, ou *therefore*); numa mesma situação, a ideia de contraste deve ser entendida através do uso de *but* ou *however* (e não de *nevertheless*, por exemplo). Desta forma, a atenção a *discourse markers* pode trazer ao ouvinte informações adicionais ao ouvinte como o nível de formalidade do texto ouvido e, por consequência, o gênero textual e o nível de relação entre os participantes.

Em textos orais informais e não planejados é comum o uso de marcadores do discurso indicando hesitação, reparo, concordância ou discordância, entre outros. O quadro a seguir contém alguns desses elementos:

- well
- OK
- right
- oh
- you know
- I mean
- let me see
- hum

**Discurso acadêmico** refere-se a práticas e convenções de uso da linguagem em contexto acadêmico, por exemplo, em artigos de jornais acadêmicos, teses e dissertações, palestras e apresentações orais, entre outros.

A atenção a esses elementos ao ouvir pode dar ao ouvinte uma ideia sobre como aquele que fala se posiciona diante do que é falado: se tem certeza, se concorda ou discorda, se tem ou não um posicionamento firme, se está "pisando em ovos" para articular suas ideias, entre outros.

## Aplique a estratégia

**1 >** Vá ao *site* <http://www.efl.net/audio_articles/> e ouça um ou mais áudios. Para cada áudio ouvido siga os seguintes passos:
   a. Sem ler a transcrição, ouça o texto uma ou duas vezes anotando os marcadores do discurso nele presentes.
   b. Leia sua lista e responda: que relações os elementos listados estabelecem?
   c. No seu bloco de notas, responda: o que você pode concluir sobre a organização do texto e sobre a relação entre as ideias nele presentes?
   d. Ouça o áudio mais uma vez (se preferir, acompanhe essa escuta com a leitura da transcrição) e confira as respostas ao item acima.
   e. Reflita: a estratégia ajudou na compreensão do texto? Se sim, de que forma? Se não, o que poderia ser feito para torná-la mais eficaz?

**2 >** Vá a <http://www.youtube.com/> e lá faça uma busca por "*short interviews*". Escolha uma ou duas entrevistas que lhe interessem e ouça-as seguindo os passos sugeridos acima. Neste exercício, porém, não haverá a possibilidade de leitura da transcrição do áudio.

## Sugestões adicionais

- Para praticar esta estratégia, é importante ter um bom conhecimento dos *discourse markers* na língua inglesa e das ideias que eles representam. Para ler mais sobre esses elementos e ter acesso a uma extensa lista, visite <http://www.smart-words.org/transition-words.html>.
- No *site* <http://www.uefap.com/listen/listfram.htm>, você pode ler e ouvir sobre alguns marcadores do discurso em discurso acadêmico.
- Se você dá aulas de inglês, uma forma acessível de desenvolver a atenção a *discourse markers* ao ouvir por parte de seus alunos é pedir-lhes que trabalhem em pares, da seguinte forma: um deles lê um texto e o outro ouve, anotando os marcadores do discurso ouvidos. Depois, eles trocam ideias em grupos sobre os elementos ouvidos e as ideias que eles sinalizam. Entre os textos apropriados para esta prática estão trechos de transcrições de filmes, peças e programas de TV, como os encontrados nos seguintes *sites*: <http://www.lazybeescripts.co.uk/play_script_collections/index.htm>; <http://www.talkingpeople.net/tp/library/scripts/scripts.html>; <http://www.imsdb.com/>.

# 9>> PROJETANDO A ATENÇÃO NO TEMPO VERBAL

Você ouve a introdução de um programa de rádio *on-line* mas fica confuso com relação ao tempo a que se refere o trecho. Você entende alguns verbos no *Simple Present* como *wants* e *want*; entende também alguns verbos no *Simple Past* como *talked* e *said*. Tal variação faz com que você se pergunte se a locutora relata algo sobre o tempo presente ou o tempo passado. E mais, a oscilação entre esses tempos causa-lhe confusão, pois a ordem em que esses verbos são utilizados parece flutuar constantemente: *talked* (passado) vem antes de *wants* (presente), que por sua vez vem antes de *said* (passado), o qual é então seguido por *want* (presente). Seus questionamentos trazem-lhe ainda uma dúvida adicional: "Será que vale a pena pensar sobre os tempos verbais que ouço ou essa reflexão vai me deixar ainda mais confuso ao ouvir em inglês?"

### O texto

Transcrição do áudio

1   From WBEZ Chicago and Public Radio International, it's "This American Life".
2  I'm Ira Glass. And for this week's program, for Father's Day, everybody on our staff sat
3  around and we talked about what it is that one really wants to hear on Father's Day, or
4  near Father's Day. And Nancy, one of the producers on the show, said, what you really
5  want to hear is parents and kids actually having an honest moment together. Talking
6  about whatever. And so we tried it. We asked this 18-year-old named Chana Wiliford
7  from Waco, Texas, and her father, if they would be willing to have a conversation on
8  tape in which each of them got to ask the other all the questions they had never asked
9  before. And it's interesting what happens when you do that. […]

Disponível em: <http://www.thisamericanlife.org/radio-archives/episode/106/transcript>.
Acesso em: 22 abr. 2013.

### A estratégia

**Textos narrativos** são aqueles que visam narrar eventos.

Em textos narrativos como o reproduzido acima, a ordem das situações mencionadas no texto não coincide necessariamente com a cronologia dessas situações, isto é, com a ordem em que elas ocorrem. Nesse sentido, a percepção do ouvinte de que há alternância entre verbos no presente e no passado na narrativa que ouve não é especialmente incomum. Em português, assim como em inglês, essa flutuação também ocorre com frequência, e a surpresa do ouvinte pode estar relacionada com sua falta de conscientização linguística sobre o que ouve (e certamente produz) em sua língua materna.

Retomemos a narrativa acima ilustrada. A ordem dos verbos utilizados pode ser representada através da seguinte sequência:

[it]'s → [I]'m → sat → talked → is → wants → said → want → having → Talking → tried → asked → would be → got → had never asked → [it]'s → happens → do

No entanto, se fôssemos contrapor a sequência de verbos acima com o tempo em que os eventos descritos de fato ocorreram, teríamos algo assim:

PRESENT (THE MOMENT OF SPEAKING): [it]'s → [I]'m
PAST 1 (STAFF MEETING): sat → talked
PRESENT (TIMELESS): is → wants
PAST 1 (STAFF MEETING): said
PRESENT (TIMELESS): want → PRESENT (A MOMENT IN TIMELESS PRESENT): having → Talking
PAST 2 (INTERVIEW): tried → asked → would be → got → PAST 3 (PAST OF PAST 2): had never asked
PRESENT (TIMELESS): [it]'s → happens → do

Note-se que há dois tipos de tempo presente mencionados no trecho: o presente do momento e um outro presente (indicado como *timeless* no esquema acima), que é um presente atemporal que se refere a situações que remetem não apenas ao presente propriamente dito mas também ao passado e ao futuro. Este presente ocorre em sentenças como *Water boils at 100 degrees Celsius* ou *I love chocolate*. Vale notar, também, que no trecho acima há dois passados: o Passado 1, que se refere à reunião da equipe do rádio para decidir a pauta da reportagem, e o Passado 2, posterior ao Passado 1, que se refere ao momento da entrevista. Essas percepções levam-nos a compreender que a sequência dos eventos narrados no texto não segue a ordem cronológica, e o falante articula seus pontos em um vai e vem entre passados e presentes que pode parecer caótico, mas que, na realidade, é compreendido por usuários competentes da língua sem problema algum. A pergunta que precisamos explorar então é: como um ouvinte consegue construir sentido de tamanha complexidade de ideias?

Para responder a essa pergunta, precisamos retomar o conceito de conhecimento prévio. A fim de construir um sentido ao ouvir o texto

**Conscientização linguística** (*language awareness*, em inglês) envolve conhecimento explícito sobre aspectos relacionados a línguas e linguagens, e percepção consciente e sensibilidade sobre esses aspectos durante o processo de aprendizagem, ensino ou uso de linguagens.

**Língua materna** é a **primeira língua** de uma pessoa (em inglês, *mother tongue/language*; *native tongue/language* ou *first language*). Uma mesma pessoa pode ter mais de uma língua materna se ela crescer em um ambiente em que se fala mais de uma língua.

**Marcadores temporais** são palavras ou expressões usadas num texto para indicar o tempo ou a passagem do tempo, por exemplo, *when, after that, during, meanwhile*.

acima, precisamos ativar conhecimento de mundo sobre programas de rádio, seu planejamento e sua apresentação e saber o que acontece antes do quê. Precisamos também ativar conhecimento prévio sobre conversas acerca do passado, e lembrar que nesses casos às vezes tratamos de eventos ocorridos anteriormente a outros. Além disso, precisamos ativar conhecimento de inglês sobre marcadores temporais e entender *key words* como *this week* e *before*. Finalmente, precisamos acionar conhecimento de organização textual de apresentações em programas de entrevista no rádio e saber que descrições sobre o presente (quem fala, sobre o quê) antecededem a entrevista propriamente dita.

Para aplicar esta estratégia na escuta em inglês é, portanto, importante compreender os marcadores temporais utilizados em um texto (por exemplo, *first, then, after that, afterwards, later, until, while, when*). É importante também prestar atenção a datas e ao uso de tempos verbais para melhor entender o tempo dos eventos. Em narrativas, é recomendável prestar atenção especial ao uso do *Past Perfect* (como *had never asked*, linha 8), pois esse tempo verbal envolve necessariamente duas ações no passado, uma anterior à outra. Ao atentar para marcadores temporais é importante distinguir quando *then* indica tempo (então = naquele momento) e quando indica consequência (então = desta forma).

A estratégia focalizada nesta seção é especialmente importante em textos narrativos. Esse tipo de texto é comumente usado em vários gêneros textuais, por exemplo, artigos de jornais, histórias infantis, romances, biografias, fábulas. Ao ouvir esses textos, lembre-se sempre de que a sequência dos eventos descritos nem sempre corresponde à cronologia em que tais eventos ocorreram. O entendimento de conversas sobre eventos passados, planos para o futuro, rotinas, entre outros assuntos, também poderá ser apoiado pelo uso da estratégia. Retomando então as perguntas feitas ao final da situação de abertura desta seção, vale a pena, sim, focar a atenção a tempos verbais ao ouvir, pois essa prática pode ajudar o ouvinte a entender melhor a articulação dos tempos mencionados. Como acontece com outras estratégias, a projeção do foco em tempos verbais pode tornar-se mais eficaz se ocorrer em conjunto com outras estratégias, tais como "Focando a atenção em palavras-chaves", "Focando a atenção em grupos de palavras" ou "Transferindo o que se entende em uma parte para compreender outra parte do texto".

## Aplique a estratégia

**1 > a.** Você vai ouvir o início da entrevista que segue a apresentação reproduzida na parte "O texto" acima. Antes de ouvir, preveja: qual deve ser o tempo verbal predominante na entrevista? Por quê?

b. Ouça o trecho inicial da entrevista (de "*One of the first things*" a "*ended up hooking up*") e, no seu bloco de notas, anote os verbos que ouvir. Ouça o trecho quantas vezes achar necessário, focando sua atenção na escuta dos verbos apenas.
c. Reflita sobre suas anotações: elas confirmam ou vão contra as previsões feitas em (a)? A que conclusões você pode chegar sobre o conteúdo do trecho ouvido baseando-se apenas nos verbos listados?
d. Ouça o trecho mais uma vez a fim de obter uma compreensão mais global. Caso deseje, leia a transcrição do texto neste momento (disponível na seção *Respostas dos exercícios*, na p. 221). Avalie: o foco nos tempos verbais auxiliou sua compreensão?

**2 > a.** Ouça a fábula *The lion and the hare* em <http://ia700200.us.archive.org/19/items/aesop_fables_volume_eight_librivox/fables_08_08_aesop.mp3>. No seu bloco de notas, monte um quadro como este abaixo e anote todos os verbos que ouvir na primeira coluna. Caso o áudio não esteja disponível, peça para alguém ler em voz alta para você a transcrição que se encontra na p. 222.

| Verbs in the passage | Time of the verbs in the passage |
|---|---|
|  |  |

b. Complete a coluna à direita, registrando o tempo a que os verbos da coluna à esquerda se referem.
c. Ouça o áudio mais uma vez observando os marcadores temporais e refletindo sobre a ordem cronológica dos eventos narrados.
d. Com base nas suas anotações e reflexões, numere a sequência de eventos de acordo com a ordem em que ocorreram:

I. ( ) O leão viu o cervo.
II. ( ) O leão desistiu da lebre.
III. ( ) O leão desistiu do cervo.
IV. ( ) O leão correu atrás do cervo.
V. ( ) O leão achou a lebre.
VI. ( ) O leão procurou a lebre.

e. Reflita: o foco no tempo verbal e nos marcadores temporais auxiliou-o a entender a ordem dos eventos narrados?

## Sugestões adicionais

- Pratique a estratégia ouvindo outras fábulas em <http://librivox.org/aesops-fables-volume-8-fables-176-200/> listando a ordem de ocorrência dos eventos narrados. O mesmo pode ser feito utilizando-se reportagens em vídeo ou em áudio em jornais *on-line*.
- No *site* <http://literacyandnumeracyforadults.com/The-Learning-Progressions/Literacy/Listen-and-Speak-to-Communicate/Activities-table/Verb-tenses>, você encontra uma sugestão de prática da estratégia, incluindo áudio, transcrição e comentários.
- Para revisão e referência sobre tempos verbais em inglês, explore o *site* <http://learnenglish.britishcouncil.org/english-grammar/verbs>. Especialmente útil para o apoio da estratégia focada nesta seção é o conteúdo das partes "*Talking about the present*", "*Talking about the past*" e "*Talking about the future*". Essas partes podem ser acessadas clicando-se nos botões com seus nomes.

# 10>> ENTENDENDO NÚMEROS

### A situação

Você ouve um artigo sobre a população de lontras marinhas (*sea otters*, em inglês) na costa da Califórnia e fica confuso diante da quantidade de números mencionados no texto. De modo geral, os números causam-lhe dificuldade ao ouvir em inglês, e você sempre tem a sensação de que, por se concentrar tanto em entender os números, você acaba sem saber a que os números se referem! Você se pergunta se haveria alguma estratégia que pudesse ajudá-lo a superar essa dificuldade.

### O texto

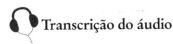 Transcrição do áudio

1  It seemed that everywhere scientists looked this year – especially in Monterey Bay –
2  they saw sea otters.
3  "Silver headed male is coming in" says a counter.

4  Up and down the California coast, federal, state and private researchers turned their
5  eyes to the water for the annual spring sea otter count.
6  "That's three resting plus one small" say a counter.
7  The results returned numbers so high that scientists believe they're misleading.

8  "The spring count this year is the highest we've ever had since 1983," said Greg
9  Sanders of the U.S. Fish and Wildlife Service. "So that's encouraging."

10  Two thousand five hundred and five (2,505) otters were counted in this year's
11  census, up 17% from last year. But the count only reflects otters that were observed.
12  Scientists say the observing conditions this year were very good and more otters have
13  congregated in Monterey Bay, where they are easily seen.
14  […]
15  Scientists say if the otter count shows an increase over the next several years,
16  they'll know the downward population trend that began in the mid-1990s has actually
17  reversed. Despite the increase this year, the 2,505 otters counted are still a fraction of the
18  18,000 to 20,000 believed to have lived along what is now the California coast (among
19  about 250,000 worldwide) before they were hunted to near-extinction.

Disponível em: <http://www.literacynet.org/cnnsf/seaotter/home.html>. Acesso em: 22 abr. 2013.

# A estratégia

Talvez, sem perceber, o ouvinte na situação acima descrita já apresenta um comportamento estratégico com relação ao entendimento de números ao ouvir. Em primeiro lugar, o fato de perceber que números lhe causam dificuldade já é um fator importante no sentido de desenvolver um plano de ação para a superação dessa dificuldade – isto é, por definição, um passo fundamental no desenvolvimento da estratégia. Em segundo lugar, a percepção de que sua atenção canalizada aos números apenas acaba por fazê-lo não ouvir as informações associadas a esses elementos é também indicação de que o ouvinte caminha no desenvolvimento da estratégia: afinal, qualquer processo de aprendizagem envolve equívocos e dificuldades que vão sendo superadas ao longo do processo. Neste sentido, a conscientização dessas dificuldades por parte do aprendiz é fator importante para o desenvolvimento de suas soluções.

Neste ponto o leitor pode estar se perguntando: "Mas o que então é necessário para um entendimento eficaz de números ao ouvir?" E, mais fundamentalmente, "por que é tão importante assim preocuparmo-nos com números ao ouvir?".

Comecemos pela segunda pergunta, que é de fato mais básica para o desenvolvimento das ideias desta seção. A compreensão de números ao ouvir é importante por várias razões. Uma delas é a frequência com que números são utilizados: eles acompanham uma gama variada de informações tais como preços, endereços, datas, números de telefones, estatísticas, idades, pesos, comprimentos e muitas outras ideias. Isso faz com que os números estejam presentes em diversos gêneros textuais, desde os mais simples como conversas entre estranhos sobre direções para chegar a algum lugar até os mais sofisticados como apresentações formais sobre dados socioeconômicos. Seu entendimento é mesmo fundamental porque os números costumam ser palavras-chaves nos textos em que aparecem: não entender *first* em *You have to take the first right* pode levar o ouvinte a uma direção errada; não compreender *thirteen* ou *five* em *House prices have increased thirteen per cent in the last five years* pode levar o ouvinte a um entendimento equivocado sobre a flutuação do preço dos imóveis, bem como a igualmente equivocados relatos posteriores da informação.

No entanto, para uma compreensão eficaz de ideias acompanhadas de números, não basta entender *first*, ou *thirteen*, ou *five*, ou quaisquer outros números propriamente ditos, e este ponto nos leva à segunda pergunta acima. Afinal, fará muita diferença se ouvirmos *Ten people came to the party*, *Less than ten people came to*

**Sílaba tônica** (*stressed syllable*, em inglês) é a sílaba mais forte de uma palavra, por exemplo, *-nit-* em United, *-tel* em hotel.

*the party* ou *More than ten people came to the party*: nas três frases, o número dito é *"ten"*, mas em um caso houve dez pessoas; no outro, menos de dez pessoas; no terceiro, mais de três pessoas! Um bom entendimento de números requer, então, atenção aos termos que os acompanham. O quadro a seguir dá mais detalhes sobre o foco em números e nos seus "vizinhos".

| Aspectos que merecem atenção | Comentários |
|---|---|
| Números que terminam em *-een* ou *-ty* (por exemplo, *fourteen/forty; nineteen/ninety*) | A pronúncia desses pares de palavras é mesmo bem parecida e comumente ela causa mal-entendidos e pedidos de repetição até mesmo entre falantes nativos! Mas há uma diferença entre essas palavras: as que terminam em *-teen* têm a sílaba tônica nesse trecho final, com ênfase no trecho sublinhado: thir*teen*, eigh*teen*. As que terminam em *-y* têm sílaba tônica na parte inicial da palavra, assim: *thir*ty, *eigh*ty. Mas no dia a dia nem sempre é fácil perceber a distinção, especialmente no inglês britânico. Na dúvida, vale pedir esclarecimento. Não sendo possível, no caso de *one-way listening*, atenção ao cotexto, monitoramento de compreensão e procura de ideias similares podem ajudar. Para mais esclarecimentos sobre a pronúncia desses números, veja <http://www.rachelsenglish.com/blog_20090713> e <http://www.rachelsenglish.com/blog_numbers20-1billion>. |
| *Hundreds, millions, thousands* | Se ouvimos *A hundred people attended the conference* ou *Hundreds of people attended the conference*, teremos entendimentos bem diferentes, já que *hundreds, thousands, millions and billions* indicam estimativas e não números exatos! |
| Termos que modificam os sentidos dos números, como *over, about, around, nearly, at least, less than, more than* | Os números podem vir sozinhos (*Fifty people were left homeless after the flood*), mas muito frequentemente eles vêm acompanhados de termos que os modificam, alterando o seu sentido. Assim, se ouvimos *Over fifty people were left homeless after the flood*, podemos concluir que a tragédia envolve mais de 50 pessoas, mas possivelmente o número de desabrigados não chega perto de 100; se assim fosse, provavelmente seria dito que *Nearly a hundred people were left homeless*. Assim, conhecimento, percepção e entendimento das inferências desses termos é importante ao se ouvir números em inglês. |
| Palavras que sugerem "movimento", comparação ou restrição de números: *increase/decrease; grow/reduce; fall/rise; higher/lower; only; minimum/maximum* | É comum que números relativos a certos assuntos como taxas de desemprego, inflação, nível de escolaridade, salários, vagas, e muitos outros, venham acompanhados de termos que adicionam ideias como aumento, redução, comparação ou restrição. Por exemplo, ao ouvirmos *Economists are expecting a 0.5% increase compared to last year's inflation rate of 3%*, para entendermos a taxa de inflação esperada é preciso compreender não apenas os números mencionados (0.5 e 3), mas também o substantivo *increase*, o que levará o ouvinte a adicionar os números ouvidos. |

| Aspectos que merecem atenção | Comentários |
|---|---|
| Termos que acompanham datas: *in, since, before, after* | Ao ouvirmos anos (lembrando que eles são pronunciados como se fossem duas dezenas: *1982/nineteen eighty-two; 2013/twenty thirteen*), devemos atentar para as preposições vizinhas: *in 2002* significa em 2002; *since 2002*, desde aquele ano; *before 2002*, antes de 2002; *after 2002*, depois de 2002. |
| Expressões com *every* | Algo que acontece *every day* (todos os dias) não acontece *every other day* (dia sim, dia não). Portanto, ao ouvir "*every*" indicando tempo (*every year, every week* etc.), é importante prestar atenção se há ou não uso de "*other*" ao mesmo tempo (*every other year, every other week*). |
| Números ordinais | Usa-se *first, second, third* etc. para se indicar números que acontecem em sequência (*the first child, the fourth year at university, the eleventh day of the trip*). Vale lembrar que em inglês usam-se números ordinais para se referir a séculos (*the seventeenth century; the twenty-first century*). |
| Percentagens, frações e decimais | Sob uma ótica estrutural, isto é, levando-se em consideração as palavras usadas e sua ordem para se expressar uma ideia, percentagens e frações são produzidas de forma muito similar em português e em inglês (setenta e cinco por cento/*seventy-five per cent*; três quartos/*three quarters*). Decimais também são produzidos de forma semelhante nas duas línguas, com a diferença que em inglês usa-se ponto (e não vírgula) nesses casos: então, temos "três vírgula cinco", mas "*three point five*". |

Outros fatores que podem comprometer o entendimento de números ao se ouvir em inglês envolvem o possível uso de unidades de medidas com padrões diferentes: *inches, feet, yards* e *miles* para se falar de comprimentos e distâncias, ao invés de centímetros, metros e quilômetros; *pounds* e *stone* para se tratar de peso, ao invés de gramas e quilos: nos Estados Unidos o peso de uma pessoa é expresso em *pounds* (1 *pound* ou 1 libra equivale a cerca de 453 gramas), mas na Inglaterra usa-se *stone* para tal fim (1 *stone* equivale a cerca de 6.35 quilos). O conhecimento de equivalências básicas como as seguintes pode auxiliar no entendimento de números associados a unidades de medida: (Nota: as conversões à direita são aproximações)

**One-way listening** (também chamado de unidirecional), é um tipo de compreensão oral que envolve a escuta em situações em que o ouvinte não pode interagir explicitamente com o(s) falante(s), por exemplo programas no rádio ou na TV, aulas, palestras, filmes, anúncios em locais públicos, discursos políticos, gravações no telefone, entre outros.

**Preposições** são palavras que ligam duas palavras, por exemplo, *from* e *of* em *I come from Brazil* e *He's a friend of mine*.

**Números ordinais** são aqueles que designam ordem ou série, por exemplo *first, second, third* etc.

| 1 inch (1 polegada) | 2.5 centímetros |
|---|---|
| 1 foot (1 pé) | 30.4 centímetros |
| 1 yard (1 jarda) | 91.4 centímetros |
| 1 mile (1 milha) | 1.6 quilômetro |
| 1 ounce (1 onça) | 28.3 gramas |
| 1 pint (1 quartilho) | 568 mililitros |

Há muitas estratégias que podem apoiar o entendimento de números ao se ouvir, entre elas a transferência de entendimentos de diferentes partes do que se ouve, visualização (criando-se representações mentais para os números que se ouvem), tomada de notas, elaboração de ideias a partir de conhecimento prévio e monitoramento. Trataremos de todas essas estratégias mais adiante neste livro.

## Aplique a estratégia

**1 >** No *site* <http://learningenglish.voanews.com/section/articles/2385.html>, você tem acesso a áudios e suas respectivas transcrições sobre diversos assuntos. Selecione algumas opções que lhe interessam e para cada uma delas siga os procedimentos listados na atividade a seguir, em que usamos o conteúdo em <http://learningenglish.voanews.com/content/increase-rice-production-asia-africa/666440.html> como modelo (Acesso em: 24 abr. 2013):

- Ouça o áudio, anotando todos os números que ouve. Em seguida, observe os números anotados e tente se lembrar a que eles se referem.
- Ouça o áudio mais uma vez, anotando as informações e palavras-chaves que acompanham os números. Reflita mais uma vez sobre o que você compreendeu a respeito das informações dadas por meio de números.
- Ouça o áudio uma terceira vez para entendimento geral do texto. Se quiser, nesse momento, acompanhe a escuta do áudio com a leitura de seu *script* (disponível na seção *Respostas dos exercícios*).
- Avalie seu entendimento sobre as informações apresentadas por meio de números completando o quadro a seguir. Depois de completar o quadro, pense no que você pode fazer para melhorar as áreas que não estão muito boas.

| Como você avalia sua habilidade de... | Muito boa ☺ | OK 😐 | Nada boa ☹ |
|---|---|---|---|
| identificar os números ouvidos? | | | |
| perceber palavras-chaves que acompanham os números? | | | |
| perceber trechos que se referem a quantidades sem menção direta a números? (Por exemplo, no texto acima, "*increased production*", "*smaller rice prices*".) | | | |

## Sugestões adicionais

- Em <http://australianetwork.com/studyenglish/s2892016.htm>, você pode assistir a um vídeo com mais explicações e exemplos em áudio sobre o assunto. O *site* contém a transcrição do vídeo, bem como exercícios.
- Notícias sobre economia tendem a incluir muitas informações sob a forma de números. Para praticar a estratégia, vá ao *site* do jornal *Financial Times* (<http://www.ft.com/home/uk>) e veja alguns vídeos lá disponíveis, atentando para os números mencionados e as informações a eles relacionadas.
- Mais informações e exercícios podem ser encontrados em http://www.dcielts.com/ielts-listening/practice-listening-numbers/.
- Para praticar a identificação de números ao ouvir, veja os exercícios em: <http://www.esl-lab.com/num.htm> ou <http://fog.ccsf.cc.ca.us/~lfried/activity/listening/ex1phoneex2.html>.

# 11>> IDENTIFICANDO INFORMAÇÕES SEMELHANTES EM UM TEXTO ORAL

### A situação

Você usa seu telefone celular para ouvir um artigo em um *site* da Internet. Você não compreende tudo o que ouve, mas nota que certas palavras são repetidas. Com base nessas repetições, você desenvolve algumas hipóteses sobre o conteúdo do áudio. No entanto, você fica na dúvida se é mesmo uma boa ideia tentar construir sentido a partir das repetições que percebe.

### O texto

 Transcrição do áudio

1 Americans love their pets a lot – especially their cats and dogs. In fact,
2 many Americans consider pets to be as much a part of their family as
3 human family members. So says a two thousand nine report from the
4 Associated Press and the petside.com website. Fifty percent of pet own-
5 ers questioned said they considered their pets to be full members of the
6 family. And forty three percent admitted to feeding the animals people
7 food. After all, a dog is said to be man's best friend. But what happens
8 when a pet owner has to go away? Jim Tedder has more about a business
9 that cares for pets.

10 **JIM TEDDER** Sadaf Atashbarghi is with Olde Towne Pet Resort in Spring-
11 field, Virginia. This well-to-do hotel for animals has become
12 popular among the Washington area's pet owners. Ms.
13 Atashbarghi is herself a pet owner. She says her dog is very
14 much a part of her family. And she says she too has been
15 guilty of what some might call puppy love.

16 **SADAF ATASHBARGHI** I treat my dog as if she were my own kid. I take
17 her to day camp. I buy her clothes. I get her
18 nails done.
   […]

Disponível em: <http://www.voanews.com/learningenglish/home/american-life/Americans-and-their-Pampered-Pets-128893818.html>. Acesso em: 22 abr. 2013.

## A estratégia

**Collocate** é um termo que costuma coocorrer com outro. Por exemplo, *completely* e *forget* são *collocates*.

**Elementos de coesão** são elementos que integram diferentes partes de um texto, contribuindo para a formação de sua unidade, por exemplo, uso de **sinônimos**, pronomes (*he*, *him* no lugar de *The Prince*), *this*/*that* etc.

Você teve uma boa ideia ao apoiar seu entendimento em repetições que percebe ao ouvir. De modo geral, as ideias centrais em um texto tendem a ser repetidas ou retomadas de forma diferente (o que não deixa de ser uma espécie de repetição), e a atenção a essas repetições pode mesmo ajudar o ouvinte a construir sentido para o que ouve.

Vamos voltar à situação de escuta do exemplo acima: nela, ao ouvir a frase introdutória (*Americans love their pets a lot – especially their cats and dogs*, linha 1), há grande possibilidade de que as palavras-chaves *Americans, love, pets, cats* e *dogs* sejam compreendidas. De fato, essa frase funciona como uma *topic sentence*, fornecendo logo no início do texto uma antecipação da ideia geral do que será ouvido. Mas suponhamos que o ouvinte não perceba que essa frase é uma *topic sentence*, o que é bem provável. A hipótese de que a frase antecipa a ideia geral do texto pode, no entanto, ser fortalecida a partir do entendimento das palavras *cats* e *dogs*: esses termos retomam a ideia de *pets* ouvida inicialmente e fortalece a interpretação de que o texto trata de animais de estimação.

De fato, a palavra *pets* é usada cinco vezes nesse trecho. Mais do que isso, esta é a palavra mais usada no texto, à frente de *dog(s)*, *family*, *owner(s)* (cada uma usada quatro vezes). Como se vê, não é apenas a repetição da palavra *pet* que contribui para a confirmação da ideia central do áudio: outras palavras frequentes (como *dog*, ou *owner*, que é um *collocate* frequente de *pet*) também reforçam essa ideia. Isso sem contar outras palavras que remetem para *pet* (*animals*) e que derivam desse termo (*petside.com*), que também fortalecem a mesma ideia.

Estar atento para informações semelhantes em um texto é uma estratégia potencialmente útil na construção de sentido do que se ouve, pois ela permite que o ouvinte faça uma "costura" entre diferentes partes do texto. Ao ouvir informações semelhantes, confirmam-se previsões ou inferências, e estabelece-se uma base de entendimento mais sólida sobre a qual novos entendimentos podem ser construídos.

Como vimos no exemplo acima, "informações semelhantes" não envolvem apenas repetições, mas também outros recursos que contribuem para a coesão do texto. O quadro a seguir toma como base os tipos de elementos de coesão propostos em um trabalho seminal encaminhado pelos linguistas Halliday e Hasan (1976), e ainda ponto de referência importante sobre o assunto. No quadro, comentam-se também alguns recursos utilizados no texto que permitem que o ouvinte faça conexões entre informações semelhantes.

| Tipo de coesão | Quando ocorre | Exemplos no texto |
|---|---|---|
| (Co) Referência | Quando uma parte do texto refere-se a outra parte do texto | *Pronominals: their* (linhas 1 e 2) referindo-se a *Americans; they/their* (linha 5), referindo-se aos donos de animais que participaram da pesquisa. *Demonstratives and definite article: this* (linha 11) *the* (linha 6). *Comparatives: as* human family members (linhas 2-3). |
| Substituição | Um elemento do texto substitui outro, no mesmo *grammatical slot*. | *So says a two thousand nine report...* (linha 3): *so* substitui *many Americans consider pets to be as much a part of their family as human family members.* (linhas 2-3). |
| Elipse | Uma parte do texto é omitida e os ouvintes têm de usar o cotexto ou conhecimento prévio para "preencher" a lacuna. | *And forty three percent admitted to feeding the animals...* (linha 6), em que *of pet owners questioned* está elíptico. |
| Léxico | O uso das mesmas palavras repetidamente, ou de outros termos que se relacionam de alguma forma, por exemplo: repetições, sinônimos ou quase-sinônimos, antônimos, hipônimos (relação entre geral e específico, por exemplo, *furniture/chair*); meronímios (relação entre o todo e uma parte, por exemplo, *hand/finger*); colocações (palavras que tendem a coocorrer, por exemplo, *coffee/milk*). | *Repetition: pet(s)* (linhas 1, 2, 4, 5, 8, 9, 12 e 13), *family* (linhas 2, 3, 6 e 14), entre outros. *Near synonym: a business that cares for pets* (linhas 8-9) / *hotel for animals* (linha 11). *Hyponyms: pets / animals* (linhas 5-6). *Meronyms: kid* (linha 16) / *family* (linhas 2, 3, 6 e 14). *Collocation: puppy love / nails done / pet owners.* |

**Elipse** é a **omissão** de certas partes de estruturas gramaticais, por exemplo, em *I'll ring her and remind her of the time*, estão elípticos *I'll* (antes de *remind her*) e também a informação sobre a que a hora mencionada se refere.

**Léxico** consiste no vocabulário de um idioma.

**Antônimo** é uma palavra com sentido contrário ao de outra.

Saber ouvir informações semelhantes em um texto está associado a outras estratégias: saber identificar as palavras-chaves e a ideia geral do que ouvimos são duas estratégias importantes nesse sentido. Utilizadas em conjunto, e acompanhadas de monitoramento, essas estratégias podem facilitar o processo de compreensão auditiva.

Outra estratégia de apoio potencialmente importante é a percepção de uma sequência de termos que ouvimos como componentes de um mesmo "grupo de ideias". Assim, ao ouvir *On our safari we managed to see elephants, zebras and gerenuks*, um ouvinte pode concluir que a palavra *gerenuks* se refere a um animal mesmo que não compreenda tal vocabulário. Na seção "Inferindo o sentido de vocabulário desconhecido" há mais detalhes sobre isso.

## Aplique a estratégia

**1 >** Ouça o primeiro minuto e meio do áudio em <http://sounds.bl.uk/Oral-history/Jewish-Holocaust-survivors/021M-C0410X0019XX-0100V0> e responda no seu bloco de notas:
   a. Quais palavras são repetidas durante o trecho?
   b. Ouça de novo: o que se diz, e se elabora, sobre as palavras frequentemente repetidas? Tome algumas notas ao responder esta pergunta.
   c. Ouça mais uma vez para verificar suas anotações. Se preferir, neste momento, ouça e leia o *script* do áudio (disponível na seção *Respostas dos exercícios*) ao mesmo tempo.

**2 >** Vá a <http://ia700502.us.archive.org/1/items/childrensshortworks06_1005_librivox/kidsshortworks006_06therealprincess_agb_64kb.mp3> e ouça a história lá contada, acompanhando sua transcrição (a seguir). Em cada uma das pausas indicadas na transcrição, faça uma pausa e responda à pergunta com a letra correspondente. Tente concentrar sua atenção na escuta e na identificação do ponto da pausa e não na leitura da transcrição.

### The real princess, by Hans Christian Andersen

There once was a prince who wished to marry a princess, but then she (PAUSE A) must be a real princess. He travelled all over the world in hopes of finding such a lady, but there was always something wrong. Princesses he (PAUSE B) found in plenty, but whether they were real princesses it was impossible for him to decide; for now one thing, now another, (PAUSE C) seemed to him not quite right about the ladies (PAUSE D). At last he returned to his palace quite cast down because he wished so much to have a real princess for his (PAUSE E) wife. One evening a fearful tempest arose, it thundered and lightened, and the rain poured down from the sky in torrents. Besides, it was as dark as pitch (PAUSE F). All at once there was heard a violent knocking at the door, and the old king, the prince's father, went out himself to open it (PAUSE G). It was a princess, who was standing outside the door, but with the rain and the wind, she was in a sad condition, the water trickled down from her hair and her clothes clung to her body. She said she was a real princess. 'Ah, we (PAUSE H) shall soon see that' (PAUSE I), thought the old Queen mother. However, she said not a word of what she was going to do. (PAUSE J)

But went quietly into the bedroom (PAUSE K), took all the bed clothes off the bed, and put three little peas on the bedstead. She then laid twenty mattresses one upon another, over the three peas, and put twenty feather beds over the mattresses. Upon this bed, the princess was to pass the night. The next morning, she was asked how she had slept. 'Oh, very badly indeed', she replied. (PAUSE L) 'I have scarcely closed my eyes the whole night through. I do not know what was in my bed, but I had something hard under me and I'm all over black and blue, it has hurt me so much!' Now it was plain that the lady must be a real princess, since she had been able to feel the three little peas through the twenty mattresses and twenty feather beds. None but a real princess could have had such a delicate sense of feeling. The prince accordingly made her his wife, being now convinced that he had found a real princess. The three peas were, however, put into the cabinet of curiosities, where they are still to be seen, provided they (PAUSE M) are not lost. Wasn't this lady of real delicacy?

a. A quem "she" se refere?
b. A quem "he" se refere?
c. A que "another" se refere? Como você sabe?
d. Quem são essas "ladies"?
e. A quem "his" se refere?
f. Estava muito escuro ou pouco escuro? Como você sabe?
g. O que você sabe sobre o pai do príncipe?
h. A quem "we" se refere?
i. A que "that" se refere?
j. A quem "she" se refere?
k. Quem foi sorrateiramente ao quarto?
l. Quem está relatando a noite?
m. A que "they" se refere?

## Sugestões adicionais

- Em <http://www.uefap.com/listen/listfram.htm>, você pode ler mais sobre elementos de referência em inglês e escutar trechos de discurso acadêmico que ilustram o uso desses elementos.
- Se você dá aulas de inglês, selecione áudios que contenham exemplos de coesão lexical e referencial (por exemplo, *Cinderella, the girl, she, her sisters / the Prince, he, dance with him / the ball, it*) e peça a seus alunos que ouçam e identifiquem os vocábulos que correspondem a um mesmo personagem ou ideia.
- Outra forma de orientar seus alunos no desenvolvimento da estratégia focada nesta seção é produzir uma representação visual das palavras mais frequentes no áudio a ser ouvido. Tal representação pode ser feita em <http://www.wordsift.com/> colando-se o texto com o *script* do áudio e em seguida clicando em "*Sift*". O programa mostrará então um esquema em que as palavras mais frequentes aparecerão em tamanho maior que as menos frequentes. No caso do áudio comentado nesta seção, o programa geraria uma imagem como a seguir, que representa "*pet*" (a palavra mais frequente) de forma maior que as outras. Palavras do mesmo tamanho (por exemplo, *dog, owner, family*) têm a mesma frequência no texto.

americans animal area associated atashbarghi become best business buy call camp cat clothe considered dog especially family fifty friend full happen hotel human jim lot love member ms nine olde own owner part percent pet press puppy report resort said say springfield take tedder thousand treat two virginia website welltodo

# 12 >> FOCANDO A ATENÇÃO EM GRUPOS DE PALAVRAS (*CHUNKS*)

### A situação

Ao iniciar uma atividade de compreensão oral em sua aula de inglês, seu professor explica que a turma vai ouvir um áudio e realizar um exercício de preenchimento de lacunas: para tal, ele distribui uma folha contendo o seguinte exercício:

> **Listen and fill in the gaps:**
>
> Are you _____ appliances or furniture to _____ your home? _____. Here at Frontier Furniture, we have everything you need to give your home a new look and feel.
>
> Stereos, video machines, refrigerators, light fixtures, _____, washers and dryers. _____; we have it! Low on cash? We have an easy rent-to-own plan that will put you in your favorite sofa tonight. Big color TVs _____ two hundred and twenty-five dollars; digital pianos starting at three ninety-nine ($399); king size beds from two hundred and fifty dollars. Free delivery on all _____.
>
> So come on down to Frontier Furniture. Located downtown two blocks east of city hall, across from Union Square. We're open daily from 10:00 AM to 9:30 PM. So, come on in, and let us make your _____ a reality.

A tarefa parece-lhe familiar e você não prevê nenhuma dificuldade para realizá-la. No entanto, ao começar a ouvir, você fica confuso: ao contrário do que normalmente acontece nesse tipo de atividade, parece-lhe que o número de palavras por lacuna varia: às vezes são duas, às vezes mais de duas. Você pede a seu professor que diga de antemão quantas palavras faltam em cada lacuna, mas ele responde categórico: "É importante que você saiba identificar quantas palavras faltam". Você fica mais confuso ainda: não entende a justificativa do professor nem se sente capaz de realizar o exercício com segurança.

### O texto

 Transcrição do áudio

1  Are you looking for appliances or furniture to give new life to your home? Look no
2  further. Here at Frontier Furniture, we have everything you need to give your home a
3  new look and feel.

4 Stereos, video machines, refrigerators, light fixtures, dining room tables, washers and
5 dryers. You name it; we have it! Low on cash? We have an easy rent-to-own plan that
6 will put you in your favorite sofa tonight. Big color TVs as low as two hundred and
7 twenty-five dollars; digital pianos starting at three ninety-nine ($399); king size beds
8 from two hundred and fifty dollars. Free delivery on all major appliances.
9 So come on down to Frontier Furniture. Located downtown two blocks east of city
10 hall, across from Union Square. We're open daily from 10:00 AM to 9:30 PM. So, come
11 on in, and let us make your dream home a reality.

Disponível em: <http://www.esl-lab.com/cm1/cm1.htm>. Acesso em: 24 maio 2012.

## A estratégia

Você tem razão em estar confuso. De fato, a maioria dos exercícios de audição para preenchimento de lacunas (*gap-filling exercises*) requer o entendimento de uma palavra por lacuna. Originalmente essas lacunas tendiam a incluir somente *content words* (e materiais didáticos mais conservadores ainda seguem essa abordagem), mas estudiosos da área logo perceberam que, ao se pedir a aprendizes de inglês que focassem a escuta para identificação de *content words* apenas, estava-se desenvolvendo uma capacidade de escuta necessária, mas limitada – afinal, *function words* existem com mais frequência do que *content words* e sua percepção é também importante no processo de compreensão auditiva. Com isso, mudou-se de abordagem nesse tipo de atividade (também conhecido como *close exercises*): as lacunas passaram ou a ser aleatórias ou a seguir uma frequência predeterminada (por exemplo, a cada sete palavras), o que geraria a necessidade de o ouvinte estar atento a diferentes tipos de informação.

O que se descreve no parágrafo acima é a prática frequente de escuta para preenchimento de lacunas. E há méritos nesse trabalho: as lacunas forçam o ouvinte a focar sua atenção em elementos específicos que poderiam ficar despercebidos ao ouvir, especialmente em se tratando de ouvintes que tendem a se apoiar excessivamente em processos *top-down* para entender o que ouvem. Esse foco pode, então, conscientizar o ouvinte de que uma boa escuta deve ser encaminhada com uma boa orquestração de processos *top-down* e *bottom-up*.

No entanto, há também alguns problemas com a prática de *gap filling activities* que requerem escuta de uma palavra para cada lacuna. Um desses problemas é que nem sempre é fácil determinar o que seja "uma palavra": claro, é evidente que *freedom* ou *flower* ou *dangerously* ilustram palavras, mas tal conclusão não é tão fácil quando tratamos de *phrasal verbs* como *look*

**Content words** são palavras que carregam sentido (por exemplo, *house* ou *run*) e se distinguem de **function words** (como *of* ou *for*), as quais têm a função de estabelecer relações sintáticas.

**Function words** são palavras que, ao contrário de *content words*, carregam pouco ou nenhum significado e têm a função de estabelecer relações gramaticais entre elas e outras palavras. Por exemplo, em *The writer of the book has arrived*, são *function words*: *the*, *of*, *has*.

Processos **top-down** ocorrem quando uma pessoa tenta construir sentido da linguagem a partir de conhecimento prévio. Em compreensão oral, processos *top-down* ocorrem quando um ouvinte tenta entender o que ouve com base no seu **conhecimento de mundo**.

**Phrasal verbs** são **locuções** compostas por um **verbo** e um outro elemento, cujo sentido é diferente do sentido de suas partes componentes, por exemplo: *put away*, *put off*, *look for*, *look after*.

> *Idioms* são expressões cujo sentido difere do sentido original das palavras que a compõem, por exemplo, *kick the bucket* (= *die*); *to have a sweet tooth* (= *to like sweets*).

*after* ou *give up* ou de palavras compostas como *armchair*, *footwear* ou *email*. Outro problema com o foco em palavras isoladas ao ouvir é que ele não prepara o aluno-ouvinte a reconhecer os *lexical chunks,* ou *chunks,* da língua inglesa, isto é, os grupos de palavras que costumam ocorrer juntas, conforme detalhes no quadro a seguir:

| Tipo de *lexical chunks* | Exemplos |
|---|---|
| Phrasal verbs | Em inglês, a adição de partículas como *in, on, for* etc. a um mesmo verbo pode mudar completamente o sentido do verbo (veja, por exemplo, *take in, take on, take away* etc.). No exercício reproduzido na situação de abertura, o preenchimento da lacuna em "*Are you _____ appliances or furniture*" requer uso do *phrasal verb looking for,* o que é uma boa ideia: afinal, a atenção ao *phrasal verb* como um todo e não aos seus componentes de forma isolada é importante para a compreensão do termo. |
| Fixed/Semi-fixed expressions | Expressões fixas são imutáveis, como, por exemplo, *play cards* (e não *play card* ou *throw cards*); expressões semifixas incluem uma estrutura (*frame*) imutável e lacunas que podem ser preenchidas por um rol de opções, por exemplo, "___ *enjoys* __ *in* __ *spare time*", em que as lacunas podem ser preenchidas por opções diversas (por exemplo, *Peter enjoys cycling in his spare time/My sister Linda enjoys mountain climbing in her spare time*). O exercício ilustrado na situação contempla a importância da atenção a expressões fixas ao criar lacunas nos pontos em que *Look no further* (linhas 1-2) e *You name it* (linha 5) são ditos. |
| Idioms | Expressões idiomáticas não fazem sentido se tentarmos entendê-las ao pé da letra. Uma boa forma de familiarizar os aprendizes-ouvintes com essas expressões é pedir-lhes que as ouçam por inteiro, em contexto. No exercício acima, a lacuna deixada para preenchimento de *give new life to* (linha 1) contempla essa ideia. |
| Collocations | *Collocations* são duas ou mais palavras que tendem a ocorrer juntas e em determinadas sequências. Em português, dizemos "café com leite" (e não "leite com café") e descrevemos arquivos eletrônicos com vários *megabyte* como "arquivos pesados". Em inglês, usa-se *fish and chips* (e não *chips and fish*) e descrevem-se arquivos pesados como *large* ou *big* (mas não *heavy*). E por que isso acontece? Bem, isso acontece "porque é assim" que os usuários dessas línguas usam tais termos. Não há uma "causa" para tal uso; a questão aqui é a frequência de uso dessas formas. E porque são frequentes, essas formas tornam-se mais "aceitáveis". Há vários tipos de *collocations* em inglês, entre elas: *adjective + noun* (*fast food* e não *quick food*); *noun + noun* (*a round of applause* e não *a circle of applause*); *verb + noun* (*cease fire* e não *stop fire*); *adverb + verb* (*strongly recommend* e não *heavily recommend*). No exercício anterior, há lacunas que requerem preenchimento de *collocates*: *major appliances* (linha 8) e *dream home* (linha 11). |

| Tipo de *lexical chunks* | Exemplos |
|---|---|
| *Heads / Tails* | *Heads* e *tails* são expressões fixas que ocorrem, respectivamente, no início e no final de falas. Exemplos de *heads* incluem: *as a matter of fact; the thing is; as far as I'm concerned; to be honest*; exemplos de *tails* incluem: *do you know what I mean?; isn't it?; don't you think so?* |
| Frases e locuções que ocorrem com frequência | Muitas frases e locuções costumam ocorrer em discurso oral. Alguns exemplos são: *How are you?; If I were you...; Let's get started; Where have you been?* Atenção a essas sequências, em sua totalidade, ao ouvir, pode ser útil para quem aprende inglês. |

Neste ponto o leitor pode estar se perguntando por que exatamente a atenção a *chunks* pode ser benéfica para quem ouve em inglês. A resposta a essa indagação é dada por estudos em psicolinguística, que sugerem que nosso conhecimento é guardado em nossa memória também em agrupamentos – de sons, de palavras, de ideias. Isso permite que o processo de percepção e compreensão auditiva seja mais ágil; ao invés de construir sentido de cada elemento do que ouve, um ouvinte eficiente detecta grupos que já conhece e rapidamente faz a correspondência entre esses grupos e o que eles significam.

O apoio em outras estratégias pode facilitar a atenção a *chunks* ao se ouvir em inglês, entre elas "Identificando fronteiras no que se ouve", "Vocalizando o que é ouvido" e "Visualizando o que é ouvido". Trataremos dessas duas últimas nas próximas seções.

**Locução** (*phrase*, em inglês) é um conjunto de palavras que não forma uma frase completa mas que, em seu conjunto, tem significado próprio. Na frase *The competent reader is able to understand the gist of a text*, são locuções *the competent reader; is able to understand; the gist of a text*.

**Psicolinguística** é a ciência que estuda a relação entre as estruturas mentais e os processos envolvidos na aquisição, aprendizagem e uso da linguagem.

## Aplique a estratégia

**1 >** Ouça novamente um dos áudios já utilizados em sua leitura deste livro. Ao ouvir, identifique alguns *chunks*.

**2 >** **a.** Vá a um *site* que contenha áudios e suas transcrições (para sugestões veja a seção *Fontes de referência* nas p. 234-235 deste livro) e selecione 3 textos de seu interesse.
    **b.** Copie os três *scripts* em um arquivo em um processador de texto. Chame-o de "*Complete texts*".
    **c.** Prepare um novo arquivo, da seguinte forma: copie um dos *scripts*, apagando algumas *content words* (não mais que uma por linha) e deixando lacunas em seu lugar. O segundo *script* também deve ser copiado e colado neste arquivo, mas as lacunas a serem criadas aqui devem ocorrer a cada sete palavras: nesses pontos, apague uma palavra e deixe um traço em seu lugar. Finalmente, o último *script* deve ser copiado e colado, e suas lacunas devem ser criadas no lugar de *chunks* (como no exercício apresentado em "A situação" nesta seção).
    **d.** Depois de dois dias, ouça os áudios e complete as lacunas ao ouvir.
    **e.** Verifique suas respostas em seu arquivo "*Complete texts*" e responda: quais dificuldades você encontrou ao fazer os três exercícios? Como você lidou com tais dificuldades? De que forma o preenchimento de lacunas envolvendo *chunks* pode ajudá-lo a se tornar um melhor ouvinte em inglês?

## Sugestões adicionais

- Em <http://www.splendid-speaking.com/learn/improve_english_fluency.html>, você pode ler mais sobre o uso de *chunks* para desenvolver a expressão oral, bem como ouvir algumas gravações comentadas e fazer exercícios sobre o assunto.
- Para ler mais sobre *chunks*, vá a <http://www.ehow.com/info_8657300_types-lexical-chunks-english.html>. O *site* <http://www.teachingenglish.org.uk/articles/lexical-exploitation-texts> também trata do assunto, incluindo ideias sobre como trabalhá-lo em sala de aula.
- Para ler mais sobre *collocations*, vá ao *site* <http://esl.about.com/od/engilshvocabulary/a/collocations.htm>. O *site* <http://www.englishclub.com/vocabulary/collocations.htm> também contém informações adicionais, listas de *collocations* e testes. Para exercícios sobre o tema, faça uma busca por *"collocations esl exercises"* e você encontrará inúmeros *links* para explorar!
- Para ler mais sobre *phrasal verbs*, vá a <http://www.eslcafe.com/pv/> e <http://www.usingenglish.com/reference/phrasal-verbs/> (este último contém exercícios além das explicações).
- Se você dá aulas de inglês, explore o *site* <http://www.eslflow.com/collocationsandphrasalvebs.html>. Nele você encontra vários outros *links* com sugestões de exercícios sobre *collocations* e *phrasal verbs*.
- Em suas aulas, proponha atividades de compreensão oral para preenchimento de lacunas que envolvam *chunks* em todos os níveis de aprendizagem. Após a realização dos exercícios, estimule debates na turma sobre os benefícios e as dificuldades associadas às tarefas.

# 13>> VOCALIZANDO O QUE É OUVIDO

## A situação

Para praticar sua compreensão oral em inglês, você costuma ouvir histórias infantis disponíveis em áudio na Internet. Você acha essa prática útil porque, por conhecer os enredos, consegue ter um bom entendimento do que ouve; e quando há um vocabulário desconhecido você muitas vezes consegue inferi-lo com base no seu conhecimento prévio sobre a história. Você hoje ouve a história *The Three Little Pigs*. Num dado momento, observa que, ao ouvir, você mexe os lábios, como se falando consigo mesmo, repetindo algumas palavras mencionadas na história (por exemplo, *seek*) ou ecoando trechos que são repetidos algumas vezes na narrativa (por exemplo, *Then I'll huff, and I'll puff, and I'll blow your house in*). Ao perceber esse seu comportamento, você se pergunta: "Por que estou fazendo isso? Há algum benefício atrelado a essa minha articulação de sons e palavras ou estou me desconcentrando ao fazer isso e com isso deixando de ouvir de forma apropriada?"

## O texto

 Transcrição do áudio

[...]
1  There was once a family of pigs. The mother pig was very poor, and so she sent her
2  three little pigs out to seek their fortunes. The first that went off met a man with a
3  bundle of straw, and he said to him:
4  "Please, man, give me that straw to build me a house."
5  Which the man did, and the little pig built a house with it. Presently came a wolf, and he
6  knocked at the door, and said:
7  "Little pig, little pig, let me come in."
8  To which the pig answered:
9  "No, no, no, not by the hair of my chiny chin chin."
10 The wolf then answered to that:
11 "Then I'll huff, and I'll puff, and I'll blow your house in."
12 So he huffed, and he puffed, and he blew his house in, and ate up the little pig.
13 [...]

Disponível em: <http://storynory.com/2008/02/25/the-three-little-pigs-2>. Acesso em: 26 abr. 2013.

## A estratégia

**Apropriação** é um conceito da teoria sociocultural de aprendizagem que significa "tomar posse de um conhecimento", "fazer um conhecimento seu". Sob essa ótica, a apropriação do conhecimento é percebida como o objetivo final, principal, do processo de aprendizagem.

Ao repetirmos o que ouvimos "dentro de nossa cabeça" ou em voz baixa, como que falando conosco mesmos, estamos aplicando uma estratégia de compreensão oral conhecida na literatura como *vocalização*. No cenário descrito acima, as causas mais prováveis das vocalizações seriam (1) uma forma de "registrar e congelar" o vocabulário incompreendido (a palavra *seek*), numa tentativa de ganhar um pouco de tempo para entender o que se ouve; e (2) a musicalidade e o ritmo do trecho *Then I'll huff, and I'll puff, and I'll blow your house in*, que poderiam ter funcionado como um convite ao ouvinte a também produzir, individualmente e para si mesmo, o que é dito no áudio.

Como acontece com outras estratégias, uma boa compreensão sobre o que são vocalizações, o que elas envolvem, quais os seus potenciais benefícios e quais os riscos e dificuldades associados à implementação dessa estratégia podem auxiliar o aprendiz-ouvinte a usar a estratégia com mais eficácia.

Ao vocalizar, repete-se o que se ouviu em pensamento ou em voz baixa, como que falando consigo mesmo. Vocalizações (conhecidas em inglês como *vocalization* ou *shadowing*) podem também incluir visualizações mentais das palavras que correspondem às "cadeias sonoras" vocalizadas. Ao "ver" tais palavras "na cabeça", pode-se construir um entendimento mais eficaz sobre os termos vocalizados. Essa combinação pode ser especialmente útil no entendimento de números. Voltaremos a tratar de visualizações na próxima seção.

Vocalizações permitem ao ouvinte conectar-se com o texto ouvido e apropriar-se dele, integrando o que ouve ao repertório do que também produz oralmente. Nesse caso, a estratégia pode se configurar tanto como uma estratégia de *listening* quanto de *speaking*, contribuindo para a aprendizagem de *longer chunks of language* e para o aprimoramento da pronúncia.

Vocalizações são processos cognitivos iniciados e orientados pelo ouvinte como formas de "controlar" o seu processo de compreensão oral, seja para lidar com uma dificuldade momentânea, seja para engajar-se em prática oral de algo que não domina. Há sugestões na literatura (Graham, Santos e Vanderplank, 2008) de que ouvintes competentes tendem a produzir vocalizações ao ouvir. No entanto, ao vocalizar, é importante não perder o fio da meada. É necessário estar consciente de que o trecho que se ouve prosseguirá apesar do "congelamento" que é feito através da vocalização. Essa conscientização deve permitir que se continue ouvindo ao mesmo tempo em que se "guarda" o que foi vocalizado. Obviamente esse duplo foco (de construir sentidos tanto através da continuação da escuta quando do que é vocalizado) faz com que vocalizações envolvam processos muito complexos do ponto de vista cognitivo. É por essa razão que a estratégia deve ser utilizada criteriosamente, quando for apropriada, e não com relação a todo e qualquer elemento do texto ouvido.

Vocalizações podem ser úteis em associação à estratégia de focar a atenção em aspectos fonético-fonológicos que causam dificuldade ao aprendiz ao ouvir em inglês. Mais sobre isso na seção "Prestando atenção à pronúncia e à entonação".

**Aspectos fonético-fonológicos** são aspectos relacionados ao conjunto de sons e às unidades mínimas de som que distinguem significado em uma língua.

## Aplique a estratégia

**1 > a.** Vá ao *site* <http://www.bbc.co.uk/worldservice/learningenglish/general/> e selecione um ou mais áudios que contenham potenciais fontes de dificuldade para você. Ao ouvir os áudios, vocalize os trechos que lhe causam dificuldade. Nas suas vocalizações inclua não apenas vocabulário desconhecido, mas também os nomes de pessoas, de lugares e números em inglês.

**b.** Reflita: as vocalizações permitiram-lhe "congelar" o que você ouvia, dando-lhe mais tempo para tentar entender o desconhecido? Elas permitiram-lhe visualizar a forma escrita do que você ouvia? Elas facilitaram a escuta de alguma forma?

**2 > a.** Ouça uma canção de sua escolha e vocalize trechos que são repetidos (como refrões) e vocalize também os trechos que lhe parecem conter *chunks*. Se desejar, escreva os trechos vocalizados em seu bloco de notas enquanto ouve a canção.

**b.** Reflita: o ato de escrever o que foi vocalizado ajudou ou atrapalhou o processo de vocalização? Por quê?

## Sugestões adicionais

- Em <http://eolf.univ-fcomte.fr/index.php?page=efl-esl-listening-exercise-shadowing>, você encontra sugestões de procedimentos para encaminhamento de *shadowing*, incluindo *links* para áudios de apoio.
- Use trava-línguas (*tongue twisters*) para prática desta estratégia. Vá ao *site* <http://www.repeatafterus.com/author.php?f=&l=Tongue%20Twister&g=nurseryrhymes> e ouça os *tongue twisters* uma ou duas vezes. Em seguida, ouça-os de novo, vocalizando palavras ou grupos de palavras de sua escolha.
- Outra alternativa para o trabalho com vocalizações como forma de conscientização sobre a pronúncia de novo vocabulário é usar recursos audiovisuais que contenham tal vocabulário. Por exemplo, nos *sites* <http://www.languageguide.org/english/> e < http://www.languageguide.org/english-uk/vocabulary/> você pode ouvir (e vocalizar) vocabulário em diversos campos semânticos (em *American English* e *British English*, respectivamente) enquanto vai movendo o *mouse* de um item para outro.
- Se você dá aulas de inglês, pratique a estratégia desde níveis elementares pedindo aos alunos que, ao ouvir trechos que contenham vocabulário recentemente trabalhado (por exemplo, cores, materiais escolares, esportes), vocalizem esses termos quando aparecerem no áudio. Para tal, você deve usar áudios que contenham o vocabulário focalizado em contexto. Quando seus alunos já tiverem incorporado as vocalizações ao seu repertório pessoal de estratégias de compreensão oral, toque um áudio que deve ser considerado linguisticamente difícil pela turma e peça-lhes que produzam vocalizações quando acharem necessário.

# VISUALIZANDO O QUE É OUVIDO

### A situação

Você começa a ouvir o trecho inicial do romance *A Tale of Two Cities*, de Charles Dickens. Durante a escuta, você entende algumas partes e não entende outras, mas dá continuidade ao áudio, sem pausá-lo. Você percebe, no entanto, que em alguns momentos você cria representações visuais sobre o que ouve, como se estivesse vendo esses trechos dentro de sua cabeça. Você se pergunta se essa "visão dentro de sua cabeça" seria por acaso uma estratégia de compreensão oral.

### O texto

 Transcrição do áudio

1 **The Period**
2 It was the best of times, it was the worst of times, it was the age of wisdom, it was the
3 age of foolishness, it was the epoch of belief, it was the epoch of incredulity, it was the
4 season of Light, it was the season of Darkness, it was the spring of hope, it was the
5 winter of despair, we had everything before us, we had nothing before us, we were all
6 going direct to Heaven, we were all going direct the other way — in short, the period
7 was so far like the present period, that some of its noisiest authorities insisted on its
8 being received, for good or for evil, in the superlative degree of comparison only.
9 There were a king with a large jaw and a queen with a plain face, on the throne of
10 England; there were a king with a large jaw and a queen with a fair face, on the throne of
11 France. In both countries it was clearer than crystal to the lords of the State preserves of
12 loaves and fishes, that things in general were settled for ever.

Disponível em: <http://librivox.org/a-tale-of-two-cities-by-charles-dickens>, Book 1, Chapter 1.
Acesso em: 27 abr. 2013.

### A estratégia

Ao "ver uma imagem em sua cabeça", você estava usando uma estratégia descrita na literatura como "visualização". O uso dessa estratégia está associado ao comportamento estratégico de bons ouvintes e ocorre quando os ouvintes "veem e fixam" o que ouvem de forma visual, em suas mentes. Essas visualizações podem envolver cenas propriamente ditas (como um conjunto de fotos num álbum de retratos) ou cenas em sequência (como num filme). Podem, também, envolver visualização das palavras ou locuções que correspondem ao que é ouvido.

No exemplo acima, visualizações poderiam ter ocorrido de várias formas:

- A sequência de antônimos usada na primeira parte do texto (*best/worst; wisdom/foolishness; belief/incredulity; Light/Darkness; spring/winter; hope/despair; everything/nothing; Heaven/the other way*) pode ter ocasionado uma visualização dessas ideias opostas, seja em forma de imagens, seja em forma de palavras.
- A descrição dos reis e rainhas ingleses (*There were a king with a large jaw and a queen with a plain face, on the throne of England*, linhas 9-10) e franceses (*there were a king with a large jaw and a queen with a fair face, on the throne of France*, linhas 10-11) também são muito propensas a desenvolver visualizações.

Não é difícil concluir que tais visualizações são potencialmente facilitadoras do entendimento do que é ouvido. Elas estabelecem uma conexão entre o ouvinte e o que é ouvido a partir de estimulação sensorial, fazendo com que esse estímulo funcione como base ou apoio para outros entendimentos.

Como já discutido, o importante ao se pôr em prática alguma estratégia não é apenas "fazer uso" dessa estratégia, mas sobretudo fazê-lo de forma apropriada, no contexto adequado. No caso acima, o texto de fato se prestava ao desenvolvimento de visualizações (pela sua sequência de antônimos, pelas descrições apresentadas).

Outros fatores caminham lado a lado com visualizações. Ao ouvir interjeições e onomatopeias, por exemplo, um ouvinte estratégico poderá visualizar a cena em que esses "barulhos" ocorrem. Ao ouvir um diálogo que inclui barulhos ao fundo ou expressões de alegria, dor, surpresa etc., o ouvinte pode usar esses elementos como pontos de partida para uma visualização do contexto associado ao diálogo ouvido.

Vimos acima que textos descritivos são especialmente adequados para desencadear visualizações. Isso ocorre porque esse tipo de texto caracteriza-se pela frequência de adjetivos e advérbios, os quais apresentam características do que é descrito de forma clara e vívida. Textos narrativos, também, por utilizarem verbos de ação com frequência, podem desencadear visualizações que apoiem o entendimento do que é narrado: é fácil imaginarmos uma cena quando ouvimos verbos como *run, get on the bus, fight for a seat, relax for a few minutes, squeeze your way through the door, rush to work*. Da mesma forma, textos instrucionais podem gerar visualizações: é fácil imaginarmo-nos ouvindo sequências de instruções tais como "*first*

---

**Interjeições** são palavras ou expressões usadas para expressar emoções, por exemplo: *Cool! Oh! Wow!*.

**Onomatopeias** são palavras que reproduzem o som que descrevem, por exemplo, *click, boo, thump*.

**Textos descritivos** são aqueles cuja função principal é descrever, por exemplo, uma pessoa, um objeto, um lugar ou uma experiência.

**Textos instrucionais** têm como função instruir, ensinar como algo deve ser feito.

**Textos informativos** são aqueles que visam informar o leitor sobre algo.

**Textos argumentativos** são aqueles que têm como objetivo apresentar um ponto de vista.

*you peel the apples, then you dice them, then you put them in the microwave"*. Tais visualizações não seriam tão automáticas em textos informativos (como o texto sobre carboidratos da seção "Focando a atenção em informações específicas") ou em textos argumentativos.

Visualizações podem ser especialmente úteis para aprendizes de inglês de nível básico ou mesmo de nível intermediário ao ouvir números. Esses itens lexicais costumam causar dificuldade, pois podem constituir uma sequência longa de referentes (por exemplo, *ten thousand nine hundred and sixty-four*): ao ouvir esses números, o aprendiz pode visualizá-los em sua representação numérica. Nesse caso, então, visualizaria o símbolo matemático "10.964".

Se utilizadas em apoio a outras estratégias, visualizações podem ser ainda mais eficientes. Na seção anterior comentamos que visualizações e vocalizações formam um par potencialmente benéfico. A previsão de visualizações antes de ouvir (seguida de seu monitoramento e verificação constante) também pode ser facilitadora da compreensão auditiva. Transferências são estratégias de compreensão oral que envolvem o entendimento de uma parte do que se ouve na interpretação de outra parte (trataremos dessa estratégia mais adiante neste livro): de forma paralela, visualizações a respeito de uma parte podem ser retomadas para entendimentos de partes subsequentes do que ouvimos.

## Aplique a estratégia

**1 > a.** No *site* <http://www.esl-lab.com/>, selecione um diálogo. Ao ouvir o áudio, procure responder às seguintes perguntas: Quem são os participantes da conversa? Quantos homens e quantas mulheres há? Como eles são? O que vestem? Onde estão? Em que você se baseia para responder às perguntas? Lembre-se de que você pode visualizar alguns desses elementos mesmo que tais informações não sejam dadas explicitamente.

**b.** Ouça o áudio mais uma vez, tentando construir um entendimento geral do que ouve com base em suas visualizações.

**c.** Leia o *script* do diálogo para verificar seu entendimento e avalie: as visualizações contribuíram de forma positiva para sua compreensão? Se não, o que falhou e o que poderia ser melhorado da próxima vez que você utilizar a estratégia?

**2 > a.** Vá a um *site* que contenha material audiovisual (veja a seção *Fontes de referência* na p. 234 deste livro para sugestões) e selecione um item que lhe interesse. Ouça o áudio correspondente sem olhar para a tela. Enquanto ouve, imagine o que deve estar sendo mostrado na tela.

**b.** Numa segunda vez, ouça o áudio acompanhado do vídeo e reflita: a visualização contribuiu para estabelecer uma conexão entre você e o áudio? Ela contribuiu de forma positiva para seu entendimento ao ouvir?

## Sugestões adicionais

- Introduções de romances costumam ser ricas em descrições de lugares e personagens, sendo portanto apropriadas para a prática de visualizações. No *site* do Projeto Gutenberg (<http://www.gutenberg.org/>) você encontra um acervo de milhares de livros eletrônicos. Muitos deles têm sua gravação em áudio disponível no *site* Librivox (<http://librivox.org/>). Em conjunto, essas duas referências podem ser utilizadas amplamente no trabalho com a estratégia desta seção: ouça a gravação e tente visualizar as cenas mentalmente ou registrar tais visualizações através de desenhos, gráficos ou esquemas. Depois, leia o texto escrito para verificar suas visualizações e avaliar seu uso da estratégia.
- Explore *sites* que contenham gravações de sons (por exemplo, <http://www.pdsounds.org/library_abc/T/Table>) e ouça alguns sons tentando visualizar o objeto, ou cena, ou evento a que eles remetem.
- Onomatopeias e interjeições variam de língua para língua. Para ler sobre o tema, visite os *sites* <http://www.examples-of-onomatopoeia.com/index.html> e <http://www.englishclub.com/vocabulary/interjections.htm>.
- Visualizações podem ser construídas de forma colaborativa quando os ouvintes ouvem e desenham o que "viram" ao ouvir e em seguida compartilham seus desenhos, justificando-os, antes de ouvirem o texto mais uma vez para verificação.
- Se você dá aulas de inglês, peça a seus alunos que desenhem as imagens que guardaram na mente após ouvir, por exemplo, uma poesia ou uma letra de música. Depois, os alunos trocam suas representações visuais e conversam sobre elas, descrevendo-as.
- A fim de aprimorar a capacidade de seus alunos de associar o que é dito a imagens, selecione algumas pequenas reportagens em áudio na Internet e toque três delas. Depois apresente uma cena associada a uma das três reportagens (você deverá imprimir a imagem do *site* ou projetá-la em uma tela, se for possível). Peça então aos alunos que identifiquem a que áudio a imagem se refere.

# 15» FAZENDO INFERÊNCIAS

### A situação

Você escuta um anúncio na Internet, mas ao final da escuta sente um pouco de frustração, pois tem a impressão de que, com exceção de algumas palavras isoladas como *car*, *difficult* ou *window*, não conseguiu compreender muitas partes do áudio, nem mesmo sobre o que ele trata. Você se pergunta se há alguma maneira de evitar frustrações como essas ao ouvir em inglês.

### O texto

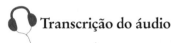 Transcrição do áudio

1   If you're fmlr with the clssfd section of the newsppr, you probably understand this
2   msg quite well. You see, in the clssfd section, everything gets abbrvtd. Consonants, vwls,
3   prepsitionl phrases, the very blding blocks of our langg are thrwn right out the window.
4   And that makes it difficult when you're trying to sll your car. You've got a lmtd
5   amount of spc to work with, and by the time you've abbrvtd the description of your
6   car down to a couple of frgmtd sentences, it sds less like a car, and more like a bl sedan
7   with (?) lk new good condtion (?). No wonder more pple are selling their cars through
8   eBay motors. They can post unlmtd text and photo descrptns, and with a nationwide
9   mktplace, they're likely to sell it for more. Plus, bth parties can be covered by eBay's
10  vehicle protection programme. Buyers are hppy, sellers are hppy, and no one's abbrvtng.
11  EBay motors, a better way to sell your car.

Anúncio "*Abbreviated*", disponível em: <http://www.radioheardhere.com/funnyradioads.htm>.
Acesso em: 16 jun. 2013.

### A estratégia

Numa situação em que se ouve um áudio e compreende-se pouco do que é ouvido, é possível fazer algumas inferências sobre o contexto a que tal áudio está associado. Essas inferências envolvem, por exemplo, o número de falantes, se estes são homens ou mulheres, adultos ou crianças, falantes nativos ou não nativos. Pode-se muitas vezes também inferir onde esses participantes estão e por que interagem. No caso de haver apenas um falante, podem-se inferir algumas ideias sobre o texto a partir de outros elementos, como a fonte do áudio, o tom da voz do falante, as palavras repetidas, entre outros.

No caso acima, podemos inferir que há um falante no áudio. O fato de o áudio ter sido encontrado num *website* que contém anúncios sugere que o texto anuncia algum produto ou serviço. Este fato, acoplado à inferência de que há apenas um falante no texto, confirma a ideia de que o gênero textual focalizado é um anúncio. Tal ideia pode, inclusive, ser confirmada com o fato de que o falante dirige-se ao ouvinte muitas vezes (através do uso repetido de *you* e *your*). Seu tom de voz – firme, mas neutro – também contribui para a confirmação de tal inferência.

Adicionalmente, o título do texto, "*Abbreviated*", antecipa a ideia de que o tema central do áudio será "abreviações". Tal inferência pode ajudar o ouvinte a concluir que muitas das palavras ouvidas são difíceis de serem compreendidas exatamente porque estão "abreviadas" (*fmlr* no lugar de *familiar*; *msg* querendo dizer *message*; *clssfd* significando *classified*, entre outras). E mais, tais pensamentos podem ajudar o ouvinte a perceber que tais abreviações, quando ditas oralmente, podem ser difíceis de serem compreendidas até mesmo por falantes nativos ou não nativos com excelente proficiência em inglês. Isso é comprovado pela dificuldade em se compreender os trechos sinalizados com "(?)" na transcrição do áudio.

É importante lembrar que, ao ouvir, devemos também fazer inferências sobre o que o texto "não contém" ou "não é". No caso do exemplo ilustrativo, podemos inferir que o texto não se trata de uma conversa. Pelo tom de voz do falante e pela presença de abreviações podemos concluir que ele não é um discurso político, nem uma oração, nem a apresentação das notícias recentes. A exclusão de tais possibilidades, aliadas às interpretações apresentadas nos parágrafos anteriores, faz com que o rol de possibilidades de inferências sobre o áudio vá ficando mais estreito e, desta forma, mais preciso.

Todas as inferências discutidas acima (tanto as positivas quanto as negativas) são feitas com base no conhecimento de mundo do ouvinte. Assim como acontece na leitura, inferências são feitas em compreensão oral com base em conhecimento prévio. Se em leitura dizemos que inferir é "ler nas entrelinhas", em compreensão oral as inferências requerem um "saber ouvir entre as falas". Ao construir um sentido para um texto que ouvimos não nos baseamos apenas nas palavras desse texto: se fosse assim, não haveria mal-entendidos entre falantes proficientes de uma mesma língua!

Ao ouvir, um falante necessariamente projeta o que sabe sobre a situação, as pessoas envolvidas, o gênero da interação (se é uma palestra, ou conversa ao telefone, ou transação comercial numa loja,

> **Interlocutores** são as pessoas que participam de uma conversa com outra(s) pessoa(s).

por exemplo), entre outros, para construir um sentido para aquilo que ouve. Um outro tipo de conhecimento também é obviamente importante para se construir sentido do que ouvimos em inglês: o conhecimento do ouvinte sobre essa língua!

Retornando à situação acima, além das inferências já mencionadas, construídas a partir da ativação de conhecimento de mundo, pode-se construir mais entendimento tomando-se como base o conhecimento sistêmico do ouvinte, especificamente o conhecimento lexical. É bem possível que certas palavras repetidas (como *car*, *sell*, *motors*, *eBay*) possam auxiliar o ouvinte a inferir que o áudio contém um anúncio envolvendo venda de carros no *site eBay*.

Como vemos, podem-se fazer inferências sobre os participantes e sobre o conteúdo do que se ouve. Pode-se também inferir o significado de termos desconhecidos com certa segurança em algumas situações, e este será o assunto da próxima seção. Por ora, vale ressaltar que saber fazer inferências fundamentadas é essencial para se ouvir com eficiência em inglês. Não podemos esperar que nossos interlocutores (ou as pessoas a quem ouvimos na TV, no computador ou no rádio) vão explicitar tudo o que precisa ser dito sobre o assunto a que se referem. Por exemplo, um apresentador de um telejornal irá dizer "*Today's headlines are: Dramatic developments in the war in Afghanistan and European leaders discuss the economic crisis*". Mas esse apresentador não irá explicar o que é uma guerra, nem onde fica o Afeganistão, nem por que há uma guerra naquele país. Não irá, tampouco, dar detalhes do que é Europa e o que são líderes europeus, nem vai comentar a origem da crise econômica e suas implicações. Todas essas informações terão de ser acionadas pelo ouvinte, como inferências feitas com base em seu conhecimento de mundo a fim de construir um sentido para o que ouve.

Concluindo, e retomando a situação descrita no início desta seção, é importante que os aprendizes de inglês saibam que podem compreender várias coisas a partir de inferências sobre o que ouvem. É essencial, no entanto, que fique clara a diferença entre "adivinhar sem base" e "inferir com fundamento": adivinhações que não são fundamentadas em algum conhecimento prévio ou em elementos do texto não serão necessariamente construtivas para o entendimento do que se ouve. Inferências fundamentadas, por outro lado, podem ser trabalhadas desde cedo na aprendizagem, mostrando-se àqueles que aprendem que não é necessário compreender tudo o que se ouve para se ouvir com competência em inglês.

As próximas três seções deste livro retomarão e ampliarão os pontos aqui desenvolvidos. Outras estratégias tratadas nesta obra também podem apoiar a realização de inferências ao ouvir. Por exemplo, saber fazer inferências está associado a uma estratégia de compreensão oral chamada "elaboração", que ocorre quando um ouvinte constrói sentido a partir de um ou dois itens ouvidos, usando conhecimento prévio para "*fill in the gaps*" (ver seção "Elaborando" para mais detalhes). Para finalizar, é importante lembrar que fazer inferências não é o mesmo que fazer previsões. Inferências não se situam antes da escuta mas durante e após a escuta. Elas, de certa forma, fornecem subsídios para a verificação de previsões.

## Aplique a estratégia

**1 > a.** Ouça um diálogo simples (possíveis fontes incluem um livro didático, ou a página <http://www.talkenglish.com/Listening/ListenBasic.aspx>). Ao ouvir, preencha o quadro:

|  | ...which is said on the audio. | ...which is not said on the audio, but can be inferred. |
|---|---|---|
| **What I know about one of the speakers...** | | |
| **What I know about the other speaker...** | | |

**b.** Se possível, peça a outra pessoa que faça o mesmo. Em seguida, compare as suas respostas: vocês realizaram as mesmas inferências? Há algo que foi inferido mas de que não se pode ter certeza?

**2 > a.** Vá a <http://www.wdl.org/en/item/4054/#q=audio&view_type=gallery&search_page=1&qla=en>, mas não leia o trecho explicativo sobre a origem e o conteúdo do áudio. Toque o áudio e em seguida responda às perguntas, justificando todas as suas respostas:
  I. O que é possível inferir sobre o lugar em que o áudio foi gravado?
  II. Há um ou mais de um falante? Se há um falante, com quem ele fala (consigo mesmo ou com outras pessoas)? Se há outras pessoas (falando ou ouvindo), quem são elas?
  III. Considerando que você desconhece o vocabulário seguinte, o que você pode inferir sobre o significado desses termos: *foxtail fern; water shamrock; bluegill, small mouth bass*?

**b.** O áudio é de compreensão fácil ou difícil? Por quê? É possível fazer inferências fundamentadas sobre o seu conteúdo?

## Sugestões adicionais

- Para ler mais sobre inferências no contexto do exame TOEFL®, visite o *site* <http://www.bettertoeflscores.com/how-to-develop-an-ear-for-making-accurate-inferences-about-listening-ibt-listening-passages/779/>.
- Para uma sugestão de atividade de compreensão oral envolvendo inferências, explore o *link* <http://www.hawaii.edu/eli/student-resources/sa-lis2-inferencing.html>.
- Selecione algumas cenas de *sitcoms* na TV ou no computador (uma busca na Internet por "*sitcom*" "*video*" pode levar a algumas opções). Ouça as cenas inicialmente sem ver o vídeo e, ao ouvir, faça inferências e tome nota delas: como os participantes da cena se sentem? (*Are they excited? Angry? Nervous? Tired? Depressed?* etc.) Onde eles estão? Qual a relação entre os participantes? (*Friends? Family members? Strangers? Acquaintances?*). Em seguida, veja as cenas com áudio e vídeo e verifique suas inferências.
- Se você dá aulas de inglês, incentive seus alunos desde o início de sua aprendizagem a fazer inferências sobre os falantes dos áudios que escutam: quantas pessoas falam? Qual a sua relação? Onde elas estão? Por que falam/conversam?
- A fim de auxiliar seus alunos a distinguirem atividades de compreensão oral que envolvem inferência de atividades que requerem identificação do que é dito no áudio sem inferência, faça alguns exercícios de compreensão oral com a turma pedindo-lhes que, ao final da tarefa, classifiquem cada pergunta sobre o áudio como "*The info is given in the text*" ou "*The info needs to be inferred from the text*".

# 16 >> INFERINDO O SENTIDO DE VOCABULÁRIO DESCONHECIDO

### A situação

Ao iniciar uma aula, sua professora de inglês comenta que hoje fará uma atividade cujo objetivo é mostrar aos alunos como é possível inferir o significado de palavras desconhecidas ao se ouvir em inglês. Sem maiores explicações, ela dá início ao áudio. Ao começar a ouvir, sua primeira reação é de incompreensão ou mesmo estupefação, já que você considera bom seu vocabulário em inglês e de fato se depara com uma série de itens que desconhece.

### O texto

 Transcrição do áudio

1. There are days when everything seems to go frobocky. Yesterday was one of those days.
2. I didn't hear the blong and I overflought. I rushed to the kog station and when I arrived
3. there all the kogs had been cancelled because of the zungzy weather. I tried to locateer
4. a taxi but all of them were blituous. So I had to walk to work. Because the weather
5. was zungzy there weren't many people at the onbud, so I had to do my work and
6. my hallocs' work as well. By the end of the day I was so proby that I made a venilous
7. errium: I told one of my hallocs that I frodied that work, that I frodied my glif. My glif
8. heard what I said and told me to go home and never grabe back.

Disponível em <www.denisesantos.com>: no *site* clique em "Publications" e em seguida em "Educational Publications" e, nessa página, clique no livro "Como Ouvir Melhor em Inglês".

### A estratégia

Antes de comentar o texto, vale realçar que a intenção da professora na situação acima é extremamente louvável. A capacidade de inferir de forma fundamentada o sentido de vocabulário desconhecido é uma habilidade importante quando aprendemos inglês. Esta habilidade deve ser desenvolvida desde cedo no processo de aprendizagem e esse desenvolvimento continua, de certa forma, para sempre: afinal, mesmo aprendizes com alta proficiência em inglês não podem esperar conhecer todo o vocabulário que ouvem! Sempre haverá, com mais ou menos frequência, situações que façam com que esses aprendizes se deparem com vocabulário que não conhecem, e nesses casos a estratégia precisará ser implementada. Se você parar para pensar, isso acontece até mesmo em sua língua materna!

E aqui retomamos a situação inicial: ao ouvir o áudio, o aprendiz-ouvinte se depara com uma série de vocábulos que não compreende. De fato, o texto inclui o que se conhece na literatura como *non-words*, isto é, palavras inventadas, que não existem no léxico inglês mas que "soam" como termos em inglês. No entanto, se persistisse na escuta, é provável que o ouvinte conseguisse superar a sensação de incompreensão e estupefação inicial, substituindo-a por uma capacidade de inferir o sentido das palavras que não compreende a partir da ativação de alguns tipos de conhecimento, ou outras estratégias.

Especificamente, no texto acima há ao todo 137 palavras, das quais 20 são *non-words*: *frobocky* (linha 1), *blong* (linha 2), *overflought* (linha 2), *kog* (linha 2), *kogs* (linha 3), *zungzy* (2 vezes, linhas 3 e 5), *locateer* (linha 3), *blituous* (linha 4), *onbud* (linha 5), *hallocs* (2 vezes, linhas 5 e 6), *proby* (linha 7), *venilous* (linha 6), *errium* (linha 7), *frodied* (2 vezes, linha 7), *glif* (2 vezes, linha 7), *grabe* (linha 8).

À primeira vista, o percentual de "palavras desconhecidas" representadas por essas *non-words* pode parecer demasiadamente alto (elas representam 14,5% do total de palavras). Isso, aliado ao fato de que todas elas são *content words*, pode causar uma paralisia no ouvinte ao ouvir o trecho, criando uma sensação de bloqueio devido ao não entendimento dessas palavras.

No entanto, é possível inferir com segurança o sentido de todas as *non-words* listadas acima, conforme detalhes no quadro a seguir:

| Non-word | Como o sentido da *non-word* pode ser construído |
|---|---|
| *frobocky* | Ao ouvir a palavra, pode-se concluir que ela se trata de um advérbio (pelo cotexto: *everything seems to go frobocky*). No entanto, nesse ponto não se sabe se *frobocky* refere-se a *go well* ou *go wrong*. A última alternativa pode ser confirmada, porém, continuando-se a ouvir a sequência de problemas ocorridos durante o dia descrito. |
| *blong* | Ativando-se conhecimento de mundo pode-se concluir que *blong* é o alarme. |
| *overflought* | Com base no contexto global do texto (dia ruim, o alarme não tocou), somando-se a ativação de conhecimento sistêmico (uso do prefixo *over*, terminação *-ought* remetendo a verbo no passado), pode-se concluir que a palavra refere-se a "perder a hora", *oversleep*. |
| *kog(s)* | Pelo cotexto (*station*), pode-se concluir que *kog* é trem, ou ônibus, ou bonde, ou algum outro meio de transporte. Seu segundo uso, acompanhado de *-s* final, deve permitir que o ouvinte acione conhecimento sistêmico da língua inglesa (especificamente, a formação de plural) e conclua que o mesmo meio de transporte mencionado anteriormente aqui aparece no plural. |

| Non-word | Como o sentido da *non-word* pode ser construído |
|---|---|
| *zungzy* | O cotexto (especificamente, *cancelled*, que é uma palavra cognata) e o substantivo *weather* (que segue a palavra desconhecida) sugerem que *zungzy* é um adjetivo que indica caracterização negativa tal como ruim, mau, terrível. |
| *locateer* | A ativação de conhecimento sistêmico da língua portuguesa pode facilitar a percepção de que a palavra consiste num cognato de "localizar". Essa inferência pode ser confirmada pelo complemento do verbo (*a taxi*): "localizar um táxi" faz sentido em geral e também no contexto da narrativa. |
| *blituous* | Ativação de conhecimento de mundo pode levar o ouvinte a concluir que *blituous* é algo como ocupado ou cheio: afinal, num dia de mau tempo, com transporte sendo cancelado, muitas pessoas andam de táxi. Essa inferência pode ser apoiada pela ativação de conhecimento sistêmico da língua inglesa: o sufixo *-ous* é comumente usado para formar adjetivos (*famous, generous* etc.) |
| *onbud* | Conhecimento de mundo e apoio no contexto global da narrativa podem auxiliar a conclusão de que *onbud* refere-se ao local de trabalho: escritório, fábrica, consultório, escola, ou algo assim. |
| *halloc* | Conhecimento de mundo e apoio no contexto global da narrativa podem auxiliar a conclusão de que *halloc* é "colega de trabalho" na primeira vez que a palavra é usada. Essa inferência pode ser confirmada no segundo uso do termo. |
| *proby* | Ativando-se conhecimento de mundo, conhecimento sistêmico (uso do sufixo *-y*) e transferência de entendimento de diferentes partes do texto, pode-se concluir que *proby* é um adjetivo que significa algo como cansado, exausto, exaurido. |
| *venilous* | Ativação de conhecimento sistêmico (uso de *-ous* para formar adjetivo) e apoio no cotexto (*made a [x] errium*) pode levar o ouvinte a concluir que *venilous* é um adjetivo que denota caracterização negativa (algo como terrível, inadmissível). |
| *errium* | O sentido de *errium* pode ser inferido através da ativação de conhecimento sistêmico em português (a palavra parece ser cognata de "erro") e em inglês (sufixo *-um* para formação de substantivo). |
| *frodied* | Ativando-se conhecimento sistêmico em inglês conclui-se que *frodied* é um verbo (vem depois de *I* e é seguido de complemento) no passado (desinência *-ed*). Pelo contexto global e ativação de conhecimento de mundo, pode-se refinar essa conclusão inferindo-se que *frody* significa algo como detestar, não suportar, não aguentar mais. |
| *glif* | Isoladamente, os dois usos de *glif* não poderiam garantir uma inferência conclusiva sobre o sentido da palavra. No entanto, em conjunto os dois usos podem acionar conhecimento de mundo e transferência de entendimento de outras partes do texto para se concluir que *glif* é o chefe do falante ou outra pessoa influente no local de trabalho. |
| *grabe* | Ativação de conhecimento de mundo, transferência de entendimento de outras partes do texto, e observação do cotexto (*go home and never [x] back*) podem levar à conclusão de que *grabe back* é algo como voltar, retornar. |

Ao se deparar com uma situação de compreensão oral em que haja muito vocabulário desconhecido, é recomendável que o ouvinte permaneça concentrado na escuta, não entrando em pânico nem se deixando dispersar com elementos exteriores ao *listening event*. Ao sentir que se está perdendo o foco por alguma razão, é importante acionar mecanismos de monitoramento de atenção, dizendo-se a si próprio: *Focus! Don't panic! Keep going!*

Como se vê, pode-se chegar a conclusões importantes sobre vocabulário desconhecido ao se ouvir um texto aplicando-se estratégias de apoio à realização dessas inferências. Outras estratégias além das mencionadas acima podem contribuir para esse apoio, sendo o monitoramento da escuta uma delas: ao se inferir o significado de palavras desconhecidas é preciso monitorar as inferências feitas continuamente, perguntando-se se elas fazem sentido no desenrolar do texto (mais detalhes em "Monitorando a escuta"). Além disso, para se tentar inferir o sentido de vocabulário desconhecido ao ouvirmos algo em inglês, é necessário saber estabelecer as fronteiras desse vocábulo: onde ele começa, onde ele termina. Para tal, estratégias de segmentação podem ser necessárias (ver seção "Identificando fronteiras no que se ouve").

### Aplique a estratégia

**1 > a.** Vá ao *site* <http://www.youtube.com/watch?v=AHabJ0lLx5A>; se o *site* não estiver disponível, procure na Internet uma gravação em áudio do poema "*The Adventures of Isabel*", de Ogden Nash.

**b.** Ouça o áudio e complete o quadro abaixo considerando que você desconhece o sentido das palavras apresentadas e fazendo inferências sobre seus significados.

| Vocabulário desconhecido | Sua inferência sobre o significado do vocabulário | Justificativa da inferência |
|---|---|---|
| *ravenous* | | |
| *cavernous* | | |
| *scurry* | | |
| *cross* | | |
| *hideous* | | |
| *grind* | | |
| *zwieback* | | |
| *bulged* | | |
| *concocter* | | |

c. Verifique suas respostas ao final deste livro. Lá também se encontra o texto integral do poema. Avalie: suas inferências foram bem fundamentadas? Elas o levaram a conclusões adequadas sobre os significados de vocabulário desconhecido?

**2 >** a. Ouça um pequeno áudio de sua escolha e escreva uma palavra que ouviu mas cujo sentido não compreendeu. Escreva a palavra como você acha que ela deve ser escrita; nesse momento não é importante acertar a ortografia da palavra.
b. Ouça o áudio mais uma vez, tentando inferir o sentido da palavra escrita e justificando sua inferência: quais conhecimentos você ativa para inferir o significado da palavra desconhecida?
c. Repita os procedimentos (a) e (b) com outras palavras.
d. Verifique suas inferências. Para tal, você pode pedir a um par mais competente que o ajude, pode ler a transcrição do áudio se houver disponibilidade dela, pode consultar um dicionário para verificar a ortografia das palavras selecionadas, bem como seus significados.

**Ortografia** é a parte da gramática que observa como se escreve em uma língua, incluindo áreas como, por exemplo, pontuação, uso de letras maiúsculas, uso de hifens.

**Pares mais competentes** (*more competent peers*, em inglês) são aqueles que podem auxiliar outras pessoas em seus processos de aprendizagem a fazerem com auxílio aquilo que ainda não conseguem fazer de forma independente.

## Sugestões adicionais

- Os procedimentos sugeridos no exercício 2 acima podem ser aplicados com uma gama variada de áudios e vídeos. Ver sugestões de fontes para escuta na seção *Fontes de referência* ao final deste livro.
- "*Jabberwocky*" é um poema clássico escrito por Lewis Carroll que contém diversas *non-words*. Vá a <http://librivox.org/jabberwocky-by-lewis-carroll/> para ouvir o poema. Em <http://departingthetext.blogspot.co.uk/2012/03/inspiration-of-jabberwocky-dr-seuss.html>, você encontra outra gravação do poema, com seu texto escrito. Neste *site* há também um vídeo de *The Lorax*, de Dr. Seuss (autor famoso por seu uso frequente de *non-words*).
- Se você dá aulas de inglês, produza um texto em português, semelhante ao apresentado nesta seção, que contenha várias *non-words*. Pode ser uma tradução do texto acima, substituindo as *non-words* por palavras que não existem em português, mas que poderiam, em princípio, existir (por exemplo, jubitoso, frimata, golé, sefava, entre outras). Em seguida, leia o texto em voz alta para os seus alunos, pedindo-lhes que, em pares, façam inferências sobre o significado dessas palavras, justificando suas conclusões. A atividade pode culminar em um debate com todos os alunos sobre a possibilidade de se inferir vocabulário desconhecido ao ouvir um texto.
- Com alunos de baixa proficiência linguística, apresente a estratégia usando textos que contenham frases simples, com algum paralelismo, tornando a inferência mais fácil, por exemplo: *My favorite color is blue, but I like angag too.; My father is a web designer and my mother is a greatalist.; I'm going to the supermarket. I need to buy eggs, sullocks and bread.* Os alunos devem então concluir que *angag* é uma cor; *greatalist*, uma profissão; *sullock*, provavelmente um alimento.
- A sugestão acima pode ser adaptada pedindo a toda a turma que selecione uma palavra desconhecida em um áudio recém-ouvido. A palavra então é escrita na lousa e toca-se o áudio novamente. Os alunos ouvem e, em conjunto, inferem seu significado, justificando suas inferências. Essa atividade pode ser feita rapidamente, em cerca de 5 minutos e, se encaminhada sistematicamente, pode auxiliar seus alunos a desenvolver a aplicação desta estratégia com competência.

**Paralelismo** é o uso de formas gramaticais similares para se expressar ideias paralelas, por exemplo: *Kayaking and sailing are some of the options in the resort* contém paralelismo (*kayaking/sailing*), mas *Kayaking and sail boats are some of the options in the resort* não contém.

# 17>> LIDANDO COM LACUNAS NA COMPREENSÃO

### A situação

Você está explorando um *site* que contém várias gravações em áudio para aprendizes de inglês. As gravações são organizadas por nível de proficiência e você consegue compreender bem os áudios encontrados nas partes *"Basic"* e *"Intermediate"*. Um dia, você resolve experimentar um áudio classificado como *"Advanced"*, mas ao ouvi-lo você não compreende a maior parte do que é dito. Diante de tamanha dificuldade, você desiste de ouvir o diálogo. Mais tarde, pensando sobre esse episódio, você percebe que o insucesso da escuta lhe trouxe um sentimento de frustração, e um pensamento lhe ocorre: "Será que se eu tivesse insistido na escuta e refletido sobre o que eu não entendi, eu teria conseguido compreender melhor o diálogo?".

### O texto

As partes não destacadas correspondem ao que o ouvinte conseguiu compreender na situação acima. As partes destacadas indicam o que o ouvinte não compreendeu do que foi dito.

 Transcrição do áudio

1  **A** Hi. I'm Sara.
2  **B** My name is Jessica. It's nice to meet you.
3  **A** Yes. It's nice to meet you as well.
4  **B** Have you been here long?
5  **A** I got here about an hour ago. Do you want me to show you
6      around?
7  **B** Yeah. That would be great. The most important is the bathroom
8      right?
9  **A** Definitely. But we have to share the bathroom with the whole floor.
10     The break room is over there. The bathroom is right across from the
11     break room, and finally, the RA (resident advisor) is in room 315.
12 **B** I'm glad there is a TV in the break room. I like to watch TV.
13 **A** Me too. So I brought one. I haven't unpacked it yet, but it's a little
14     TV that works.
15 **B** Cool. I brought a refrigerator. I like to store some snacks in there.
16     Feel free to use it.
17 **A** That would be perfect. I think we're going to have a great time.
18 **B** Do you sleep pretty late, or are you a morning person.
19 **A** I have never been either. I'm very flexible with sleeping times. Any-
20     ways, I'm a deep sleeper so a little noise never bothers me.

21 **B** That's good to know. I'm usually a night person, but I'm very quiet if
22 my roommate is sleeping.
23 **A** As long as you don't blast the music while I'm sleeping, I should be
24 fine. Did you eat lunch yet?
25 **B** No. Is there a cafeteria in the building?
26 **A** Yeah. I'll show you.

Disponível em <http://www.talkenglish.com/Listening/LessonListen.aspx?ALID=303>.
Acesso em: 28 abr. 2013.

## A estratégia

A situação acima demonstra que foi uma boa ideia explorar a Internet à procura de áudios que pudessem ser ouvidos para a prática de compreensão oral em inglês – e *sites* como o mencionado acima, feitos especialmente para aprendizes, têm a vantagem de incluir os *scripts* dos áudios, bem como tarefas para encaminhamento da escuta. Foi também uma boa ideia experimentar um áudio potencialmente difícil: nada como esticar um pouco os nossos limites se queremos atingir objetivos ainda não alcançados. Finalmente, foi uma excelente ideia refletir sobre o episódio, analisar os acontecimentos, pensar se você poderia ter agido de outra forma – tudo isso sinaliza um nível de controle da sua compreensão oral, o que é uma característica importante dos ouvintes mais bem-sucedidos.

No entanto, há alguns equívocos na situação descrita acima. Ao ouvir um áudio acima do seu nível de compreensão, um ouvinte estratégico saberá se apoiar em estratégias para lidar com as dificuldades: de fato, todas as estratégias apresentadas até agora neste livro poderiam ser utilizadas nesse sentido!

O aprendiz-ouvinte na situação acima pergunta-se se "insistir na escuta" teria sido uma boa ideia. De fato, a decisão de "continuar ouvindo" ou mesmo "ouvir novamente" poderia se configurar como uma estratégia para se lidar com a dificuldade em compreender o áudio. No entanto, "ouvir por ouvir" (seja continuando a escuta, seja repetindo o que foi ouvido) não necessariamente resolve as dificuldades. Afinal, se ouvirmos da mesma forma, os mesmos problemas tenderão a ocorrer. No caso acima, insistir na escuta provavelmente acarretaria entendimentos parciais do áudio similares ao que ocorreu na situação original.

Com relação ao questionamento adicional ao final da situação acima, que diz respeito à utilidade da reflexão sobre o que não foi entendido, mais uma vez a ideia precisa ser contemplada com cautela. Pensar "sobre o que não se entendeu" não é um bom ponto de partida para reflexões; afinal, se você não entendeu algo, como pode refletir sobre aquilo? A reflexão sobre o que não foi entendido só fará sentido se os elementos não compreendidos forem contrapostos com o que se entendeu ou com o que se tem como conhecimento prévio (de mundo, de organização textual, de língua inglesa), conforme alguns exemplos a seguir.

| Trecho não compreendido | Trechos compreendidos que podem apoiar o entendimento do que não foi compreendido | Informações/Conhecimentos exteriores ao texto que podem apoiar o entendimento |
|---|---|---|
| *Jessica* (linha 2) | O entendimento de *My name is* (linha 2) permite concluir que o trecho não entendido envolve o nome da falante. | Numa situação similar envolvendo comunicação face a face, o ouvinte possivelmente precisaria pedir repetição e/ou esclarecimento do nome. Mas, na situação aqui ilustrada, a não compreensão exata do nome do falante não impede o entendimento global do diálogo. |
| *as well* (linha 3) | O entendimento de *It's nice to meet you* (linha 2) e subsequente confirmação (*Yes*) e repetição (*It's nice to meet you*), na linha 3, podem levar o ouvinte a concluir que o trecho não entendido sinaliza algo como "também". | Se a inferência descrita à esquerda estiver correta, o não entendimento do trecho não compromete a compreensão global do áudio. |
| *Have you been here long?* (linha 4) *I got here about* (linha 5) | O entendimento de *an hour ago* pode levar à conclusão de que a pergunta não entendida, bem como a parte da resposta que antecede o trecho compreendido, está relacionada a algo que aconteceu "uma hora atrás". | Nesse momento o ouvinte não tem como avaliar a importância do trecho para o entendimento do restante do diálogo. Pode-se concluir que se trata de um novo assunto, pois a pergunta (linha 4) e a resposta (linha 5) vêm logo em seguida dos cumprimentos (linhas 1 a 3), mas a relevância do que aconteceu "uma hora atrás" terá de ser avaliada com o que vem depois no áudio. |
| *to show* (linha 5) *around* (linha 6) | *Do you want me… you* (linha 5) sinaliza que o falante se oferece para fazer algo com relação ao ouvinte. | Não se confirma a relevância do trecho incompreendido na linha anterior, e o novo trecho compreendido parcialmente precisará ser reavaliado na continuidade da escuta. |

| Trecho não compreendido | Trechos compreendidos que podem apoiar o entendimento do que não foi compreendido | Informações/Conhecimentos exteriores ao texto que podem apoiar o entendimento |
|---|---|---|
| *That would be* (linha 7) | O entendimento de *great* (linha 7) apenas é suficiente para concluir que aquela que recebe a oferta gosta da ideia. O trecho não compreendido não compromete o entendimento global, e a percepção de *bathroom* (linha 7) permite ao ouvinte demarcar as fronteiras do contexto da conversa de forma mais limitada: aqui, pode-se concluir que se trata de um espaço que contém um banheiro. | Não se sabe o que foi oferecido (e aceito), mas sabe-se que os interlocutores estão em sintonia. |
| *we have to share the ... with the whole floor.* (linha 9) | Algo é dito sobre o *bathroom* (linha 9), e o uso do marcador do discurso *but* (linha 9) indica que o que é dito envolve algum problema. | Conjeturas sobre o que teria sido dito poderiam incluir limpeza do banheiro, o tamanho do espaço, o que o banheiro inclui e/ou algo que não existe ou não funcione bem. Todas essas ideias (e outras) precisariam ser confirmadas na continuidade do áudio, bem como a relevância desse trecho. |
| *break* (linhas 10, 11 e 12) | O entendimento do cotexto sugere que A mostra um espaço a B, e que tal espaço inclui um aposento (*room*, linhas 11 e 12) cujo nome exato não se entende. Mas o entendimento de *I like to watch TV* na linha 12 permite a inferência de que esse *room* é um espaço onde se pode ver televisão! | Na situação aqui ilustrada, a não compreensão exata do nome do aposento não impede o entendimento global do diálogo. |
| *RA (resident advisor)* (linha 11) | Sabe-se que algo ou alguém *is in room 315* (linha 11). | A relevância do trecho não compreendido precisará ser avaliada com a continuidade da escuta. |

Como se vê, pode-se lidar com lacunas na compreensão apoiando-se no que é compreendido e ativando-se outros tipos de conhecimento. Vale ressaltar, porém, que as inferências realizadas com base em entendimento parcial e conhecimento prévio precisam ser constantemente monitoradas (voltaremos a tratar disso em "Elaborando"). Outras estratégias que podem apoiar esta estratégia incluem "Monitorando a escuta", "Transferindo o que se entende em uma parte para compreender outra parte do texto" e "Formulando e verificando hipóteses". Em outras palavras, apesar de a estratégia focalizada nesta seção permitir um avanço na compreensão do que se ouve, ela precisa ser aplicada com cuidado e em integração com outras estratégias, verificando-se as hipóteses levantadas na continuidade do áudio, bem como confirmando a relevância de diferentes trechos para a compreensão desejada. Afinal, ouvimos com finalidades específicas que podem variar entre entendimentos mais gerais e detalhes específicos daquilo que se ouve.

Um comentário adicional a ser feito antes de encerrarmos a discussão sobre a estratégia desta seção é que, ao ouvirmos, nossos entendimentos não ficam registrados na nossa memória em sequência, reproduzindo o processo de escuta. Em outras palavras, é improvável que, ao lidarmos com lacunas na nossa compreensão, tenhamos um registro da sequência do que foi dito como algo no quadro abaixo (retomando o início do texto anterior como exemplo).

> "Hi. I'm Sara." → "My name is…" → "It's nice to meet you." → "Yes. It's nice to meet you …" → … → "… an hour ago. Do you want me … you …?" → "Yeah. … great. The most important is the bathroom right?" → "Definitely. But… bathroom… The … is over there. The bathroom is right across from the … room, and finally, the … is in room 315." → "I'm glad there is a TV in the … room. I like to watch TV."

O mais plausível é que, ao continuarmos a ouvir, tenhamos o registro de *chunks* desordenados, de termos repetidos, de itens que lembramos mais facilmente por quaisquer razões. É nesses elementos que devemos nos apoiar para lidar com as lacunas na nossa compreensão.

## Aplique a estratégia

**1 >** Em seu bloco de notas, produza um quadro semelhante ao apresentado anteriormente: faça três colunas, a primeira delas intitulada "Trecho não compreendido"; a segunda, "Trechos compreendidos que podem apoiar o entendimento do que não foi compreendido"; a terceira, "Informações / Conhecimentos exteriores ao texto que podem apoiar o entendimento". Complete o quadro com as reflexões possíveis sobre o restante do diálogo em "O texto".

**2 > a.** Em <http://www.talkenglish.com/Listening/ListenBasic.aspx> encontram-se atividades de *listening* (áudio com perguntas e *script*) de nível básico. Na mesma página, no menu à esquerda, você pode acessar exercícios de nível intermediário e avançado. Selecione um diálogo cuja compreensão lhe seja desafiadora e ouça-o na íntegra, sem pausas.

**b.** Após ouvir, complete o quadro:

| | |
|---|---|
| Ao lado, escreva alguns trechos de que se lembra sobre o áudio (suas anotações não precisam reproduzir exatamente o que foi dito). | |
| O que as suas anotações (na linha acima), aliadas ao seu conhecimento prévio, permitem-lhe inferir com relação às lacunas no seu entendimento? | |

**c.** Ouça mais uma vez (se quiser, neste momento, leia o *script* do texto também) e avalie: você soube lidar com as lacunas na compreensão de forma satisfatória?

## Sugestões adicionais

- Para apoiar sua conscientização sobre o fato de que não é necessário entender todos os elementos em um texto oral para se construir algum entendimento sobre ele, toque um áudio que seja relativamente fácil do ponto de vista linguístico e abaixe todo o volume em vários momentos, criando "lacunas" no que você ouve. Ao chegar ao fim do áudio, responda: o que você entendeu? O que você pode inferir sobre a parte que não ouviu? Em que elementos você se baseia para chegar a essas inferências?
- Pratique a estratégia alternando uso de áudios mais simples (como os sugeridos no exercício 2 acima) e outros mais complexos (por exemplo, use o material disponível em <http://www.bbc.co.uk/worldservice/learningenglish/general/sixminute/index.shtml>). Ao final da escuta, identifique algumas lacunas de compreensão e reflita sobre possíveis formas de lidar com essas lacunas. Nesse processo você pode usar fichas como a seguinte como apoio:

| In order to deal with gaps in my comprehension I can... | True or False? | If "True", give details: how can you do that? |
|---|---|---|
| ...make inferences based on prior world knowledge. | | |
| ...use information given in other parts of the text to confirm my inferences/hypotheses. | | |
| ...use the speaker's tone of voice to make inferences. | | |
| ...keep on listening to check my hypotheses. | | |
| ...identify where the key information is and listen to it again. | | |
| ...(Other strategies: _____) | | |

- Se você dá aulas de inglês, prepare atividades de *gap filling* com *scripts* de áudios a serem ouvidos. O conteúdo das lacunas deve ser variado, incluindo não apenas palavras isoladas, mas também locuções e trechos maiores. Antes de tocar o áudio, peça à turma que discuta em pares sobre os possíveis conteúdos das lacunas, justificando suas respostas. Depois, organize um debate sobre o encaminhamento da atividade, especialmente sobre de que forma ela pode contribuir para o desenvolvimento da estratégia apresentada nesta seção.

# 18 > IDENTIFICANDO O QUE É (E O QUE NÃO É) DITO

### A situação

Você acaba de ouvir um áudio sobre jogos de computadores. Você achou o texto simples, fácil de entender, e está bem satisfeito com seu nível de compreensão. Conversando com um amigo que ouviu o mesmo áudio, você comenta: "Eu concordo com essa ideia de que as meninas precisam ser mais agressivas se elas pretendem trabalhar com computadores quando crescerem". Seu amigo retruca, com ar hesitante: "Será? Acho que não foi bem isso que entendi do texto". Você insiste que está certo, mas seu amigo sugere: "Vamos ouvir o áudio mais uma vez para confirmar o que foi dito?".

### O texto

 Transcrição do áudio

**Video Games**

1  There are many kinds of computer games. Some games let you shoot a gun at people
2  on the screen. If a body is hit, blood and body parts come off the body. Another game
3  shows a monster eating a person.

4  In another game, many of the pictures show violence. Some pictures show women with
5  very little clothes on. The people who make the games are worried that these kinds of
6  games are not good for people to play.

7  One game company wants less violence in the computer games. They want their games
8  to not have women shown without much clothing.

9  Some people think that the violence in the games is like growing up. Some boys like to
10 fight and they will use the computer to pretend to fight.

11 These games were made by young men. The violence and sex are put in the game for
12 boys. But what about girls? Girls need to be comfortable with computers so they can
13 use them when they grow up.

14 Most computer games are not violent. Playing computer games help kids to get involved with
15 computers. The problem now is to get girls to learn computers while they are still young.

Disponível em: < http://www.cdlponline.org/index.cfm?fuseaction=activity1&topicID=8&storyID=99 >.
Acesso em: 30 abr. 2013.

## A estratégia

Seu amigo tem razão sob dois aspectos. Primeiro, na sugestão de voltar ao áudio para verificação do ponto que causa dúvida. O fato de duas pessoas terem um entendimento diferente do que ouviram é algo comum, e é somente retornando ao texto original que se podem tirar as dúvidas. E seu amigo tem também razão ao apontar que é equivocada a sua conclusão de que "as meninas precisam ser mais agressivas se elas pretendem trabalhar com computadores quando crescerem": isso não foi dito no áudio e é provável que, para construir esse entendimento, você tenha tirado conclusões erradas ao ouvir o áudio, em particular o trecho *Girls need to be comfortable with computers so they can use them when they grow up* (linhas 12-13), conforme detalhes a seguir:

| O que é dito no áudio | O que não é dito no áudio |
|---|---|
| (I) *Girls need to be comfortable with computers...* | Não é dito que as meninas precisam ser mais agressivas. O ouvinte provavelmente interpretou "confortável com computadores" em associação ao nível de violência que muitos jogos de computadores apresentam. |
| (II) *so...* | No áudio é expressa uma relação de finalidade entre a premissa (I) e a situação (III) ("para que elas saibam utilizá-los quando crescerem"). Há de fato uma elipse de *that* no uso de *so*: o que se diz é que: premissa (I) → expressão de finalidade em II (*so [that]*) → situação (III). Neste ponto o ouvinte confundiu essa ideia de finalidade com condição ("se elas pretendem trabalhar com computadores"). |
| (III) *they can use them when they grow up.* | Não é mencionada a situação específica de trabalho com computadores, mas sim uma situação mais geral de "uso", que pode envolver outras funções além de trabalho (tais como lazer, socialização, compras, busca de informações). Mais uma vez o ouvinte entendeu algo que não foi dito. |

Há outros elementos no áudio que poderiam ter levado o ouvinte a conclusões equivocadas. O texto menciona o aspecto de violência relacionado a preferências masculinas com relação a jogos de computadores (*Some people think that the violence in the games is like growing up. Some boys like to fight and they will use the computer to pretend to fight. These games were made by young men. The violence and sex are put in the game for boys.*, linhas 9 a 12). A esses comentários segue a pergunta *But what about girls?* (linha 12), que é por sua vez respondida com o raciocínio discutido no quadro anterior (de "Girls need to be comfortable", linha 12 a "when they grow up", linha 13). Em outras palavras, a justaposição da menção à violência com a reflexão sobre a relação entre meninas e jogos de computadores pode levar o ouvinte a tirar conclusões erradas sobre a relação entre essas ideias.

É possível contra-argumentar dizendo que a má interpretação do ouvinte pode ter sido causada por dificuldade de compreensão do vocabulário (o que o teria levado a fazer inferências erradas, conforme discutido na seção "Fazendo inferências"), mas é possível imaginar um cenário em que não haja problemas de entendimento de vocabulário e ainda assim o ouvinte chegue a conclusões equivocadas sobre o que ouve. Isso acontece com frequência mesmo quando se ouve na língua materna!

É em situações desse tipo, em que se parte da premissa de que não há dificuldades de entendimento de vocabulário, que a estratégia tratada nesta seção pode ser útil. Para uma boa compreensão oral é importante saber identificar o que é e o que não é dito no que se ouve. Chegar a conclusões erradas sobre o que ouvimos e relatar tais conclusões a outras pessoas não é boa prática; se uma pessoa faz isso com frequência, é possível que suas informações não sejam levadas a sério, nem tidas como confiáveis por seus interlocutores. Mas como fazer para evitar que isso aconteça? É possível aprender a identificar o que é (e o que não é) dito em um texto?

A resposta é "sim". Algumas formas de se desenvolver a habilidade de aplicação desta estratégia são as seguintes:

- Durante a escuta, tente ouvir informações previamente selecionadas (como discutido em "Focando a atenção em informações específicas") e identifique o local no áudio em que tal informação é dada.
- Ao ouvir, preste atenção no uso de termos que restringem (como *most, some, usually, often*), no uso de negativas, nos números e estatísticas mencionados. Após ouvir, escreva algumas informações dadas em torno desses elementos, depois confira suas anotações com nova escuta ou com a leitura do *script* se ele estiver disponível.
- Ouça áudios curtos (de não mais do que dois minutos) e, depois da escuta, escreva pequenos resumos sobre seu conteúdo. Depois de ter feito um resumo, releia-o, prestando atenção se tudo que escreveu foi mesmo dito – seu texto não deve conter inferências mas apenas o que foi de fato dito no áudio. Em seguida, ouça novamente ou leia o *script* para verificar seu resumo.

Na dúvida, sempre volte ao áudio original, especialmente se outra pessoa que ouviu o mesmo áudio tem lembranças diferentes sobre o seu conteúdo. Ouvir novamente é uma estratégia importante que pode apoiar esta e outras estratégias apresentadas neste livro.

## Aplique a estratégia

**1 > a.** Ouça o áudio em <http://www.listen-to-english.com/index.php?id=370> e marque as afirmativas a seguir com (S) *stated* ou (NS) *not stated*. Caso o áudio não esteja disponível, verifique sua transcrição abaixo.

I.   (   ) Marie Smith Jones was a speaker of Eyak.
II.  (   ) Eyak has been spoken in North America for hundreds of years.
III. (   ) After Marie Smith Jones's death, Eyak has become a dead language.
IV.  (   ) Most people in Britain speak English, the country's oficial language.
V.   (   ) When the English arrived in the British Isles the Celts were already there.
VI.  (   ) The Celts learnt how to speak English.
VII. (   ) Welsh language is a development of a Celtic language.
VIII.(   ) In Wales, children learn Welsh in schools.

**b.** Para cada afirmativa em que você marcou (S), sublinhe no *script* a parte em que tal informação é dada.

**c.** Para cada afirmativa em que você marcou (NS), circule no *script* as partes que poderiam potencialmente causar dúvidas quanto à informação.

---

Last week a woman called Marie Smith Jones died. She was 89 years old and she lived in Alaska in North America. Marie was the last person alive to speak a language called Eyak. Eyak is, or was, one of the native North American languages. Linguists have carefully recorded Eyak grammar and vocabulary and pronunciation. But no-one speaks Eyak any more. It is a dead language.

We do not have an official language in Britain, but most people of course speak English or a dialect of English. There are several other native or indigenous languages in Britain. They are descended from the languages spoken by the Celtic people who lived in Britain before the English arrived in the 4th and 5th centuries. The most important is Welsh, which is spoken by about more than half a million people in Wales, or about 20% of the population. Welsh and English now have equal official status in Wales. If you visit Wales, you will see that all road signs are in English and Welsh. Welsh is flourishing.

---

**2 > a.** Selecione um áudio em <http://www.literacynet.org/cnnsf/archives.html> e ouça-o uma vez, completando o quadro:

| | |
|---|---|
| **O que é dito no áudio** | |
| **O que não é dito no áudio** | |
| **O que eu não tenho certeza se é dito ou não no áudio** | |

b. Ouça mais uma vez, verificando suas anotações acima. Se necessário, modifique as anotações.
c. Para cada uma das mudanças feitas em suas anotações, responda: o que falhou na sua compreensão na primeira vez, para levá-lo a conclusões erradas sobre o que foi e o que não foi dito? O que você fez para perceber tais erros?

## Sugestões adicionais

- Selecione um áudio de seu interesse e ouça-o uma vez. Em seguida, liste 3 fatos mencionados no áudio e outros 3 que não são mencionados. Depois, ouça o áudio mais uma vez (ou leia seu *script*), a fim de verificar a presença ou não dos itens relacionados na sua lista.
- Se você dá aulas de inglês, pratique a identificação de fatos e eventos relatados em áudios através de exercícios de *Match the columns:* de um lado, liste os números e estatísticas; do outro, liste as informações a que esses números e estatísticas se referem. Outra hipótese é ter exercícios com alternativas *true, false* e *not stated* sobre o conteúdo dos áudios. Os próprios alunos podem, em grupos, preparar esses exercícios e trocar as atividades produzidas com outro grupo. Eles devem incluir também a chave de respostas, como uma forma de ter de refletir sobre o que é e o que não é dito nos áudios.

# 19>> FORMULANDO E VERIFICANDO HIPÓTESES

## A situação

Ao ouvir um áudio na Internet você nota que durante cerca dos dois primeiros minutos de escuta você faz e refaz suas interpretações sobre o que ouve, muitas vezes mudando drasticamente o sentido dessas interpretações. Você se pergunta se tal oscilação indicaria que sua compreensão oral em inglês não esteja boa e se há alguma estratégia que possa ajudá-lo a ter entendimentos mais sólidos e duradouros.

## O texto

A transcrição do áudio aparece na coluna à esquerda; à direita, temos alguns pensamentos do ouvinte enquanto ouve o trecho correspondente.

 Transcrição do áudio

1  **Interviewer**: Hello, my name is Kelly Brownell,
2  I'm the Director of the Rudd Center
3  for Food Policy and Obesity at Yale
4  University. Our guest for the second
5  of two podcasts is Jean Kilbourne,
6  internationally known expert, author
7  and filmmaker and does ground-
8  breaking work on the image of
9  women in advertising, particularly
10 alcohol and tobacco, and more re-
11 cently food. She has award-winning
12 books, including 'Can't buy my love:
13 how advertising changes the way we
14 think and feel', and also has prize-
15 winning films, most notably 'Killing
16 us softly', that is now in its fourth
17 version, done originally in 1979, that
18 are very powerful and persuasive,
19 and I think the best expositions of
20 these topics that exist, so Jean I'm
21 delighted to have you here.

22 **Interviewee**: Thank you so much, it's such a
23 pleasure to be here.

(1) "O falante está se apresentando e dizendo que terá um *guest*. O áudio contém uma entrevista, então."

(2) "Ah, agora ele está apresentando sua convidada. Será mesmo uma entrevista."

(3) "Ouvi *image of women, books, films, fourth version*. É provável então que a pessoa entrevistada (*she*) fale sobre esse filme que está em sua quarta versão."

(4) "Há mesmo uma segunda pessoa, uma mulher."

**Interviewer**: In the first of the two podcasts we talked about the way alcohol and tobacco were sold, and especially the way images of the women are used in these, and you've thought more recently about food and the way women are portrayed in food advertisements and how, what themes are being used to sell these. So, what are you finding generally as you look at these? What sort of themes are emerging?

**Interviewee**: Well, one of the things that I felt looking at food advertising, was to sort of make me look at the image of women from a slightly different perspective, that I've been saying for a long time that the image makes us feel bad, and that, you know, it affects self-esteem, and it also, I think, creates a climate that encourages violence. But it does something else, it really creates a profound sense of disconnection from our bodies, so women's bodies are often dismembered in ads, just one part of the body is focused upon. [...]

(5) "Ouvi *alcohol, tobacco, food* e de novo *images of women*. A entrevistada deve falar desses assuntos, então. Não vai falar sobre seu filme."

(6) "*Food* o quê? Alguma coisa terminada em *-ising: merchandising*?"

(7) "Ela diz *self-esteem, violence, disconnection*. Como essas ideias estão relacionadas? Será que quem tem autoestima torna-se violento e desconectado?"

Disponível em: <http://streaming.yale.edu/cmi2/opa/podcasts/health_and_medicine/kilbourne_food_050212.mp3>. Acesso em: 3 abr. 2013.

## A estratégia

Compreensão oral é, por definição, um processo contínuo, sempre "em progresso": durante o ato de ouvir construímos hipóteses continuamente sobre possíveis interpretações e vamos, ao longo do processo, confirmando algumas hipóteses, eliminando outras, formulando outras novas. Desta forma, é equivocado o questionamento feito na situação inicial sobre como se construir entendimentos sólidos e duradouros. Ao ouvir, precisamos sempre redefinir nossos entendimentos diante dos novos elementos que vamos ouvindo.

Mas com base em que esses entendimentos são redefinidos ao longo da escuta? O que nos permite chegar a certas conclusões ao ouvir? Como vimos em "Monitorando previsões durante a escuta", nossos entendimentos ao ouvir são baseados no que ouvimos (ou no que pensamos ter ouvido) e como fazemos sentido desses elementos diante de nosso conhecimento de mundo (sobre o assunto, sobre o gênero ouvido). Previsões são uma espécie de hipóteses feitas antes de escutarmos algo; nesta seção vamos tratar de hipóteses feitas diante da percepção do ouvinte ao ouvir. Por exemplo, no pensamento (1) no texto acima, o ouvinte parte de sua percepção de que há uma apresentação (possivelmente o trecho *my name is Kelly Brownell, I'm the Director of...*, linhas 1-2) para construir a hipótese de que o áudio apresentará uma entrevista. Tal conclusão só é possível a partir da combinação do que foi ouvido com o conhecimento de mundo (de gênero textual) do ouvinte de que entrevistas envolvem convidados (*guests*) e que começam com uma apresentação (do entrevistador, do entrevistado).

Há evidências na literatura de que ouvintes menos experientes ou competentes tendem a apoiar-se primordialmente em palavras ou trechos que ouvem (ou pensam ter ouvido), sem necessariamente conectá-los com o que ouvem depois ou com seu conhecimento de mundo para chegarem às suas conclusões. Isso ocorreria no caso acima se, por exemplo, o ouvinte percebesse sua ideia de que a entrevistada falaria sobre seu filme (pensamento 3) como uma conclusão final, baseada no seu entendimento de *films* (linha 15) e *fourth version* (linha 16) e não verificasse tal hipótese diante do que ouve na sequência. O que ocorre acima é, ao contrário, uma boa implementação de verificação de hipóteses: note-se que, no pensamento (5), o ouvinte rejeita sua hipótese inicial, concluindo que a entrevistada não vai falar sobre seu filme, mas sim sobre outros assuntos que foram ouvidos na continuação do áudio.

Bons ouvintes, então, estão continuamente contrapondo diferentes partes do texto ouvido a fim de verificar suas hipóteses e chegar a suas conclusões sobre o que ouvem. Esse processo é ilustrado no texto acima em outros momentos: o pensamento (2) confirma a hipótese de que o áudio contém uma entrevista com base na escuta de informações sobre a entrevistada; mais adiante, no pensamento (4), a partir da escuta de uma voz feminina, tal hipótese ganha nova confirmação; em (5), o ouvinte levanta uma hipótese sobre o assunto da entrevista a partir de seu entendimento de *alcohol* (linha 25), *tobacco* (linha 26), *food* (linha 29) e *images of women* (linha 27), mas logo adiante (no pensamento 6) ele faz um processo de estreitamento dessa hipótese, percebendo que o assunto será de alguma forma relacionado a *food* (linha 37). Em (7) ele formula nova hipótese com base nos novos entendimentos. Para que seu processo de formulação de hipóteses seja eficaz, ele precisa verificar as hipóteses em (6) e em (7) na sequência do áudio.

Maus ouvintes não fariam isso: afinal, eles tendem a formular hipóteses e torná-las fixas, imutáveis, mesmo que elas não façam sentido diante do que é dito mais adiante. As palavras-chaves neste processo são então "foco", "flexibilidade" e "retomada de evidências". O processo de formulação e verificação de hipóteses requer que os ouvintes mantenham seu foco ao ouvir ao mesmo tempo que questionam pensamentos prévios diante dos novos elementos ouvidos. O apoio no conhecimento prévio é também importante neste processo (trataremos disso em "Elaborando").

O bom uso desta estratégia traz, certamente, muitos desafios para aqueles que aprendem inglês. Ouvir um texto em língua inglesa já é por si só uma atividade que impõe um esforço cognitivo para o aprendiz-ouvinte. Se esse ouvinte, ao ouvir, tem de encaminhar pensamentos paralelos sobre o que ouve (ou acha que ouviu) e os sentidos possíveis que esses entendimentos estabelecem, ele terá de fazer um esforço mental ainda mais intenso. Mas, como em processos de preparação física, podemos exercitar nosso cérebro a se tornar mais apto para encaminhar tais pensamentos. A seguir apresentamos algumas sugestões de como essa "preparação mental" pode ser desenvolvida.

## Aplique a estratégia

**1 >** Selecione um áudio de seu interesse e, ao ouvir, pause em três pontos para formular hipóteses sobre sua compreensão. Use o esquema abaixo para registrar e verificar suas hipóteses.

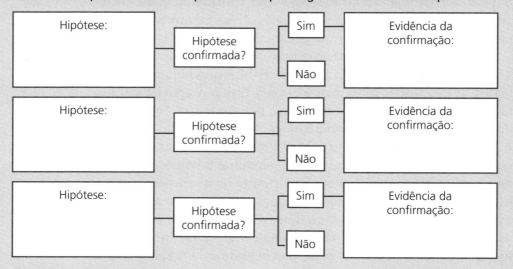

**2 > a.** Vá a <http://streaming.yale.edu/cmi2/opa/podcasts/health_and_medicine/kilbourne_food_050212.mp3> e continue ouvindo a entrevista apresentada acima. A coluna à esquerda no quadro abaixo indica os pontos no áudio em que você deve dar uma pausa para registrar seus pensamentos, levantando e verificando hipóteses sobre sua compreensão. Essas hipóteses devem ser registradas na coluna à direita.

| | |
|---|---|
| …needs improvement. | |
| …painful. | |
| …this disconnection. | |
| …offer us food. | |
| …product itself. | |
| …the partner. | |

**b.** Para verificar suas hipóteses, você pode ler o *script* do áudio na seção *Respostas dos exercícios*.

### Sugestões adicionais

- Se possível encaminhe formulações e verificações de hipóteses ao ouvir com outra pessoa: vocês ouvem o mesmo áudio simultaneamente e fazem pausas ocasionais para trocar ideias sobre sua compreensão e as hipóteses que constroem sobre o áudio, justificando-as.
- No *site* <http://www.esl-lab.com/teacherfeature.htm>, você encontra uma sugestão de encaminhamento de atividade de *listening* que pratica a estratégia focada nesta seção.
- Se você dá aulas de inglês, pode ler mais sobre o assunto (incluindo sugestões de implementação da estratégia em sala de aula) em <http://iteslj.org/Techniques/Madden-AuthenticListening.html>.

# 20>> PRESTANDO ATENÇÃO À PRONÚNCIA E À ENTONAÇÃO

### A situação

Antes de reproduzir um áudio em uma aula de inglês, seu professor pede à turma que, ao ouvir, façam duas coisas: primeiramente, os alunos devem observar a pronúncia de algumas palavras e escolher a opção que rima com a palavra ouvida. A tarefa é projetada num *slide*, assim:

| high | ( ) me | ( ) fig | ( ) my |
| thought | ( ) lot | ( ) go | ( ) loft |
| sour | ( ) four | ( ) flower | ( ) lower |

A segunda instrução é breve: "Ao ouvir, vocês também devem prestar atenção à entonação do falante". Os alunos ouvem o áudio e, em seguida, o professor distribui o *script* do áudio à turma, pedindo a você que leia o texto em voz alta. Ao final de sua leitura, seu professor comenta: "Você pronunciou as palavras destacadas de forma adequada: *high* rima com *my*; *thought* com *lot*; *sour* com *flower*. Mas você leu o texto mecanicamente! Será que você prestou atenção à entonação ao ouvir?" Você não entende bem qual foi o problema da sua leitura e pergunta-se o que a atenção à entonação ao ouvir teria a ver com sua produção oral em inglês.

### O texto

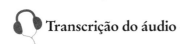
Transcrição do áudio

**The Fox and the Grapes**

1. A hungry Fox saw some fine bunches of Grapes hanging from a vine that was trained
2. along a high trellis, and did his best to reach them by jumping as high as he could into
3. the air. But it was all in vain, for they were just out of reach: so he gave up trying, and
4. walked away with an air of dignity and unconcern, remarking, «I thought those Grapes
5. were ripe, but I see now they are quite sour.»

Disponível em: <http://usefulenglish.ru/phonetics/listening-for-intonation-the-fox-and-the-grapes>. Acesso em: 30 abr. 2013.

## A estratégia

Aspectos relativos à pronúncia e à entonação da língua inglesa são normalmente associados ao trabalho de produção oral (*speaking*), o que é compreensível. Afinal, ao falar em inglês, é importante estar atento a esses aspectos. No entanto, na situação acima o professor pretendia mostrar que é possível trabalhar a compreensão oral com um foco na atenção à pronúncia e à entonação, no sentido de explorar o texto ouvido como fonte de informação e reflexão sobre tais características da língua inglesa – em outras palavras, como desenvolvimento de uma estratégia de *listening*. Para a pronúncia, o professor selecionou palavras que deveriam causar dificuldades ao aprendiz brasileiro, tais como *high, thought, sour*, e preparou uma atividade para apoiar a percepção das respectivas pronúncias (conforme tarefa de múltipla escolha apresentada anteriormente). Para a entonação, porém, não houve um trabalho mais guiado, e simplesmente pedir aos alunos que "prestem atenção à entonação" não é suficiente. Os alunos não saberão a que devem atentar, o que devem observar etc. Teria sido uma boa ideia preparar uma atividade de observação e seleção semelhante, por exemplo pedindo aos alunos que marcassem em alguns trechos quais palavras são articuladas de forma mais intensa, por exemplo "*…did his BEST to reach them*" e não "*…did his best to reach THEM*". Ao observar a pronúncia e a entonação ao ouvir em inglês, um aprendiz-ouvinte aplica uma estratégia de *listening* por configurar a escuta como uma área em sua aprendizagem da língua que requer desenvolvimento.

Na situação acima, o exercício proposto mostra ao aprendiz-ouvinte que é possível discriminar os sons de uma palavra causadora de dificuldade e associá-los a sons idênticos em outras palavras familiares. Encaminhadas sistematicamente, essas observações e reflexões sobre aspectos fonético-fonológicos da língua inglesa podem auxiliar o aprendiz a perceber esses sons de modo mais competente.

A seguir listamos algumas áreas de pronúncia que costumam causar dificuldade ao aprendiz brasileiro e que podem ser beneficiadas por trabalhos de observação e reflexão:

- *Minimal pairs*: *sheep/ship*; *beat/bit*; *fool/full*; *reach/rich* etc.
- Palavras que terminam com alguns sons consonantais (como *Internet, sit, united, rock, top*): estas tendem a ser pronunciadas por brasileiros com um som vocálico ao final.
- Fonemas / θ/ (som inicial em *think*) e /ð/ (som inicial em *then*).
- O fonema *schwa* /ə/, como em *about*, o som mais comum em língua inglesa e inexistente no português brasileiro.

---

*Minimal pairs* são pares de palavras que se distinguem por apenas um **fonema**, por exemplo, *pet/bet*; *ship/sheep*; *though/row*.

**Fonemas** são unidades mínimas de som que distinguem significado em uma língua. Por exemplo, /t/ e /d/ são fonemas em inglês, pois distinguem, por exemplo, os termos *ten* e *den*.

**Schwa** é o som mais comum em língua inglesa (representado pelo símbolo ə) e existente em palavras como *ago*, *about*, *lemon*. O som não existe no português brasileiro.

**Aspiração**, em **Fonética**, refere-se a um "sopro" de ar produzido junto com outros sons. Em inglês, /p/ inicial é acompanhado de uma aspiração, o que faz com que a palavra *pie* (em inglês) não tenha a mesma pronúncia que a palavra "pai" (em português).

**Stress** está relacionado com a tonicidade de uma sílaba. A **sílaba tônica** (*stressed syllable*) em *football* é *foot*; em *hotel, tel*.

**Rising intonation** refere-se à projeção crescente da voz em uma fala. Em inglês perguntas que requerem *yes* ou *no* como resposta (por exemplo, *Are you from Brazil?/ Did you go to the beach last weekend?*) normalmente têm *rising intonation*.

**Falling intonation** refere-se à projeção decrescente da voz em uma fala. Em inglês sentenças declarativas têm normalmente *falling intonation* (*I'm a teacher./They love dogs.*), bem como perguntas com *where, how, when*.

**Tag question** é uma sequência de palavras normalmente adicionada ao final de uma sentença afirmativa, transformando-a em uma pergunta: *It's time, isn't it?*

- O fonema /æ/, o que dificulta para os brasileiros a distinção entre, por exemplo, "man" e "men", "pan" e "pen", "laughed" e "left", "bat" e "bet, "had" e "head", "sad" e "said", "dad" e "dead", "kettle" e "cattle" entre outros.
- Palavras que se iniciam por /p/, /t/ e /k/ iniciais, em sílaba tônica, devido à sua aspiração.

É também possível (e mesmo recomendável!) usar procedimentos similares (ouvir, observar, refletir, decidir) no que se refere à entonação em língua inglesa. Da mesma forma que se pode observar a pronúncia do que ouvimos com atenção, podemos atentar para a entonação do que é dito: sua "musicalidade" e ritmo, onde há pausas, onde há sons mais fortes e mais fracos no conjunto de sons ouvidos.

No texto acima, por exemplo, o trecho "*and did his best to reach them*" é provável causador de dificuldade de entonação para falantes brasileiros, que tenderão a enfatizar o *them* final ou a dar mais força sonora a *reach* do que a *best*. A observação de marcações de entonação (onde há *stress, rising intonation, falling intonation, long pauses, short pauses*) pode ajudar o aprendiz a se apropriar dessas tendências com mais eficiência. No *site* mencionado na seção "O texto" acima, podem-se encontrar detalhes de tais marcações com relação ao áudio "*The Fox and the Grape*". Outras áreas que costumam causar dificuldade de entonação aos brasileiros são a formação de perguntas e o uso de *tag questions*.

A observação de pronúncia e entonação ao ouvir poderá ser usada lado a lado com o monitoramento da produção dessas áreas em situações que envolvem *listening* e *speaking* ao mesmo tempo (por exemplo, numa conversa formal ou informal). Outras estratégias também podem apoiar o desenvolvimento e uso dessa estratégia: por exemplo, visualizações de padrões de entonação podem auxiliar um aprendiz a melhor compreender esse padrão. Essas visualizações podem ser encaminhadas produzindo-se representações visuais do ritmo do que ouvimos com linhas retas, curvas, ou combinando-se retas com curvas. Vocalizar sons e grupos de sons que ouvimos também pode facilitar tanto a aprendizagem quanto o entendimento desses sons (e grupos de sons) em futuras situações de *listening*. As três próximas seções ("Focando a atenção no dialeto e sotaque dos falantes", "Refletindo sobre a relação entre som e grafia" e "Identificando fronteiras no que se ouve") retomam e ampliam a discussão sobre aspectos relativos à atenção à pronúncia e entonação.

## Aplique a estratégia

**1 > a.** Com base nos sons que apresentam potenciais dificuldades de pronúncia em inglês para brasileiros, prepare uma lista com locuções que incluam tais sons, por exemplo: *United States of America, mom and dad, a friend of mine, other than, spring onions, a thousand, sick and tired.*

**b.** Vá ao *site* <http://www.howjsay.com/> e lá digite tais locuções, uma a uma. Antes de tocar o áudio para cada uma delas, imagine como elas serão pronunciadas. Depois de ouvir, pergunte-se: a pronúncia ouvida correspondeu às suas expectativas? Justifique suas respostas.

**2 > a.** Vá a <http://librivox.org/aesops-fables-volume-1-fables-1-25/> e selecione a fábula "*The Goose that Laid the Golden Eggs*". Antes de ouvir, leia o *script* da fábula na coluna à esquerda do quadro a seguir e marque, na coluna à direita, a opção que apresenta o termo que será dito com maior ênfase no áudio.

| | | |
|---|---|---|
| A Man and his Wife had the good fortune to possess a Goose… | I. (a) possess | (b) Goose |
| which laid a Golden Egg every day. | II. (a) egg | (b) day |
| Lucky though they were… | III. (a) though | (b) were |
| they soon began to think they were not getting rich fast enough… | IV. (a) fast/enough | (b) not/enough |
| and, imagining the bird must be made of gold inside, they decided to kill it,… | V. (a) kill | (b) it |
| in order to secure the whole store of precious metal at once. | VI. (a) to secure | (b) whole store |
| But when they cut it open they found it was just like any other goose. | VII. (a) other | (b) goose |
| Thus, they neither got rich all at once, as they had hoped, nor enjoyed any longer the daily addition to their wealth. Much wants more and loses all. | VIII. (a) wants/loses | (b) more/all |

**b.** Ouça o áudio e verifique suas previsões.

## Sugestões adicionais

- Em <http://www.soundsofenglish.org/>, você encontra tudo o que precisa saber sobre os sons da língua inglesa, incluindo descrições (por escrito e de forma visual) de como esses sons são produzidos, além de vídeos e áudios ilustrativos.
- No *site* <http://www.uiowa.edu/~acadtech/phonetics/#>, você tem acesso a animações com sons e descrições passo a passo do movimento articulatório necessário para se pronunciar todos os sons do inglês americano.
- O *site Sounds Familiar* (<http://www.bl.uk/learning/langlit/sounds/>) é produzido pela British Library e nele você pode ler e ouvir sobre sotaques e dialetos no Reino Unido.
- Em <http://accent.gmu.edu/index.php> encontra-se um acervo interessante de acentos nativos e não nativos da língua inglesa: todos os falantes leem um mesmo texto, cuja audição e transcrição podem ser usadas como apoio para o desenvolvimento da estratégia desta seção.
- Em <http://www.rachelsenglish.com/> vários aspectos de pronúncia são tratados do ponto de vista teórico e na prática, em situações do dia a dia.
- No *site* <http://www.bbc.co.uk/worldservice/learningenglish/grammar/pron/> você encontra explicações sobre a pronúncia da língua inglesa (em vídeo, em áudio, por escrito) e muitas atividades, incluindo *quizzes*, que você pode usar para praticar esse assunto com seus alunos.
- Para ler e ouvir sobre o som *schwa*, visite o *site* <http://www.bbc.co.uk/worldservice/learningenglish/grammar/pron/features/schwa/>.
- Os *sites* <http://inogolo.com/> ou <http://www.pronouncenames.com/> podem ser utilizados para observação e análise da pronúncia de nomes de pessoas e lugares em inglês.
- Para observação de entonação da língua inglesa, explore o *site Jazz chants* <http://www.onestopenglish.com/skills/listening/jazz-chants/mp3-files-and-recording-scripts/>.

**Sotaque** (*accent*, em inglês) é uma forma em que se pronuncia uma língua (ou uma **variante linguística**). Todos nós falamos com um determinado sotaque.

## 21 >> FOCANDO A ATENÇÃO NO DIALETO E SOTAQUE DOS FALANTES

### A situação

Você está vendo um episódio do seriado de TV *Friends*. Num certo ponto, você nota que há algo peculiar na forma com que um dos personagens fala, mas você não sabe explicar por quê. Você percebe, logo em seguida, que a situação também gera surpresa a dois outros personagens e que ela se configura como uma fonte de humor. No entanto, você não entende o humor da cena e pergunta-se o que poderia ter feito para melhorar a competência de sua compreensão oral.

### O texto

 Transcrição do áudio

1 **Ross** ((arriving in the flat)) Hello.
2 **Monica** Hey, how did the lecture go?
3 **Ross** It went great! And I didn't need any jokes, or naked chicks either.
4 **Rachel** Oh, that's great Ross. I'm sorry we weren't more supportive before.
5 **Ross** I knew all I had to do was let the material speak for itself. Everyone is all
6 like, 'Ross, you have to be funny, and sexy'. Well, I proved them wrong.
7 And now, I'm going to pass the news onto Joey and Chandler.
8 **Monica** That you're not funny or sexy?
9 **Ross** That's right.
10 [...]
11 ((outside the lecture room))
12 **Rachel** Well we're a little early, the lecture doesn't end for fifteen minutes.
13 **Monica** Yeah but you know, we can sneak in and watch.
14 **Rachel** ((talking about two women who pass by them)) Oh hey look! There's some
15 Kappa Kappa Deltas. I was a Kappa. ((addressing the women, who ignore
16 her)) Hey sisters! ((to Monica)) Wow, we really are bitches.
17 **Ross** ((delivering his lecture)) Right, so when Rigby got his samples back from
18 the laboratory, he made a startling discovery. What he believed to be ig-
19 neous was in fact sedimentary. Imagine his consternation when... ((looks
20 to the side and sees Rachel and Monica)) oh, bloody hell.

Disponível em: <http://www.youtube.com/watch?v=QLBVKVUSP_M>. Acesso em: 1º abr. 2013.

## A estratégia

**Variantes linguísticas** são as diferentes formas em que uma mesma língua é falada, dependendo de diferenças regionais, sociais, de idade, entre outros. Do ponto de vista linguístico, todas as variantes são igualmente legítimas e não há uma que seja "melhor" do que a outra.

**Palavra tabu** (*taboo word*, em inglês) é um termo considerado vulgar, ofensivo, desrespeitoso pelos membros de um grupo.

**Primeira língua** é a primeira língua de uma pessoa (em inglês, *mother tongue*/*language*; *native tongue*/*language* ou *first language*). Uma mesma pessoa pode ter mais de uma **língua materna** se ela crescer em um ambiente em que se fala mais de uma língua.

**Segunda língua** (*second language*, em inglês) é uma língua que tem *status* oficial em uma região. A língua inglesa é considerada *second language* em mais de 40 países, por exemplo, Nigéria, Índia, Uganda, Cingapura.

Ao perceber que o personagem Ross falava de maneira diferente ao dar sua aula, você deu um passo importante para o entendimento do humor na cena. O que lhe faltou foi perceber de que forma ele falava naquele momento! Especificamente, apesar de ser norte-americano, ele tentava simular um dialeto britânico durante a aula incluindo o sotaque considerado padrão nessa variante linguística (o chamado RP ou *Received Pronunciation*). Essa simulação é feita por meio de vários recursos, por exemplo:

- Ele começa sua fala usando *Right* (linha 17), com entonação tipicamente britânica;
- Ele simula o sotaque RP durante a aula, o que fica evidente na forma em que pronuncia a palavra *laboratory* (linha 18) com sílaba tônica em "*bor*", e não em "*lab*" como fazem os norte-americanos;
- Ele usa léxico frequente no Reino Unido (mas não nos Estados Unidos), como a palavra *consternation* (linha 19) e a locução *a startling discovery* (linha 18). O uso da expressão *bloody hell* (linha 20) para expressar surpresa também é tipicamente britânico, registrando ainda que as duas palavras componentes da expressão (*bloody* e *hell*), assim como a expressão como um todo, são consideradas palavras tabu nos Estados Unidos.

Antes de comentarmos sobre aspectos que marcam certos dialetos e sotaques em inglês, é importante lembrar que uma mesma língua tem produção oral variada em função da origem geográfica de seus falantes, sua idade, sexo, classe social, entre outros. Em nossa língua materna, mesmo que não vejamos com quem estamos falando (numa conversa telefônica, por exemplo), após a escuta de poucas palavras podemos inferir muitas informações sobre nossos interlocutores: se nosso interlocutor é homem ou mulher; se é adulto, adolescente ou criança; de que região é, se tem alto ou baixo nível de escolaridade, entre outras.

Obviamente, essas variações individuais não são tão dramáticas de forma que impossibilitem a compreensão mútua entre falantes de uma mesma língua. E mais: há variações que caracterizam a produção oral de um grupo maior desses falantes, e aqui é importante retomarmos a distinção entre dialetos e sotaques.

Imagine então o seguinte cenário: uma língua tem cerca de 350 milhões de falantes como primeira língua; outros 450 milhões de falantes como segunda língua e mais de um bilhão de falantes como língua estrangeira. Você acha, então, que essa língua terá poucos ou muitos dialetos? Acha que terá pouca ou muita variação em seus sotaques? Bem, você acertou se pensou que a língua deverá ter muitos dialetos e que estes por sua vez serão realizados em muitos sotaques diferentes. Você acertou duplamente se desconfiou que estamos falando da língua inglesa.

A amplitude geográfica e numérica (em termos do número de falantes) da língua inglesa é inédita, sem precedente na história da humanidade. Suas formas variadas envolvem não apenas as variações dialetais dentro de um mesmo país (por exemplo, os diversos sotaques nos Estados Unidos ou na Grã-Bretanha) mas também dialetos desenvolvidos em outros países (como *Indian English*, *Singaporean English*; *Hong Kong English*). Para uma boa aplicação desta estratégia é importante que o ouvinte esteja atento a diferenças nas variantes linguísticas (na pronúncia, no léxico, na morfologia, na sintaxe) usadas por seus interlocutores.

Um fato interessante com relação à língua inglesa é que, sob uma ótica quantitativa, sabe-se que há mais interações orais em inglês entre falantes não nativos de inglês do que interações orais entre falantes nativos. Em outras palavras, no momento em que você lê esta frase, a maioria das conversas que ocorrem em inglês ao redor do mundo não acontece entre, por exemplo, norte-americanos entre si, ou entre australianos e ingleses, mas sim entre, digamos, brasileiros e italianos, poloneses e japoneses, chineses e franceses.

Tal fato tem consequências importantes para o desenvolvimento da compreensão oral de quem aprende inglês. Afinal, há grande possibilidade de que quem ouve em língua inglesa encontre situações em que os falantes não sejam falantes nativos da língua; desta forma, bons ouvintes precisam desenvolver também a sensibilidade para compreender falantes não nativos de inglês!

É tamanha a representatividade desses falantes que muitos acadêmicos hoje estudam as características da fonologia dessa variante linguística que é conhecida na literatura como ELF (termo que deve ser pronunciado como "*elf*" e que significa *English as a lingua franca*). Em seu livro *World Englishes: a resource book for students*, Jennifer Jenkins descreve os traços fonológicos que as variantes não nativas da língua inglesa têm em comum e argumenta que essas características devem ser aprendidas por aqueles que aprendem inglês ao redor do mundo. Alguns exemplos das características de ELF:

- substituição do fonema /θ/ (como em *think*) e de /ð/ (como em *then*) por /s/ (como em *sink*) e /z/ (como em *zen*), respectivamente;

---

**Morfologia** é a área da gramática que estuda a estrutura e a formação das palavras.

**Sintaxe** é a área da gramática que estuda a sequência e a ordenação das palavras em frases, bem como as funções desempenhadas por esses elementos na frase.

**Fonologia** é a área da gramática que estuda o sistema de sons de uma língua e seus padrões de uso e organização.

**Língua franca** é uma língua usada fora de contextos em que é **primeira língua**, para comunicação entre pessoas de diferentes línguas maternas. A língua inglesa hoje tem *status* de língua franca, pois é comumente usada em interações entre falantes de outras línguas (por exemplo, um brasileiro e um russo).

**Língua padrão** (*standard language*, em inglês) é uma **variante linguística** usada como referência em um meio social. Muitas vezes é tida como a "norma", sendo codificada em dicionários e gramáticas tradicionais. Nos Estados Unidos é considerada *standard language* a variante *General American* (utilizada no meio oeste norte-americano); no Reino Unido, a variante *RP* (*Received Pronunciation*).

**Full vowels** são vogais pronunciadas de forma "integral", isto é, sem redução de duração, tonicidade ou altura.

**Preconceito linguístico** envolve julgamento de valor depreciativo sobre uma ou mais variantes linguísticas. Comentários sobre "**sotaques** feios", "**pronúncias esquisitas**" ou "**dialetos** mais corretos" são manifestações de preconceito linguístico. A rigor todas as variantes linguísticas são legítimas e devem ser igualmente respeitadas.

- preferência pela consoante /t/ entre vogais (como em *water*, *waiting*), seguindo a língua padrão em inglês britânico e não em inglês americano. Nessa última variante linguística usa-se um som chamado *flap* (semelhante ao som entre as vogais em "cara") nesses casos;
- manutenção da aspiração depois de sons iniciais /p/, /t/, /k/ (como em *Paul*, *time*, *car*);
- manutenção da distinção entre vogais curtas e longas (distinguindo, por exemplo, *sit* e *seat*; *chip* e *cheap*; *hill* e *heal*);
- uso de *full vowels* (ao invés de *schwa*) em palavras como *to, do, of, was*.

Um ponto muito importante a ser considerado antes de fecharmos a discussão desta estratégia diz respeito à noção de preconceito linguístico. Sob a ótica da Linguística, não se pode dizer que nenhuma língua ou variante linguística seja superior a uma outra: todas as línguas e suas variantes têm suas próprias características e cumprem seu propósito comunicativo. Como tal, todas são igualmente legítimas e nenhuma é "melhor", "mais desenvolvida" ou "mais rica" que outra. Devemos sempre nos lembrar de que comparações entre "qualidades" de uma língua, dialeto ou sotaque, bem como noções de "riqueza" ou "desenvolvimento" associadas a esses aspectos remetem a percepções de julgamento com base em critérios socioculturais e não linguísticos, sendo portanto subjetivas e questionáveis.

## Aplique a estratégia

**1 >** Peça a seus alunos que visitem um jornal norte-americano que contenha notícias em vídeo (por exemplo, <http://www.foxnews.com/>) e ouçam sobre um evento importante do dia. Em seguida, devem fazer o mesmo em um *site* britânico (por exemplo, <http://www.bbc.co.uk/news/>), observando as diferenças de pronúncia para palavras-chaves da notícia. Esta sugestão pode ser ampliada com a escuta de notícias de jornais australianos, canadenses, sul-africanos etc. Para uma lista de jornais internacionais, ver <http://www.onlinenewspapers.com/>.

**2 >** No *site* <http://accent.gmu.edu/index.php>, você encontra gravações em inglês feitas por falantes de origens geográficas diversas. Selecione alguns exemplos de seu interesse incluindo pelo menos um falante nativo de inglês (para tal, escolha em "*place of birth/country*" um país em que o inglês seja a primeira língua como "Australia", "South Africa" ou "USA"). Nas suas escolhas inclua também um brasileiro e outro falante de um país em que o inglês seja uma língua estrangeira. Em seu bloco de notas, responda: quais aspectos da produção oral de cada um dos falantes chamam sua atenção em termos de pronúncia e entonação? Como você descreveria o sotaque que ouve? Justifique suas respostas.

## Sugestões adicionais

- Para ler mais sobre sotaques e dialetos em geral e detalhes sobre o desenvolvimento da língua inglesa na Grã-Bretanha, vá a <http://www.universalteacher.org.uk/lang/britishisles.htm>.
- Filmes são bons recursos para se observar diferentes dialetos e sotaques, especialmente aqueles que envolvem personagens de diferentes origens (por exemplo, *The Holiday* ou *Australia*). A observação de um mesmo ator ou atriz produzindo sotaques diferentes também pode trazer *insights* sobre o tema. Para tal, veja, por exemplo, Renée Zelllweger em *Chicago* e *Bridget Jones's Diary*; ou Hugh Laurie no seriado *House* e em entrevistas em que usa o seu *British accent*.
- Para informações sobre diferenças de vocabulário entre American English e British English, consulte o *site* <http://www.englishclub.com/vocabulary/british-american.htm>.
- Para ouvir gravações com vários sotaques britânicos, explore o *site* <http://www.bbc.co.uk/voices/recordings/>.
- Para ler e ouvir sobre African American English, vá a <http://privatewww.essex.ac.uk/~patrickp/AAVE.html>.
- Para ouvir imigrantes no Reino Unido falando sobre diferenças culturais, ouça o áudio disponível em <http://http-ws.bbc.co.uk.edgesuite.net/mp3/learningenglish/2009/09/090831_tae_episode_7_audio_au_bb.mp3>.

# 22>> REFLETINDO SOBRE A RELAÇÃO ENTRE SOM E GRAFIA

### A situação

Em uma aula de inglês, sua professora anuncia que a turma irá escutar um áudio simples e completar sua transcrição escolhendo as opções dadas em alguns trechos. Após uma olhada rápida no exercício, você pensa: "Isso será moleza; dá até para adivinhar as respostas sem ouvir!". Mas sua professora complementa as instruções: "Além de escolher as opções corretas, vocês têm de pensar se a palavra ouvida poderia também ser escrita como a opção descartada. E vocês têm de justificar suas respostas também!"

Você não entende o propósito da atividade, e acha uma perda de tempo pensar sobre possíveis formas de grafar.

### O texto

 Transcrição do áudio

1. I am a doctor.
2. I take (care) (cair) of children.
3. I work with a nurse. She checks (itch) (each) child's (height) (right) and (wait) (weight)
4. to see how much she has grown since her last visit.
5. I listen to children's hearts.
6. I check (their) (there) breathing.
7. I use a stethoscope to listen to the girl's heartbeat. I ask her to take a deep breath so I can
8. (hear) (here) the (heir) (air) go into her lungs.
9. I also take care of sick children.
10. I check their (ears) (years).
11. I look in their throats.
12. If a patient has a (sore) (sour) throat, I ask him to say "ah" so I can get a good look. If
13. it's (head) (red), I might have to give him medicine to make it better.
14. Children ask lots of questions.
15. Parents have questions, (two) (too).
16. I try to answer everything.
17. When I talk to my patients and their families, I remind them to eat healthy, read books,
18. exercise, and get plenty of rest.

Disponível em: <http://teacher.scholastic.com/commclub/pediatrician/page-2.htm>. Acesso em: 30 abr. 2013.

# A estratégia

Não é uma perda de tempo pensar sobre a correspondência entre a forma oral e a forma escrita de uma palavra. Pelo contrário, essa reflexão pode se configurar como uma estratégia de compreensão oral em inglês.

Para se compreender melhor essa estratégia, é importante iniciarmos nossa discussão ressaltando a diferença entre escrita e fala. Muitos pensam, erroneamente, que a escrita é simplesmente uma reprodução da fala, e que há uma equivalência entre os dois sistemas. Isso não é verdade. Há diferenças básicas entre linguagem oral e escrita e a mais básica de todas é que a escrita não é "natural" (no sentido de pertencer à natureza) como a fala: todos os membros de nossa espécie desenvolvem a fala se estiverem expostos a uma língua e se não tiverem um impedimento físico mais sério que impeça tal desenvolvimento. Isso não acontece com a escrita. Ela é uma tecnologia que se desenvolveu em momentos históricos distintos em civilizações diversas ao redor do planeta, e até hoje se encontram comunidades em que não há escrita. Além disso, diferentes povos criaram sistemas de escrita diferentes (por exemplo, hieróglifos no Antigo Egito, ideogramas na China, o alfabeto na Grécia Antiga). Esses sistemas, então, têm de se encaixar de alguma forma nas línguas faladas a que correspondem a partir de convenções estabelecidas pelos usuários dessas línguas.

As variações na ortografia da língua inglesa vão além de diferenças que possam ocorrer entre diferentes variantes (por exemplo, no uso de *neighbour* ou *colour* pelos britânicos e de *neighbor* e *color* pelos norte-americanos). Essas variações envolvem aspectos mais fundamentais relativos à correspondência entre fonemas e grafemas na língua inglesa de um modo mais geral. Em inglês, um mesmo som pode ser representado na escrita de formas variadas, e sons diferentes podem ser representados por uma única forma gráfica, conforme exemplos no quadro a seguir:

**Grafemas** são as formas mínimas em um sistema de escrita. Letras e símbolos como @ e & são exemplos de grafemas.

| Mesmo fonema, diferentes grafemas | *science, cent, sun, psychology* <br> *zebra, busy, xylophone* <br> *mate, say, weigh, steak* |
|---|---|
| Mesmo grafema, diferentes fonemas | *how, know* <br> *anxious, exam, x-ray, xenophobia* <br> *cinema, tiger, sir* <br> *her, here, pet, Pete* |

Ao fazer a tarefa apresentada na abertura desta seção, então, as seguintes reflexões poderiam ser encaminhadas:

**Palavras homônimas** são palavras que se pronunciam da mesma forma, mas têm grafia e sentidos diferentes, tais como *there*/*their*; *no*/*know*; *bear*/*bare*; *heir*/*air*; *steak*/*stake*; *isle*/*aisle*.

- Muitas das opções envolvem palavras homônimas, e a escolha da opção correta teria de ser feita através da identificação do termo que faz sentido no contexto, isto é, escolhendo as palavras sublinhadas nos seguintes pares: *wait/weight*; *their/there*; *hear/here*; *heir/air*; *ears/years*; *two/too*. Em todos esses casos, então, as formas não escolhidas consistem em ortografias possíveis na língua inglesa e as escolhas das opções requerem conhecimento do vocabulário focalizado.
- Algumas opções envolvem pares de palavras que existem em inglês, mas têm pronúncias distintas. Nesses casos, a reflexão sobre a correspondência entre sons e grafia pode ajudar na seleção do termo ouvido. O quadro a seguir dá mais detalhes:

| *itch*/*each* | Os grafemas "i" e "ea" são usados com frequência em inglês para representar pares mínimos, como, por exemplo: *bit/beat*; *sit/seat*; *it/eat*. |
| --- | --- |
| *height*/*right*; *head*/*red* | Os fonemas correspondentes aos sons iniciais de palavras que iniciam por "r" e "h" em inglês são bem diferentes. Apesar de haver variações nas formas desses fonemas em diferentes dialetos, eles não são semelhantes. Para ouvir as formas padrão para pronúncia dessas palavras, vá a <http://dictionary.reference.com/>, digite as palavras e clique no alto-falante, observando como seus primeiros fonemas são pronunciados. |
| *sore*/*sour* | Ao ouvir /sɔr/ o ouvinte pode pensar em palavras que terminam com o grafema "*ore*" e têm mesma pronúncia (como *more* ou *core*), mas pode também pensar em palavras terminadas com o grafema "*our*" que têm a mesma pronúncia (*four* ou *pour*). Em princípio, então, ambas as grafias seriam possíveis, como seria também a grafia "soar" (que rima com *roar*). Apesar de essa reflexão não poder levar o ouvinte à escolha certa no exercício, ela poderia levá-lo a opções possíveis caso fosse fazer uma busca no dicionário. |

- Uma das opções envolve a palavra dita (*care*) ao lado de outra que não existe (*cair*), mas poderia, em princípio, ser a grafia do termo em foco; afinal, a terminação *-air* pode representar o mesmo som final de *care*, como ocorre, por exemplo, em *chair*, *air*, *fair*.

Apesar de haver muitas irregularidades na escrita em língua inglesa, é importante observar que há também regularidades, e o conhecimento desses padrões pode ajudar o aprendiz-ouvinte a fazer melhor uso da estratégia. Algumas das tendências seguidas na correspondência entre grafemas e fonemas em inglês são:

- Algumas sequências de letras têm correspondência fixa com sua sequência de sons, por exemplo: *ight, tion*.
- As letras que correspondem a vogais em algumas sequências C-V-C (Consoante-Vogal-Consoante) têm pronúncia diferente se

a sequência ganha uma vogal final. Veja, por exemplo, o contraste em *cap/cape*; *rot/rote*; *bit/bite*.
- Vogais que antecedem duas consoantes juntas tendem a ser pronunciadas com um som único, e não como um ditongo. Veja *written* (mas *write*), *rabbit* (mas *rabies*), *ladder* (mas *ladies*).

Para conscientizar-se sobre a correspondência entre som e grafia, o primeiro passo é então perceber que as associações que se fazem na primeira língua não valerão necessariamente para a segunda língua ou língua estrangeira. Por exemplo, brasileiros que aprendem inglês tendem a associar o fonema /i/ à letra *i*; o ditongo /ey/ à combinação de letras *ei*; o ditongo /oʊ/ à combinação de letras "ou"; /z/ à letra *s* intervocálica, por exemplo, e essas correspondências não ocorrerão necessariamente em inglês. É necessário, também, perceber que o que é ouvido não necessariamente corresponderá à sequência de letras concebida para a forma escrita das palavras que compõem tal fala. Essa não correspondência pode ocorrer como decorrência de omissões (*How are you doing?* → *How you doing?*), contrações (*I am going to see her* → *I'm gonna see her*) e elisões (*I could take a trip to the East Coast next summer* → *I coultakatrip to the Eascoast nexsummer*).

Conhecendo, então, as tendências de correspondência entre som e grafia, bem como as possibilidades de ortografia na língua inglesa, o aprendiz-ouvinte possui mais subsídios para boa implementação da estratégia. Isso, por sua vez, permite-lhe fazer visualizações ao ouvir e associar o que ouve a palavras cuja forma escrita conhece. Permite-lhe, também, estabelecer grafias possíveis, o que pode levar a uma busca mais eficiente no dicionário caso deseje procurar o significado de algo que ouve mas cujo sentido desconhece.

---

**Ditongo** é a coocorrência de duas vogais (uma mais forte, uma menos forte – esta última normalmente chamada de semivogal) em uma mesma sílaba. Por exemplo, há dois ditongos em *cowboy* e um ditongo em *my* (veja pronúncia /may/).

**Omissões** também chamadas de **elipses**, ocorrem quando um ou mais termos são omitidos da sentença. Por exemplo, em *London is huge and has many attractions*, há omissão de *London* antes de *has*.

**Elisões** envolvem a eliminação de um som na fala, por exemplo, há elisão em *fish 'n' chips* (a palavra *and* tem seu som inicial e final eliminado, ficando apenas o som central /n/) e em *a cuppa tea* (no lugar de *a cup of tea*: *of* tem o som correspondente à letra *f* eliminado).

---

## Aplique a estratégia

**1 > a.** Observe as palavras na caixa a seguir e responda: quais delas formam pares de rimas, isto é, têm os mesmos sons finais?

| shoe | ale | flower | clean | high | tea | tail |
|---|---|---|---|---|---|---|
| agree | do | bed | hour | bread | eye | seen |

**b.** Vá a <http://dictionary.reference.com/> e digite as palavras uma a uma, ouvindo suas pronúncias (para tal clique no alto-falante). Uma alternativa para verificar suas respostas é ir ao *site* <http://etc.usf.edu/lit2go/74/nursery-rhymes-and-traditional-poems/> e lá ouvir as seguintes *nursery rhymes*: *I had a little hen*; *I have a little sister*; *Coffee and tea*; *The old woman in a shoe*.

**2 >** Observe as sequências a seguir e em cada uma delas marque "a ovelha negra", isto é, a palavra cujo trecho grifado tem pronúncia diferente dos demais.

| | | | | |
|---|---|---|---|---|
| a. | clock | chrome | kite | queen |
| b. | fish | though | tough | phone |
| c. | cent | science | usual | psychology |
| d. | sight | mine | lay | try |
| e. | show | cow | go | dough |
| f. | key | me | quay | isolated |

**3 >** Para cada um dos nomes na caixa a seguir, siga os seguintes procedimentos:

| | | | | | | |
|---|---|---|---|---|---|---|
| Lindsey | Charlotte | Jason | Richard | Theresa | Ruth | Celia |
| Los Angeles | South Dakota | | Oklahoma | Gloucester | | Orlando |

a. Diga em voz alta como você acha que o nome é pronunciado.
b. Vá a <http://inogolo.com/> e verifique sua pronúncia.
c. Reflita: Ao pronunciar os nomes você pensou na correspondência entre grafia e pronúncia em inglês? Se pensou, de que forma a reflexão contribuiu para a sua pronúncia? Se não pensou, de que forma a estratégia poderia ter contribuído?

### Sugestões adicionais

- Em <http://www.teachingenglish.org.uk/activities/sound-spelling-correspondence>, você encontra sugestões de atividades para conscientização da correspondência entre sons e letras.
- No *site* <http://www.teachingenglish.org.uk/activities/phonemic-chart>, você encontra um quadro que contém todos os fonemas da língua inglesa. Lá você pode ouvir cada um desses sons, com exemplos, e pode também baixar o quadro para o seu computador.
- Em <http://www.youtube.com/watch?v=g10jFL423ho>, você tem acesso a um vídeo divertido do seriado *I Love Lucy* sobre o assunto desta seção.
- Vá a <http://www.bbc.co.uk/worldservice/learningenglish/grammar/pron/features/spelling/> para ler mais sobre a correspondência entre sons e letras da língua inglesa e ter acesso a exercícios sobre o assunto.
- Para ler sobre o processo de padronização ortográfica da língua inglesa, vá a <http://www.ruf.rice.edu/~kemmer/Histengl/spelling.html>.
- Se você dá aulas de inglês, explore o assunto pedindo aos alunos que observem as palavras que rimam em músicas, poemas e *nursery rhymes* e que reflitam sobre as correspondências entre som e grafia das rimas.
- Ao apresentar novo vocabulário oralmente, você pode escrever algumas palavras com suas letras embaralhadas no quadro e pedir aos alunos que levantem hipóteses sobre como essas palavras são escritas.

# 23 >> IDENTIFICANDO FRONTEIRAS NO QUE SE OUVE

## A situação

Seu conhecimento de inglês é básico. Um dia, você ouve um áudio na Internet com um amigo cuja compreensão oral em inglês é semelhante à sua. Ao final do áudio, seu amigo comenta: "Não entendi nada. Foi tudo muito rápido." Você retruca: "Parece que ouvi uma sequência de sons, um atrás do outro, embolados, como se fosse uma coisa só." E vocês se perguntam se haveria alguma estratégia que pudesse auxiliá-los a não ter essas percepções ao ouvir um texto.

## O texto

 Transcrição do áudio

1  **A** All I do all day is work and watch TV. I really should start thinking about
2  my health.
3  **B** I never thought about that, but you're right. What do you think we should do?
4  **A** For starters, we should start doing more outdoor activities. That way we'll get
5  some exercise.
6  **B** I was thinking about taking tennis lessons. I always have an hour to spare in
7  the afternoon. What do you think about that?
8  **A** That's not a bad idea. How much is it?
9  **B** I heard it is only about one hundred twenty dollars a month for 8 lessons.
10 **A** Playing tennis twice a week will be a good start. Count me in.

Disponível em: <http://www.talkenglish.com/Listening/LessonListen.aspx?ALID=108>.
Acesso em: 6 abr. 2013.

## A estratégia

Se o texto acima lhe tivesse sido apresentado na forma escrita, provavelmente você não teria tido tanta dificuldade para entendê-lo. O vocabulário e a estrutura usados no diálogo são relativamente simples e, ao ler, pode-se contar com o apoio dos espaços em branco entre as palavras para indicar o fim de uma e o início de outra.

Ao ouvir, no entanto, não temos esses espaços como referência, e os sons que ouvimos podem mesmo ser percebidos como uma cadeia sonora única. Pode haver pausas um pouco maiores entre uma palavra e outra (no texto acima, essas pausas ocorrem ao final de algumas frases) e também pode haver pausas entre uma fala e outra (o que ocorre às vezes mas não sempre no texto acima). Para construir entendimento dessa "sequência de sons", então, o ouvinte precisa saber segmentar os itens ouvidos – o que é uma palavra, o que é um grupo de palavras com sentido próprio, o que é uma frase, o que é uma fala.

Em diálogos, as diferentes falas podem ser mais facilmente identificadas a partir da distinção entre os diversos falantes. Quando há um homem e uma mulher, ou um adulto e uma criança falando, fica mais fácil fazer essa distinção. No caso acima, as duas vozes são masculinas e torna-se, portanto, mais difícil distinguir os dois falantes, até porque suas vozes são semelhantes.

Ao ouvir, então, tem-se que dispor de recursos adicionais a fim de conseguir segmentar as falas, separando-as uma da outra. Muitas vezes diálogos apresentados em livros didáticos são compostos por estruturas simples que em princípio facilitariam tal segmentação, como o diálogo abaixo:

> **A** Hi!
> **B** Hi!
> **A** What are you doing tonight?
> **B** I'm staying home.
> **A** Do you want to go to the movies with me?
> **B** Sure!

No entanto, tais estruturas são demasiadamente simplistas, e não correspondem à maioria das situações genuínas de interação oral: nestas, os interlocutores não costumam apenas ou só perguntar ou só responder; ao contrário, numa conversa um mesmo participante poderá produzir posicionamentos que envolvam indagações, afirmativas e negativas. Como se vê no áudio ilustrativo desta seção, tanto A quanto B perguntam e respondem, assim como constroem depoimentos, reflexões e expressões de opinião. Um ouvinte competente precisará saber distinguir os falantes com base em outros elementos que não sejam apenas a estrutura e funções comunicativas das falas.

Perguntas que pedem opinião do interlocutor (como por exemplo, *What do you think we should do?*, linha 3; *What do you think about that?*, linha 7) são fortes sinalizadores de que o turno passará a outra pessoa – mas não necessariamente. É importante monitorar essa hipótese ouvindo com atenção o que é dito em seguida. Afinal, após formular a pergunta, o mesmo falante poderia adicionar um comentário extra como *I really think we should do something about it*.

Para aplicação eficaz da estratégia é também importante ter em mente que a pronúncia de algumas palavras se altera em função das palavras que as seguem, e tal comportamento fonológico (conhecido em inglês como *resyllabification*) pode causar a impressão de que se escuta uma só palavra, quando de fato há mais de uma. Isso é o que acontece, por exemplo, quando uma palavra que termina em som consonantal é seguida por outra que começa por uma vogal, como nos exemplos a seguir:

| Como se lê | Como se ouve |
|---|---|
| Brazil is located in South America. | Brazi**lis**locate**din** Sou**tha**merica |
| The cat is under our armchair. | The ca**tisun**de**rourar**mchair |

Outras estratégias podem apoiar a boa identificação das fronteiras entre palavras. Como discutido na seção anterior, para sabermos segmentar o que ouvimos com competência é importante termos em mente que os sons que ouvimos e a representação escrita desses mesmos elementos são duas coisas diferentes. Além disso, vocalizações podem apoiar o trabalho de segmentação, auxiliando o ouvinte a ouvir diferentes formas e decidir pela que lhe parece fazer mais sentido. Por exemplo, ao ouvir "*AllIdoallday*", um ouvinte pode não conseguir perceber que essa sequência de sons remete-se à sequência de palavras *All I do all day* mas, após vocalização pausada de cada uma das sílabas, pode ser mais fácil perceber a correspondência.

Visualizar um trecho ouvido, tentando fazer a correspondência entre a cadeia de sons e a ortografia que a ela corresponde, pode também apoiar o trabalho de segmentação de um texto oral. Visualizações também podem ser usadas em diálogos, associando-se visualmente diferentes pessoas para cada um dos participantes do diálogo que ouvimos. Isso facilitaria a segmentação das falas (quem fala o quê).

Diante da complexidade da aplicação desta estratégia, é importante apoiar segmentações em um trabalho de monitoração constante perguntando-se: essa interpretação faz sentido com o que eu sei sobre o assunto? Faz sentido com o restante do texto?

### Aplique a estratégia

**1 >** Ouça o trecho inicial da cantiga tradicional *Hickory Dickory Dock* (por exemplo, em <http://www.youtube.com/watch?v=A7xYz5P_rCw>; se o vídeo não estiver disponível, procure outra fonte na Internet). Ao ouvir, marque no *script* a seguir as fronteiras entre as palavras da cantiga.

Hickorydickorydockthemouseranuptheclocktheclockstruckonethemouserandownhickorydickorydockticktock

**2 >** Selecione um *site* na Internet que contenha áudios e suas transcrições, ouça um ou mais áudios e transcreva o que ouve. O *site* <http://www.manythings.org/listen/> é bom para iniciantes, pois são lidos de forma lenta e cuidadosamente articulada, facilitando o entendimento. Para uma tarefa mais desafiadora, selecione um trecho de uma obra de seu interesse em <http://librivox.org/>.

## Sugestões adicionais

- *Sites* que contenham textos escritos e áudios correspondentes podem ser úteis para a prática da estratégia, por exemplo: <http://www.literacynet.org/cnnsf/home.html> ou <http://www.breakingnewsenglish.com/>. Use as gravações como se fossem ditados e, ao ouvir, vá escrevendo tudo o que ouve, pausando o áudio (e indo para trás ou para frente) quantas vezes achar necessário.
- Se você dá aulas de inglês, use o diálogo apresentado no texto desta seção para iniciar um trabalho de desenvolvimento da estratégia de segmentação lexical com seus alunos da seguinte forma:
  - Apresente o áudio acompanhado de sua transcrição, sem pausas entre as palavras:

    AllIdoalldayisworkandwatchTVIreallyshouldstartthinkingaboutmyhealth
    Ineverthoughtaboutthatbutyou'rerightwhatdoyouthinkweshoulddoforstarters
    weshouldstartdoingmoreoutdooractivitiesthatwaywe'llgetsomeexerciselwas
    thinkingabouttakingtennislessonsIalwayshaveanhourtospareinthe
    afternoonwhatdoyouthinkaboutthatthat'snotabadideahowmuchisit
    Ihearditisonlyaboutonehundredtwentydollarsamonthforeight
    lessonsplayingtennistwiceaweekwillbeagoodstartcountmein

  - Peça então aos alunos que, ao ouvir, marquem a fronteira entre as falas dos dois personagens, ou seja, eles ouvem e marcam com um traço a separação entre ...*health* e *Inever*...; ...*shoulddo* e *for*...; ...*exercise* e *Iwasthinking*...; ...*aboutthat* e *that'snot*...; ...*muchisit* e *Iheardit*...; ...*lessons* e *playing*...
  - Numa segunda e terceira vez, os alunos ouvem o áudio e marcam as fronteiras entre as palavras.
- Um trabalho similar pode ser feito sistematicamente com músicas que interessem a seus alunos: toca-se o áudio e apresenta-se a transcrição sem espaços entre palavras e/ou versos, pedindo-se aos alunos que marquem tais fronteiras. Nos *sites* <http://www.songlyrics.com/> e <http://www.music.warnerbros.com> encontram-se muitas letras de músicas. Pode-se usar também músicas infantis: O *site* <http://www.kididdles.com/lyrics/index.html> é uma boa fonte para esse fim.

# 24>> OUVINDO PARA APRENDER OU REVER VOCABULÁRIO

### A situação

Em sua aprendizagem de inglês, você vem explorando o tópico *Aches and Pains*. Para tal, você anda lendo sobre o assunto, está compilando uma lista de vocabulário relativo ao tópico e tem feito exercícios *on-line* que envolvem tal vocabulário. Diante desse cenário, você se pergunta: "Será que seria possível desenvolver o meu vocabulário através da escuta? E, em caso afirmativo, será que haveria procedimentos que eu poderia seguir para facilitar tal aprendizagem?"

### O texto

 Transcrição do áudio

1  **What you can do about headaches**
2  [...]
3  **BARBARA**   Have you had a headache recently? If your answer is yes, you are like
4  **KLEIN**     many millions of people worldwide who experience pain in the head.
5              The pain can be temporary, mild and cured by a simple painkiller like
6              aspirin. Or, it can be severe.
7              The National Headache Foundation says more than forty-five million
8              people in the United States suffer chronic headaches. Such a head-
9              ache causes severe pain that goes away but returns later.
10             Some headaches may prove difficult and require time to treat. But
11             many experts today are working toward cures or major help for
12             chronic headaches.
13 **STEVE**    The U.S. Headache Consortium is a group with seven member organi-
14 **EMBER**    zations. They are working to improve treatment of one kind of head-
15             ache – the migraine. Some people experience this kind of pain as often
16             as two weeks every month. The National Headache Foundation says
17             about seventy percent of migraine sufferers are women.
18             Some people describe the pain as throbbing, causing pressure in the
19             head. Others compare it to someone driving a sharp object into the
20             head. Migraine headaches cause Americans to miss at least one hun-
21             dred fifty million workdays each year. A migraine can be mild. But it
22             also can be so severe that a person cannot live a normal life.
   [...]

Disponível em: <http://www.voanews.com/learningenglish/home/science-technology/Have-a-headache-You-are-not-alone-148598125.html>. Acesso em: 6 abr. 2013.

## A estratégia

Retomando a primeira pergunta da situação, adiantamos que, sim, é possível escutar em inglês para praticar vocabulário – mais especificamente, para rever ou aprender vocabulário. Tal processo se configura, na realidade, como uma estratégia de compreensão oral na medida em que envolve procedimentos de aprendizagem que podem vir a facilitar situações de uso da língua inglesa: afinal, ao "estudar" esse vocabulário ouvindo-o em inglês, um aprendiz está de certa forma aprimorando seu conhecimento e habilidades na língua estrangeira, o que deverá torná-lo mais apto ao se deparar com tal vocabulário em situações futuras.

Para se desenvolver a estratégia, e isso nos leva à pergunta final na situação de abertura desta seção, pode-se contar com inúmeros *sites* disponíveis na Internet que contêm material oral, com programas de TV, filmes, materiais que acompanham livros didáticos (CDs, CD-ROMs, DVDs etc.) – para algumas sugestões de *sites*, veja a seção *Fontes de referência* ao final deste livro. Nesses *sites*, o aprendiz pode então fazer buscas pelo vocabulário desejado mais especificamente (se houver um espaço para buscas na tela) ou pode simplesmente procurar áudios sobre o assunto de interesse. Tomando-se o vocabulário da situação apresentada acima como exemplo, pode-se fazer uma busca pelas palavras-chaves *pain* ou *aches* ou pode-se procurar áudios que tratem do tema *health* de uma forma mais geral.

No entanto, o acesso ao áudio por si só não garante que haverá uma interação eficiente entre o usuário e o áudio, levando o aprendiz de inglês a uma revisão ou aprendizagem eficaz do vocabulário. Para tal, outros procedimentos são recomendáveis, conforme comentado a seguir:

- Antes de ouvir, faz-se uma lista com previsões de vocabulário sobre o tema do texto a ser ouvido. No caso do texto de abertura desta seção, e apoiando-se no título do áudio (*What you can do about headaches*), o aprendiz poderia listar o seguinte: *have a headache, painkiller, strong/intense/throbbing headache, treat, relax, dark/quiet room*. Ao ouvir o áudio, ticam-se as palavras ouvidas.
- Durante a escuta pode-se também registrar o número de vezes que certas palavras ocorrem, para registrar quais são usadas com mais frequência. Ao final da escuta, e usando o *script* do áudio como fonte, pode-se produzir uma "nuvem de palavras" com o texto, a fim de se visualizar seu vocabulário mais frequente. Isso pode ser feito indo-se a <http://www.wordle.net/>, colando o texto e criando uma *word cloud*. No caso do texto acima, tal procedimento geraria algo assim:

- Ao ouvir, deve-se ficar atento a termos relacionados ao tema que não são conhecidos ou não estão incluídos na lista de vocabulário previamente produzida. A palavra *migraine* é um bom exemplo no texto acima: ela é frequente (o que pode ser percebido no *word cloud*) mas pode ser desconhecida. Nesse caso, o ouvinte pode partir da escuta e da percepção de que o termo é frequente no contexto de *headaches* e checar tal palavra no dicionário. A estratégia "Refletindo sobre a relação entre som e grafia" pode ajudar nessa consulta, auxiliando o ouvinte a identificar possíveis formas escritas do que ouve (*my grain*, *mygrain(e)*, *migrain(e)*).
- O uso do *script* do áudio ao ouvir pode apoiar a aprendizagem de vocabulário novo a partir da observação da forma escrita desse vocabulário e da análise da correspondência entre grafemas e fonemas dos componentes desses termos. *Migraine* é novamente um bom exemplo: depois de ouvir, o aprendiz poderia verificar a ortografia do termo através da leitura do *script* do áudio.
- Existem dicionários que não fornecem os sentidos dos verbetes mas, sim, as palavras que costumam ocorrer junto de tais termos, isto é, seus *collocates*. Caso haja acesso a tais dicionários, pode-se acompanhar a escuta com a consulta a um dicionário para o estudo das palavras que costumam coocorrer com o vocabulário que queremos aprender. Abaixo reproduzimos parte do verbete *headache* em um dicionário desse tipo, destacando apenas a informação sobre os adjetivos que costumam ocorrer com mais frequência junto a *headache*:

---

**headache** *noun*
1 pain in the head
ADJ. **bad, chronic, severe, terrible** | **mild, slight** | **dull** | **pounding, splitting, throbbing** | **blinding** | **migraine, tension**
◊*He developed a severe migraine ~*

---

McIntosh, C. (Org.). *Oxford Collocations Dictionary for Students of English*. 2. ed. Oxford: Oxford University Press, 2009. p. 386.

**URL** é a sigla de *Universal Resource Locator* (em português, "Localizador Universal de Recursos"), que significa "endereço virtual", ou seja, um endereço de um *site*, imagem ou arquivo na *web*. Por exemplo, www. mec. gov.br é o URL do Ministério da Educação (Brasil).

**Syllabus** é um plano que contém o resumo dos tópicos a serem abordados em um curso.

Ao ouvir, o aprendiz poderia observar tais adjetivos e ticar os que aparecem no áudio. Tal procedimento, tendo o exemplo acima como base, levaria à conclusão de que *mild, severe, chronic, throbbing*, listados no verbete como *collocates* de *headache*, de fato aparecem no texto ouvido.

- A compilação de um registro sobre as fontes ouvidas (por exemplo, mantendo-se um arquivo eletrônico em que se registram URLs dos áudios acessados, seu assunto e vocabulário-chave) pode permitir acesso futuro a essas fontes caso o aprendiz queira rever algo, ou compartilhar o material a que já teve acesso com outros colegas-aprendizes.

Há muitas vantagens em se encaminhar atividades como as acima sugeridas, e algumas delas são: elas costumam ser motivadoras e gerar interesse adicional sobre o que vai ser ouvido; elas promovem formas contextualizadas de desenvolver a aprendizagem de vocabulário em língua inglesa; elas oferecem oportunidades ao aprendiz para que desenvolva o vocabulário que ele considera necessário, dando-lhe um sentimento de controle e autonomia de sua aprendizagem.

Como acontece com qualquer estratégia, há algumas dificuldades atreladas à aplicação desta. Se você é professor e pretende trabalhar a estratégia com seus alunos, a maior dificuldade situa-se provavelmente no pouco tempo normalmente disponível para as aulas de inglês; no entanto, vale a pena considerar a possibilidade de substituir o trabalho com algum conteúdo no seu *syllabus* por outro que envolveria menos quantidade mas melhor qualidade na sistematização do conteúdo trabalhado. Se você é autodidata, a maior dificuldade relacionada à aplicação desta estratégia estará possivelmente associada à criação do hábito de ouvir em inglês com a finalidade de focar a escuta em vocabulário específico, visando revisão ou aprendizagem. Como sempre, é recomendável apoiar o uso da estratégia com reflexões sobre seus benefícios e dificuldades, bem como sobre alternativas possíveis para minimizar ou mesmo sanar tais dificuldades.

## Aplique a estratégia

**1 > a.** Vá à página principal de um jornal *on-line* em inglês que contenha material em vídeo e/ou áudio (por exemplo, <http://www.bbc.co.uk/news/video_and_audio/> ou <http://edition.cnn.com/video/index.html>) e, pelo título, selecione um item que lhe interesse.
**b.** Na caixa a seguir, faça algumas previsões sobre vocabulário que você espera ouvir. Use a coluna à esquerda para anotar termos em inglês que você já conhece; use a coluna à direita para anotar termos em português (cujo equivalente em inglês você desconhece).

| Predictions (in English) | Previsões (em português) |
|---|---|
|  |  |

c. Veja o vídeo ou ouça o áudio duas ou três vezes e responda: o vocabulário listado na coluna à esquerda estava presente no material? Foi possível identificar algo listado na coluna à direita cujo correspondente em inglês foi dito no material?

d. Como você avalia esta atividade como apoio para o desenvolvimento de seu vocabulário em inglês? (Muito útil/Útil/Pouco útil/Inútil). Por quê?

2 > a. Das opções de temas na caixa a seguir, selecione um assunto que lhe desperte o interesse.

| Elections | Nutrition | Animals | Technology | Celebrities | Careers | Books |
| Extreme sports | Old age | Movies | Fashion | Energy | Tourism |

b. Faça uma busca na Internet por um ou mais áudios sobre o assunto, e ouça o(s) áudio(s) escolhido(s). Consulte a seção *Fontes de referência* na p. 234 para sugestões de *sites*.

c. No seu bloco de notas, desenvolva um plano de estudo de vocabulário sobre o assunto escolhido em (a) que inclua a escuta do áudio selecionado em (b).

d. Implemente seu plano e, ao final dele, responda: de que forma a escuta do áudio contribuiu para a revisão ou aprendizagem de vocabulário sobre o tema?

## Sugestões adicionais

- Nos *sites* <http://www.manythings.org/vocabulary/lists/c/> e <http://www.esl-lab.com/vocab/>, você encontra listas de vocabulário organizadas por tema que podem acompanhar a escuta sobre os assuntos de seu interesse (o primeiro contém listas com vocabulário básico; o segundo, com vocabulário de nível intermediário e superior): as listas podem servir como fonte para previsões ou mesmo como referência durante a escuta.
- Ao ouvir em inglês, anote sistematicamente o vocabulário que você escuta e que considera importante aprender. Tal registro pode ser feito no computador ou num pequeno caderno; pode, também, ser organizado em uma lista geral ou por áreas temáticas. Consulte suas anotações com frequência e procure usar o vocabulário anotado ao falar ou escrever em inglês.
- Para praticar esta estratégia, escolha um assunto atual de seu interesse e ouça alguns artigos sobre esse assunto em diferentes jornais *on-line* que contenham material em áudio. Ao ouvir, prepare uma lista com vocabulário novo referente a este assunto. Depois de ler os artigos, volte a sua lista e tente se lembrar do significado das palavras e/ou expressões listadas.

# 25>> TRANSFERINDO O QUE SE ENTENDE EM UMA PARTE PARA COMPREENDER OUTRA PARTE DO TEXTO

### A situação

Você vem percebendo que costuma ter dificuldades com tarefas de compreensão oral que requeiram transferência de entendimento de uma parte do texto para entendimento de outra parte. O que lhe acontece com frequência é ficar confuso diante de informações complementares (ou mesmo contraditórias) em diferentes partes de textos que você ouve em inglês. Você se pergunta se essa é uma estratégia de *listening* que poderia ser desenvolvida de alguma forma.

### O texto

 Transcrição do áudio

1. **Fun Reading Show**
2. Knowing how to read is very important. Reading helps you understand
3. things. Many people want to get more children, adults, and families to read.

4. A special program was created to help others learn about reading. This
5. program is a tour that goes to different places. It gets people watching it to be
6. a part of it.

7. The program puts on a show that is 20 minutes long. It has two funny people
8. putting on a show. They go to schools all over California and perform.

9. One of the things they do is a game show with someone in the audience. That
10. person has to answer questions about books and reading. They will win a
11. prize if they get the questions right.

12. The show is part of a program that costs a lot of money. It wants to get
13. as many people involved in reading as they can. They will travel to many
14. different places.

Disponível em: <http://www.cdlponline.org/index.cfm?fuseaction=activity1&topicID=4&storyID=118>. Acesso em: 27 abr. 2013.

## A estratégia

É possível e mesmo recomendável trabalhar a estratégia de transferência de entendimentos de uma parte para compreensão de outras partes do texto. Afinal, quando escutamos, muitas vezes nosso entendimento é construído com base na totalidade do que é ouvido e não apenas com base em entendimentos isolados e desconectados.

Desta forma, para ouvir com competência é importante combinar o que se entende (e mesmo as dúvidas relativas ao que não se entende) de uma parte do texto com o que se ouve em outras partes do texto, a fim de ampliar e/ou refinar nossos entendimentos. Transferência de entendimento é especialmente importante quando o texto que ouvimos apresenta informações antagônicas (por exemplo, quando envolve posicionamentos contrários acerca de um tema) ou mesmo contraditórias (quando apresenta ideias que não "batem" uma com a outra, cabendo ao ouvinte perceber tais contradições e concluir que há algo problemático com o texto).

No entanto, a aplicação desta estratégia está associada a dois fatores que podem dificultar sua implementação: a primeira delas envolve uma potencial dificuldade do ouvinte em identificar que duas ou mais partes do texto ouvido estão de alguma forma relacionadas. Para superar essa dificuldade, é recomendável acionar mecanismos de identificação de informações similares no que ouvimos, tal como foi abordado na seção "Identificando informações semelhantes em um texto oral".

O segundo potencial dificultador de mecanismos de transferência ao se ouvir uma passagem em inglês está relacionado ao fato de que muitos aprendizes de inglês não estão acostumados a acionar tais estratégias, visto que muitas das tarefas a que esses aprendizes são submetidos requerem apenas percepção de itens isolados (isto é, de compreensão local e não global) no que ouvem. Em outras palavras, em livros didáticos e exames de inglês, são mais comuns tarefas de compreensão oral que exigem compreensão de elementos pontuais do que tarefas que exigem integração de elementos espalhados ao longo do texto ouvido.

Com relação ao áudio mencionado na seção "O texto" acima, estes são alguns exemplos de perguntas de compreensão que envolvem "informação específica" (compreensão local) e "transferência de informações" (compreensão global):

| Informação específica | Fonte da informação no texto | Transferência de informação | Fonte da informação no texto |
|---|---|---|---|
| O texto trata de um programa especial que foi criado para ensinar outras pessoas sobre o quê? | *A special program… learn about reading* (linha 4) | De que forma o programa especial de que trata o texto pretende envolver um grande número de pessoas em leitura? | *This program is a tour… to be a part of it.* (linhas 4-6); *They go to schools all over California and perform.* (linha 8) |
| Por que foi criado um programa especial sobre leitura? | *Knowing how to read… understand things.* (linhas 2-3) | Quais as dificuldades associadas à implementação do programa? | *[it]costs a lot of money* (linha 12); *[it needs to go] to different places* (linha 5)/ *travel to many different places* (linhas 13-14) |

Para se desenvolver a capacidade de transferência do que se ouve em uma parte de um texto para compreender outras partes, é importante engajar-se em atividades de compreensão auditiva que não envolvam apenas a identificação de uma informação dada em um ponto específico do áudio, mas que requeiram combinação e integração de informações dadas em diferentes pontos do texto. Ao verificar hipóteses sobre o que está sendo dito em um áudio ou vídeo, por exemplo, deve-se sempre que possível apoiar tais hipóteses em diferentes elementos do texto.

Transferências de entendimento de uma parte para outra do texto podem ser facilitadas com o apoio de outras estratégias como a identificação de termos que correspondam a ideias semelhantes no texto, tais como sinônimos, pronomes, substituições etc., conforme discutido na seção "Identificando informações semelhantes em um texto oral".

Uma vez que não envolvem articulação explícita no texto ouvido, entendimentos construídos a partir da aplicação de transferência de entendimento devem ser monitorados continuamente. Este ponto será desenvolvido na próxima seção.

## Aplique a estratégia

**1 >** Explore alguns áudios no *site* <http://www.esl-lab.com/> e selecione alguns de seu interesse. Para cada um deles, siga os seguintes procedimentos:
   a. Ouça o áudio e faça os exercícios de compreensão correspondentes (parte II: *Listening Exercises*).

b. Em seguida, identifique as partes do *script* que contêm as informações necessárias para encaminhamento da tarefa.
c. Avalie: a tarefa requer entendimento de informações específicas do texto, transferência de informações, ou uma combinação desses dois tipos de demanda auditiva?

**2 >** Ouça uma notícia em um jornal *on-line* de sua escolha e liste:
a. Três informações específicas, que requerem entendimento de uma parte isolada do áudio.
b. Três informações que requerem transferência de informações entre diferentes partes do áudio.

## Sugestões adicionais

- Selecione um áudio linguisticamente simples e ouça a primeira parte dele. Anote seus entendimentos. Ouça, em seguida, a segunda parte, refletindo sobre de que forma o conteúdo final complementa o inicial.
- Se você dá aulas de inglês, pode adaptar a sugestão acima pedindo à metade dos alunos que saiam da sala enquanto você toca a primeira metade do áudio; em seguida, esses alunos retornam e os outros saem e você toca a segunda metade. Com todos os alunos na sala, forme pares cujos membros sejam compostos por alunos que ouviram as diferentes partes do áudio. Os alunos conversam, trocando informações sobre o que ouviram. Ao final da atividade, a turma debate: Para boa compreensão auditiva, é importante saber integrar informações a partir do entendimento de diferentes partes de um texto?
- A prática da estratégia em sala de aula pode ser encaminhada por meio de *jigsaw listening*: para tal, pode-se tocar um áudio de uma notícia recente, dividindo-se a turma em quatro grupos, cada um deles encarregado de ouvir informações específicas: *What happened? Where? Who was involved? When did it happen?* O áudio então é tocado, e os grupos anotam as respostas. Depois, os alunos formam grupos com quatro membros (um representante de cada grupo original) e trocam informações. Em conjunto, a turma conversa: até que ponto o entendimento de partes diferentes pode dar uma dimensão diferente a um entendimento isolado?
- Para ler mais sobre *jigsaw listening* vá a <http://www.teachingenglish.org.uk/knowledge-database/jigsaw> ou a <http://tlp.excellencegateway.org.uk/resource/su_mfl_learactcd/singlesessionactivities/jigsawlistening.htm>.

*Jigsaw listening* é uma forma de conduzir atividades de compreensão oral em que os ouvintes prestam atenção a elementos diferentes do que é ouvido. Depois, trocam ideias sobre seus entendimentos, como que juntando as peças de um quebra-cabeças.

# 26>> MONITORANDO A ESCUTA

### A situação

Você ouve com frequência comentários sobre a importância do monitoramento da escuta, mas não sabe extamente em que tal monitoramento consiste, como ele pode ser encaminhado e como a estratégia pode ser desenvolvida. Em uma listagem de estratégias de compreensão oral recentemente distribuída por sua professora de inglês, você nota que monitoramento é definido como *"checking, verifying, or correcting one's comprehension or performance in the course of a listening task"* (Vandergrift, 2003: 494).

Você tem uma vaga impressão de que entende o conceito, mas não tem certeza se pode implementar tal prática com relação a um áudio que está por escutar.

### O texto

 Transcrição do áudio

1 Hello and welcome to the British Library in London. Sometimes called the "nation's
2 memory", it houses millions of valuable items, including Magna Carta, Leonardo da
3 Vinci's Notebook, and the National Sound Archive. It also houses the oldest book in
4 the world, which was printed in 868 AD in China. This Chinese connection makes it an
5 appropriate place in which to start this year's Reith Lectures. Our subject on this, their
6 60th anniversary, is China; [...]

Disponível em: <http://www.bbc.co.uk/radio4/reith2008/>. Acesso em: 9 abr. 2013.

### A estratégia

Retomando-se o questionamento feito na situação de abertura desta seção sobre a possibilidade de se aplicar monitoramento com o texto acima, a resposta é "sim". A rigor, a estratégia "Monitorando a escuta" pode ser apresentada e trabalhada com qualquer tipo de texto oral. Sua aplicação, então, não é dependente do texto, ou mesmo da tarefa, mas sim da ativação de processos metacognitivos por parte do ouvinte.

Há indicações recorrentes na literatura de que ouvintes eficientes monitoram sua escuta com frequência e competência e vale ressaltar que tal monitoramento pode ocorrer durante todo o processo de audição, apoiando outras estratégias de compreensão auditiva antes, durante e depois de se ouvir um texto.

Para um bom entendimento sobre monitoramento da escuta é importante examinar algumas questões: o que é essa estratégia e o que ela envolve? De que forma ela ocorre? Por que ela é tão importante? Como podemos desenvolvê-la?

Comecemos pela definição e caracterização de monitoramento. De acordo com a definição reproduzida acima (que é de fato a definição mais amplamente aceita na literatura), monitoramento envolve "fazer uma conferência" (*checking*), "confirmar como verdadeiro" (*verifying*) ou "retificar" (*correcting*) o entendimento ou os processos e recursos usados em tal entendimento ao ouvir um texto. Como se vê, a estratégia é complexa não apenas por abarcar comportamentos diferentes (*checking, verifying* e *correcting*), mas sobretudo por envolver processos metacognitivos árduos que, por definição, têm de ocorrer durante situações que já podem exigir demasiado esforço por parte de quem ouve em língua estrangeira.

Uma forma de lidar com essas dificuldades em caracterizar a estratégia e torná-la mais "palatável" ao se desenvolver a habilidade de ouvir em inglês é entender *listening monitoring* como uma série de subestratégias. O quadro a seguir lista algumas dessas caracterizações secundárias e descreve-as tomando-se o texto acima como referência:

| Tipos de monitoramento | Definição | Simulação baseada no áudio transcrito acima |
|---|---|---|
| Monitoramento de compreensão *Comprehension monitoring* | O ouvinte estabelece se está entendendo (ou não); se entendeu (ou não). | O ouvinte começa a ouvir o áudio: "*OK, estou compreendendo. A mulher que fala está na British Library em Londres*". E formula algumas hipóteses: "*Não entendi o que vem depois: será que ela está dizendo que a casa dela tem milhões de itens valiosos? Ou ela está falando sobre outro lugar? A British Library, talvez?...*" |
| Monitoramento de hipótese *Hypothesis monitoring* | O ouvinte questiona e/ou verifica uma interpretação ou hipótese previamente levantada a partir do que ouve subsequentemente. | "*Hmm... Is my hypothesis about where the woman is verified or condradicted by the text? Acho que ela não está falando da casa dela, não. A Magna Carta e o caderno de Leonardo da Vinci não podem estar na casa dela...*" |

| Tipos de monitoramento | Definição | Simulação baseada no áudio transcrito acima |
|---|---|---|
| Confirmação de hipótese *Hypothesis confirmation* | O ouvinte confirma que sua interpretação ou hipótese é correta. | "I'm now sure that she's talking about the British Library!" |
| Monitoramento de conteúdo *Monitoring against the passage* | O ouvinte questiona/verifica se sua interpretação faz sentido dentro do contexto do que é ouvido. | "OK, the library has the oldest book in the world, todos esses objetos podem mesmo estar na biblioteca, tudo faz sentido..." |
| Monitoramento de coerência *Monitoring for sense* | O ouvinte questiona/verifica se sua interpretação faz sentido diante de seu conhecimento de mundo. | "Mas como é isso? Oldest book... printed in China? A imprensa não foi desenvolvida na Alemanha? E o livro impresso mais antigo é chinês?" |
| Monitoramento de foco *Focus monitoring* | O ouvinte questiona/verifica se está com o foco direcionado ao que ouve. | "OK... Deixa essa dúvida pra lá... Am I paying attention? Am I listening carefully to what I hear? I need to keep listening..." |
| Monitoramento de confirmação *Double-check monitoring* | O ouvinte questiona/verifica interpretações e comportamentos anteriores ao longo do processo de audição. | "Então... Ela fala de Chinese connection agora. Então é isso mesmo. Ela está no museu, falou do livro chinês que está no museu." |

    Como mostra a simulação acima, o monitoramento feito por um ouvinte é essencial para a manutenção de seu diálogo com o que ouve e da formulação de conclusões plausíveis sobre o texto ouvido. Os monitoramentos descritos acima mostram que a estratégia pode ocorrer paralelamente a todo o processo de audição, e que sua implementação permite o refinamento contínuo do entendimento do ouvinte.

    É importante lembrar que o monitoramento de escuta é uma estratégia que pode amparar o processo de compreensão oral antes, durante e depois da escuta propriamente dita. Ao se preparar para ouvir, pode-se monitorar as previsões ("Elas fazem sentido?") e a atenção ("Estou focado no que vou começar a ouvir?"). Durante a escuta, pode-se encaminhar todos os tipos de monitoramento explicitados no quadro anterior, paralelamente à implementação de outras estratégias discutidas neste livro, tais como "Focando a atenção em palavras-chaves", "Identificando informações semelhantes em um texto oral", "Lidando com lacunas na compreensão", "Formulando e verificando hipóteses".

Após a escuta pode-se continuar a monitorar o entendimento ("Minhas conclusões fazem sentido diante do conteúdo de todo o áudio?", "Fazem sentido diante de meu conhecimento de mundo?"). Esse questionamento, por sua vez, pode apoiar outras estratégias de *listening*, como "Avaliando as estratégias aplicadas" (quando o ouvinte julga a adequação das estratégias adotadas ao ouvir, avaliando a necessidade de mudanças e adaptações no futuro) e "Pensando sobre como se ouve" (quando o ouvinte reflete sobre seu processo de compreensão oral).

A dificuldade em monitorar a audição é, como foi dito anteriormente, saber manter dois "canais de comunicação" abertos ao se ouvir: um com o que se ouve, um consigo mesmo. Como acontece com outras estratégias, a prática e constante avaliação do desempenho e benefícios da estratégia pode auxiliar o aluno a desenvolver sua capacidade de monitorar a escuta em inglês.

## Aplique a estratégia

**1 > a.** Vá a <http://www.wdl.org/en/item/110/#item_type=sound-recording&search_page=1&view_type=gallery> e clique em "Listen to this page", ouvindo o áudio sem ler o texto que aparece na tela. Ao ouvir, faça pausas em cada um dos pontos indicados na coluna à esquerda do quadro abaixo. Nesses pontos, monitore sua escuta, encaminhando pensamentos como os registrados na terceira coluna do quadro anterior. Escreva seus pensamentos na coluna à direita abaixo.

| Ouça até: | Registre seus pensamentos durante a pausa |
|---|---|
| ...or written transcripts of interviews. | |
| ...at the Library of Congress. | |
| ...from the 1860s to the 1940s. | |
| ...and I won't say a whole lot more. | |

**b.** Reflita: seu processo de monitoramento facilitou a sua compreensão? Se sim, de que forma? Se não, o que poderia ter sido feito nesse sentido? Caso deseje, consulte o *script* do áudio disponível no *site* e no final deste livro na p. 227.

**2 >** Ouça um áudio de sua escolha, manipulando-o como desejar (isto é, pausando-o, movendo-o para frente e para trás quando achar necessário) e monitorando seu entendimento mentalmente. Para facilitar a tarefa você pode ter uma lista de estratégias de monitoramento a seu lado como referência ao ouvir o áudio. Após a escuta deve refletir sobre a experiência de ouvir e monitorar o que se ouve: até que ponto ela facilitou seu entendimento? O que poderia ser feito para tornar o monitoramento mais eficaz no futuro?

## Sugestões adicionais

- Ouça áudios disponíveis em livros didáticos ou na Internet preocupando-se menos em responder às perguntas de compreensão que possam acompanhar esses áudios e focando mais sua atenção no monitoramento do seu entendimento do que é dito.
- Ao praticar o monitoramento da sua escuta, você pode escrever ou gravar o seu monitoramento e, posteriormente, ler ou ouvir os seus pensamentos, tentando identificar os tipos de monitoramento que encaminha com mais frequência e os que não utiliza. Em ocasiões futuras, lembre-se de empregar esses últimos e refletir sobre sua utilidade.
- Juntamente com estratégias de planejamento e avaliação do processo de compreensão oral, estratégias de monitoramento formam um conjunto de estratégias metacognitivas que a pesquisadora Christine Goh defende em seu artigo *Metacognitive Instruction for Second Language Listening Development*, publicado em RELC Journal 39(2), p. 188-213, 2008. O artigo está disponível em <http://nie-sg.academia.edu/ChristineGoh/Papers/991354/Metacognitive_Instruction_for_Second_Language_Listening_Development>.
- Se você dá aulas de inglês, a fim de conscientizar seus alunos sobre como se pode monitorar a compreensão oral, você pode modelar um *think-aloud* ao ouvir um texto. Inicialmente esse *think-aloud* pode ser feito pausando-se o áudio: nessas pausas, encaminha-se então o *think-aloud* monitorando a escuta como é mostrado, por exemplo, na terceira coluna do quadro sobre tipos de monitoramento apresentado nesta seção.
- A sugestão acima pode ser ampliada apresentando a transcrição de um *think-aloud* e examinando tal transcrição junto com os alunos a fim de familiarizá-los com os diferentes tipos de monitoramento que podem ser feitos ao se ouvir em inglês.

> *Think-aloud* é uma prática que envolve "pensar em voz alta" ao mesmo tempo em que se encaminha uma tarefa.

# 27>> PERGUNTANDO-SE O QUE SE SABE (E O QUE NÃO SE SABE) SOBRE O ASSUNTO

### A situação

Você vai assistir a um pequeno vídeo sobre a história da escrita em diferentes civilizações e, antes de fazê-lo, resolve pensar sobre o que sabe sobre o assunto. Neste momento, percebe que de fato não sabe muito sobre o assunto. Tem a impressão de que ouviu falar que a escrita originou-se na Mesopotâmia e que os fenícios inventaram o alfabeto. No entanto, não tem certeza de nenhuma das duas ideias, nem se tais civilizações existiram na mesma época. Também fica na dúvida se a forma de escrita dos antigos egípcios, os hieróglifos, foram as primeiras formas de escrita da humanidade. Esses pensamentos levam-no a indagar se pensar sobre o que você não sabe do assunto que vai ouvir pode auxiliá-lo de alguma forma em seu processo de aprendizagem.

### O texto

 Transcrição do áudio

1 We know more about history because of writing. Writing is essential to what it means
2 to being a modern human in the 21st century but it goes all the way back to 3,000 BC.
3 Writing began in Mesopotamia, what is now currently Iraq, with something which isn't
4 quite writing but what scholars call proto-writing, approaching writing. Here you have
5 an object made of clay. Clay is very easy to mould, to form shapes in, to make little marks
6 on, and also very easy to bake and it survives. These objects were also used for accounting
7 purposes, the top right hand corner, what looks like a little reed or tree and that's a sign
8 they used originally for barley, so this is recording how much barley they had.
9 Next we jump 2,000 years to see the same sort of writing, cuneiform writing. Cuneiforn
10 actually means 'wedged-shaped', in the shapes of little wedges, the same shapes, but
11 actually now in a much more developed sense. Here they're not even writing on clay,
12 they're writing on basalt, which is a black sort of stone.
13 From Ugarit. This is a real development in writing. This looks like cuneiform but it's
14 actually an alphabet. They started modifying the old script, the complicated cuneiform
15 script, to have something like an alphabet but here they don't use nearly so many signs as
16 they did in the inscriptions we've seen earlier.
17 In China, our first real evidence for writing is complete sentences written, and these occur
18 on bone oracles, like fortune telling or something like that, they'd actually ask the spirit
19 of the animal in the bones to reveal the future. They do it by heating up the bones and

seeing if cracked and the way in which the cracks formed they thought could tell them answers to questions.

In the area now Mexico, where the Mayan civilization was, is a completely independent origin of writing from Ancient Babilonia, or Ancient China, and here are some examples of Mayan glyphs, as they call them that's the little signs which they used, and here we have Mayan glyphs on a cup, it's rolled out in this picture but this was originally a cup for holding cocoa. The writing at the side of the cup shows who the owner of the cup is and who the scribe is who wrote the inscription of the sign. The fourth area in the world where writing developed is Ancient Egypt […]

Disponível em: <http://www.bbc.co.uk/news/magazine-14544388>. Acesso em: 11 abr. 2013.

## A estratégia

Você demonstrou uma postura de ouvinte estratégico na situação acima de duas formas: ao decidir pensar, ainda antes de assistir ao vídeo, sobre o que sabia sobre o seu conteúdo, você se engajou em um processo de ativação de conhecimento prévio, o que, por sua vez, permitiu-lhe estabelecer conexões com o vídeo ainda antes de começar a vê-lo. Além disso, ao questionar seu conhecimento sobre o assunto, identificando o que não sabia ou não tinha certeza sobre o assunto, de certa forma você fez algumas perguntas sobre o conteúdo do vídeo antes de vê-lo e, com isso, usou outra estratégia potencialmente benéfica para o seu engajamento com o texto a ser ouvido.

Especificamente, na situação acima, quatro perguntas foram formuladas antes da escuta sobre a origem da escrita: (1) A escrita originou-se na Mesopotâmia?; (2) Os fenícios inventaram o alfabeto?; (3) Essas duas civilizações existiram na mesma época?; e (4) os hieróglifos foram as primeiras formas de escrita da humanidade? Ao ouvir o texto, pode-se responder à primeira e à quarta perguntas com exatidão (*Writing began in Mesopotamia*, linha 3 e *The fourth area in the world where writing developed is Ancient Egypt*, linha 28, respectivamente). A resposta à segunda pergunta não pode ser encontrada diretamente, pois para isso o ouvinte precisaria não apenas entender *Ugarit* (linha 13) e sua conexão com *to have something like an alphabet* (linha 15) como também saber se Ugarit está relacionado com a Fenícia! E como o trecho não menciona os fenícios, a pergunta (3) também fica sem resposta. Mas o que realmente importa nesta discussão é que, sob o ponto de vista de engajamento com a escuta, o fato de o ouvinte não ter obtido resposta a todas as suas perguntas não faz diferença. Afinal, são as perguntas (e não necessariamente as respostas) que ajudam o ouvinte a estabelecer uma relação com o vídeo antes e durante a escuta.

Esta estratégia pode ser praticada ouvindo-se áudios (ou assistindo-se a vídeos) que nos interessam, da seguinte forma: antes de ouvir, lista-se o que se sabe sobre o assunto e o que se gostaria de aprender ao ouvir. Após a escuta, verifica-se o que foi listado previamente e faz-se uma última lista, contendo o que se aprendeu ao ouvir. Esses procedimentos são normalmente encaminhados em aulas de inglês através do uso de tabelas com colunas intituladas KWL (*What I **k**now, What I **w**ant to know, What I **l**earnt*, respectivamente). Esses três passos podem ser facilmente adaptados em situações de compreensão oral e vale ressaltar que eles envolvem outras estratégias ao mesmo tempo: ativação de conhecimento prévio, criação de expectativa com a escuta e avaliação.

Esse processo pode ser estendido por meio da adição de um quarto passo chamado H (*How*), que estabeleça um plano de ação mais específico sobre como a informação procurada pode ser encontrada: através, por exemplo, de atenção a palavras-chaves como datas ou nomes de lugares ou pessoas; atenção a ideias repetidas ou articuladas com maior ênfase, entre outros. Um quadro como o seguinte pode acompanhar o processo completo, permitindo o registro de todas essas ideias:

**Aspectos extratextuais** são aspectos exteriores ao texto propriamente dito, como a intenção do falante/escritor, as condições de produção do texto (onde, quando, por quem, por quê, para quê) e as condições de recepção, entre outros.

| K | W | H | L |
|---|---|---|---|
|   |   |   |   |

É importante notar que os procedimentos acima focalizam informações factuais contidas no texto, mas uma boa audição envolve aspectos extratextuais que, por sua vez, remetem a perguntas como: Quem é o provável autor do texto? Por que e para quem foi falado o texto? Quais reações a escuta do texto pode causar? Há contradições ou ideias de que você discordaria? A formulação de todas essas perguntas auxilia o ouvinte a estabelecer uma "conexão" com o texto a ser ouvido, o que por sua vez tende a ser um facilitador da escuta.

## Aplique a estratégia

**1 >** **a.** Assista a um vídeo de seu interesse sem preparação alguma. Para tal, você pode usar o *site* <http://edition.cnn.com/video/> ou <http://videos.howstuffworks.com/>.
**b.** Assista a um outro vídeo no mesmo *site* usado acima, mas antes de assistir preencha as duas primeiras colunas do quadro abaixo.

| K (What you know about the topic) | W (What you would like to know about the topic) | L (What you have learnt about the topic) |
|---|---|---|
|   |   |   |

c. Após assistir ao segundo vídeo, preencha a terceira coluna do quadro anterior.
d. Compare a experiência encaminhada em (a) com a encaminhada em (b) e (c) e responda: qual das duas foi mais bem-sucedida considerando a sua compreensão oral e o que você conseguiu guardar sobre o que ouviu?

2 > a. Nesta atividade, você deverá ouvir um áudio, mas, antes de ouvir, complete o quadro abaixo indicando seu conhecimento sobre as informações listadas à esquerda.

|  | É verdade. | Não é verdade. | Não sei se é verdade ou não. |
| --- | --- | --- | --- |
| As plantas conseguem ver cores. |  |  |  |
| As plantas conseguem ver imagens. |  |  |  |
| As plantas conseguem ver luz. |  |  |  |
| As plantas conseguem ver coisas que os humanos não veem. |  |  |  |

b. Antes de ouvir o áudio sobre o assunto, liste o que você pode fazer ao ouvir para verificar as informações registradas na última coluna.

_____

_____

_____

c. Vá a <http://www.scientificamerican.com/podcast/episode.cfm?id=researcher-argues-that-plants-see-12-06-26>, ouça o áudio disponível e verifique as informações sobre as quais você tem dúvidas. Procure usar os procedimentos registrados em (b).

d. Após ouvir, reflita: pensar sobre o que você sabia e o que você não sabia sobre um assunto ajudou na sua compreensão? Pensar sobre como fazer para responder as suas perguntas facilitou a escuta? Nesse ponto, caso deseje, use o *script* do áudio (disponível no *site* e na p. 228 deste livro) como referência.

### Sugestões adicionais

- Vá a <www.youtube.com> e veja vídeos de seu interesse (para tal, faça uma busca por "*lectures on* [assunto de seu interesse]". Antes de ouvir, liste perguntas cujas respostas gostaria de obter. Ao ver os vídeos, anote as respostas.
- Por uma semana, veja notícias sobre eventos no mundo em jornais *on-line* que contêm matérias em vídeo. Use o quadro KWLH ao ouvir as notícias e reflita sobre o processo após ouvir a notícia. Se possível, mantenha um diário sobre suas percepções durante a semana (mais detalhes sobre esse procedimento em "Pensando sobre como se ouve").
- Se você dá aulas de inglês, estimule seus alunos a fazerem perguntas sobre o conteúdo do que vai ser ouvido desde cedo em seu processo de aprendizagem (os iniciantes podem formular suas perguntas em português e prever vocabulário a ser ouvido em inglês). Algumas perguntas podem ser listadas no quadro para referência de todos e devem ser retomadas após a escuta.

# 28>> TOMANDO NOTAS

## A situação

Você assiste a um vídeo muito interessante no computador e gostaria de registrar algumas informações dadas e alguns pensamentos que lhe ocorrem ao ver o vídeo. Ao fazê-lo, algumas dúvidas aparecem: Que língua devo usar ao escrever, português ou inglês? Como devo organizar minhas notas? O que devo fazer para garantir que essas notas me sirvam para alguma coisa no futuro?

## O texto

**Transcrição das notas**

1. North East India
2. high
3. monsoons
4. a lot of rain/world record
5. 
6. PROBLEM → keeping dry
7.    → cross rivers
8. "a living bridge" – network of bridges made of entangled roots.
9. ~~35 yrs ago – entangle roots~~
10. not completed in a lifetime
11. passing from generation 2 gen
12. some are centuries old
13. "sustainable living architecture"
14. 
15. ÓTIMA EXPRESSÃO!
16. 
17. ☺

Notas baseadas no vídeo disponível em: <http://www.snotr.com/video/7331/The_Living_Bridge>. Acesso em: 2 abr. 2013.

## A estratégia

Ao decidir registrar pontos importantes do vídeo em notas escritas, o ouvinte da situação acima posiciona-se estrategicamente diante de um evento de compreensão oral (assistir ao vídeo). Isso significa que a estratégia "Tomando notas" inclui aspectos relativos às habilidades de ouvir e escrever ao mesmo tempo.

Como indicam as perguntas feitas ao final da situação acima, a estratégia requer algumas decisões importantes, entre elas a decisão básica sobre a língua a ser utilizada ao escrever enquanto se ouve em inglês. No texto acima, decidiu-se escrever em inglês, o que tem algumas vantagens. A primeira delas é que, usando-se a mesma língua da narrativa para as anotações, preserva-se de certa forma com mais fidelidade o que é dito no texto. Como sabemos, traduções não são sempre fáceis de serem feitas, e o uso do português poderia deturpar de alguma forma o que foi dito. A decisão de se anotar em inglês também tem uma vantagem prática: ela dá mais agilidade às anotações, pois, configurando-se um processo de "audição seguida de escrita do que se ouve", esse processo é certamente mais imediato do que "audição seguida de tradução seguida de escrita do que foi traduzido".

Apesar das vantagens acima, usar a língua materna ao se fazer anotações do que se ouve pode ser mais apropriado quando as anotações consistem em ideias, pensamentos, dúvidas e outros comentários que partem do autor das anotações e não estão presentes no texto sobre o qual as anotações são feitas. Isso se vê no texto acima no comentário "Ótima expressão!" seguido de uma "carinha feliz" junto à locução *sustainable living architecture* (linha 14). Em outras palavras, a língua materna, em muitos casos, pode dar mais agilidade e acuidade a anotações que não envolvem o conteúdo propriamente dito do que se ouve, mas, sim, reações do escritor a tal conteúdo. Um escritor estratégico saberá decidir a língua mais apropriada às condições contextuais, tais como o tempo disponível para se tomar as notas, objetivo das anotações ou quem serão seus leitores.

Essas condições também afetam decisões acerca da organização das notas tomadas, e esse ponto nos leva à segunda pergunta feita ao final da situação descrita na abertura desta seção. É possível organizar as notas de várias maneiras, não havendo formas intrinsecamente "certas" ou "erradas". Dois tipos frequentes de notas são: *linear notes,* que seguem a ordem de apresentação do conteúdo; e *pattern notes,* que organizam as informações por assunto, independentemente de sua ordem de apresentação. O exemplo acima ilustra esse segundo tipo. Nele, o escritor começa de certa forma linearmente, anotando pontos da caracterização do cenário fornecidos no início do vídeo: localização (*North East India*, linha 1); descrição (*high, monsoons, a lot of rain/world record*, linhas 2-4) mas a partir daí, com a apresentação do *problem* (linha 6), as notas passam a apresentar relações e exemplos: veja a seta antecedendo *problem*, indicando uma relação de causa e efeito; veja também o desmembramento do problema em dois exemplos (*keeping dry*, linha 5 e *cross rivers*, linha 7). Esse último é então destacado, indicando ser o ponto central do vídeo, e abaixo dele aparecem seus detalhes (linhas 8 a 14).

*Pattern notes* são, mesmo, especialmente recomendáveis para registrar relações, categorizações e exemplos das informações apresentadas. Elas permitem, também, que o escritor registre as ideias por meio de associações não necessariamente feitas no texto tomado como base para as notas. *Linear notes,* por outro lado, são apropriadas para registrar ideias independentes ou que envolvem sequência de eventos ou argumentos (uma coisa leva a outra, que, por sua vez, leva a outra, e assim sucessivamente).

Neste ponto o leitor pode estar se perguntando se os pontos discutidos até agora estão mais relacionados a aspectos de escrita do que com escuta propriamente dita ao se tomar notas em inglês. Sim, a escolha da língua ao escrever, bem como as decisões sobre como se organizar as notas, envolvem aspectos de escrita. Outros aspectos relevantes ao se tomar notas enquanto se ouve também remetem à escrita, como o uso de abreviações a fim de agilizar a tomada de notas (veja *yrs*, linha 10 e *2 gen*, linha 12, no exemplo acima, indicando respectivamente *years* e *to generation*) ou o uso de recursos que auxiliem na organização de hierarquias de ideias e destaque de pontos importantes, por exemplo: sublinhamento, negrito e itálico, marcadores de texto, cores diferentes, *bullets,* setas (veja, no texto acima, o uso de seta, quadrado para destaque, paralinguagem em ☺).

Um aspecto importante que reside na interseção entre a escrita e a escuta ao se tomar notas é a distinção que precisa ser feita sobre "o que é dito no texto" e "o que consiste em opinião da pessoa que escreve as notas". Comentários e ideias pessoais do escritor devem vir sempre de forma diferente (por exemplo, em cor diferente) ou numa seção especial do documento (por exemplo, às margens).

Há, também, aspectos específicos à escuta que devem ser considerados ao se tomar notas, por exemplo:

- Atenção a repetições: essas possivelmente indicam aspectos centrais do áudio, devendo, portanto, ser registradas nas notas.
- Atenção a palavras-chaves (como negativas, marcadores do discurso, números) ou termos enfatizados: como acontece com repetições, há muitas chances de esses termos representarem ideias centrais do texto.
- Atenção às fontes das informações: um mesmo áudio pode conter informações que remetam a sentimentos ou opiniões de pessoas diferentes, e as notas devem registrar essas particula-

> **Leitor potencial** é o leitor projetado ao se escrever um texto.

ridades, não apresentando depoimentos subjetivos como fatos que possam ser generalizados.

- Inferências e paráfrases também podem ser registradas nas notas, mas nesses casos deve-se cuidar para registrar essas informações de uma forma que deixe claro que elas não fazem parte do conteúdo do áudio propriamente dito.
- Transferência de informações dadas em partes diferentes do que se ouve: *pattern notes*, como vimos anteriormente, têm a vantagem de possibilitar a integração de informações dadas em partes diferentes do texto ou mesmo de garantir correções necessárias: no exemplo acima, o ouvinte provavelmente riscou uma anotação feita inicialmente (linha 10) ao perceber mais adiante que as pontes eram mais velhas do que os 35 anos mencionados no início do áudio!

E um ponto final: um ouvinte estratégico, ao tomar notas, precisa considerar qual a função de tais anotações. A não ser que as notas sejam percebidas como uma forma de ajudar o pensamento e a compreensão oral daquele que ouve, elas provavelmente têm uma função de referência para o futuro. Nesse caso, o ouvinte precisa contemplar, ao escrever, quais informações serão úteis e/ou necessárias futuramente e deve organizar suas notas de forma que quem as leia entenda o que foi anotado e possa tirar algum proveito de tais anotações. Um ponto importante aqui é considerar o leitor potencial de tais notas: de um modo geral, o autor das anotações será também o seu leitor, mas podem-se prever situações em que um ouvinte tome notas para serem lidas por outra pessoa (por exemplo, um recado deixado ao telefone). De qualquer forma, ao tomar notas, um escritor precisa ter clareza do propósito de tais notas sob o ponto de vista de quem vai lê-las.

## Aplique a estratégia

**1 > a.** Selecione um áudio de seu interesse (por exemplo, em <http://www.listen-to-english.com/index.php?atp=archive_atp>). Ao ouvir, tome algumas notas. Use o quadro a seguir como guia para suas anotações:

| NOTES ABOUT (title of the audio/video and source) |
|---|
| What the text is about: (topic) |
| Main idea / Details: (linear or pattern notes) |

What I attended to while listening:
( ) key words
( ) repetition of words/ideas
( ) integration of ideas from different parts of the text
( ) negatives
( ) numbers
( ) discourse markers
( ) facts / opinions
( ) inferences / my own conclusions and thoughts

b. Volte a suas notas alguns dias depois e avalie:
   I. A organização escolhida foi ideal? Justifique.
   II. Qual é a informação mais importante nas notas? Ela aparece destacada?
   III. Pensando no texto que você ouviu e nas notas tomadas, haveria algo que agora você acha que deveria ter sido incluído nas anotações? Se sim, o que teria levado à não inclusão de tais informações anteriormente?
   IV. Você consegue entender o que escreveu?
   V. Que dificuldades você teve para tomar as notas e entendê-las nessa leitura posterior? O que você poderia fazer para evitar essas dificuldades no futuro?

2 > a. Assista a um vídeo de sua escolha em <http://www.ted.com/talks> e tome algumas notas ao ouvir a palestra. Use o formato sugerido no exercício acima ou, se preferir, escolha outra organização para suas notas.
   b. Uma semana depois, releia as suas notas e encaminhe avaliação similar à sugerida no exercício 1b.

## Sugestões adicionais

- Para ler mais sobre *note taking*, explore os *sites*:
  - <http://www.uefap.com/listen/listfram.htm>: lá clique em "*Note-taking*" no menu à esquerda.
  - <http://www.ehow.com/how_4752782_improve-taking-skills.html>: lá você encontrará sugestões de outros *sites* sobre o assunto.
  - <http://www.dartmouth.edu/~acskills/success/notes.html>: nesse ótimo *site* produzido por Dartmouth College, você encontrará dicas e informações (em escrita e em vídeo) sobre tomada de notas no contexto acadêmico.
- Se você dá aulas de inglês, em cada aula, peça a um aluno diferente para tomar nota sobre o encaminhamento da aula (as atividades, os pontos principais, as tarefas para casa etc.). Essas notas devem ser passadas aos alunos ausentes naquele dia. Se possível, as notas podem ser postadas no *blog* da turma. Outra alternativa é ter um fichário na sala em que se guardam todas as notas, para referência quando necessário.

# 29>> CONSIDERANDO ELEMENTOS PARA APOIAR DECISÕES

### A situação

Em conjunto com alguns amigos, você vem se preparando para um exame de inglês que inclui uma seção de *Listening*. Um dia, após fazer uma atividade de compreensão que envolve uma entrevista com uma caçadora de fantasmas, vocês comparam suas respostas e concluem que cada um escolheu uma alternativa diferente para uma das perguntas. Você fica intrigado com o fato de terem chegado a conclusões diferentes e propõe que, antes de verificar a resposta certa, vocês poderiam trocar algumas ideias sobre o que levou cada um de vocês a marcar uma resposta diferente. Um de seus amigos reage negativamente, dizendo: "Isso seria uma perda de tempo! É melhor verificarmos a resposta certa e seguirmos adiante, fazendo novos exercícios." Vocês ficam na dúvida sobre o que devem fazer, mas resolvem conversar sobre as justificativas de suas escolhas, mesmo sem ter convicção de que essa seja uma boa ideia.

A seguir apresentamos a tarefa em foco, o trecho do áudio que contém a informação correspondente à tarefa e os comentários feitos por cada membro do grupo para justificar a escolha da alternativa.

### O texto

**A tarefa**

When is Carlene most afraid?
○ when her equipment breaks
○ when things move on their own
○ when bad spirits are nearby

**A transcrição**

1  [...]
2  **Interviewer**    And what has been your scariest moment?
3  **Carlene**    Oh, there have been so many! I mean, there was one time when I
4                 was with my team, and my teammate's camera stopped working.
5                 My camera was still functioning, so I took a picture of my colleague
6                 so that we could find out whether it was spirits causing the mal-
7                 function. When we looked at the pictures later, we could see three
8                 streams of energy attacking the camera around my colleague's
9                 neck! That was certainly very spooky, but of course we didn't know

| | |
|---|---|
| 10 | that was going on when we took the picture, and when we looked |
| 11 | at the photograph we were far away. There are some hair-raising |
| 12 | moments when you see things flying across the room on their own |
| 13 | accord. But to tell the truth, there's nothing more frightening than |
| 14 | being in the presence of true evil. |
| 15 **Interviewer** | So there are evil ghosts out there? |
| 16 **Carlene** | Oh yes, most definitely. |

Disponível em: <http://www.examenglish.com/FCE/fce_listening4.html>. Acesso em: 14 abr. 2013.

Guilherme: Eu entendi *"when you see things flying across the room"* e por isso marquei a segunda alternativa.

Clara: Eu marquei a primeira alternativa porque logo no início ela diz *"my teammate's camera stopped working"*, depois ela fala algo como *"malfunction"*.

Fernando: Eu não entendi nada e escolhi a segunda opção também porque já tive uma experiência assim e foi muito assustador.

Mariana: Eu também marquei a segunda opção. Eu não ouvi nem *"equipment"* nem *"spirit"* e achei que *"things"*, na segunda opção, pode se referir a qualquer coisa!

Virgínia: Eu marquei a terceira opção. Acho que a resposta está quando ela diz *"there's nothing more frightening than being in the presence of true"* alguma coisa. Não entendo o que ela diz depois, mas não deve ser sobre os dois primeiros assuntos porque ela já tinha falado deles.

## A estratégia

Ao querer trocar ideias sobre os elementos que levaram cada membro do grupo a chegar a respostas diferentes, você teve uma boa ideia. A simples verificação da resposta não levaria você e seus amigos a pensar se estão cometendo algum equívoco ao ouvir, nem se haveria alguma forma diferente de encaminhar tarefas como essas no futuro. Em outras palavras, a mera correção do exercício não lhes ensinaria nada sobre como ouvir melhor em inglês.

Por outro lado, pensar sobre as justificativas poderia levar os aprendizes-ouvintes a se tornarem mais conscientes sobre o que os leva a tomar certas decisões ao ouvir em inglês. Para começar, a troca permite conscientizar os membros do grupo de que as pessoas ouvem de formas diferentes, projetam sua atenção para elementos diferenciados, tomam decisões com base em evidências distintas.

O quadro a seguir apresenta alguns esclarecimentos sobre tipos de deduções que podem orientar a tomada de decisões ao se ouvir em inglês.

| Tipo de dedução | Características | Comentários com base no exemplo anterior |
|---|---|---|
| Decisão baseada em informação isolada | Para chegar às suas conclusões, os ouvintes baseiam-se apenas em pontos isolados da sua escuta, sem necessariamente verificar se tais pontos fazem sentido no contexto global do áudio. | Ao escolher a opção *when things move on their way* com base na sua escuta do trecho *when you see things flying across the room* no áudio, Guilherme faz apenas uma correspondência entre algo mencionado no áudio e uma das opções dadas. Porque não compreendeu outras coisas, achou que a resposta correta correspondia ao que ouviu. |
| Decisão baseada em conjunto de informações | As conclusões são geradas a partir da percepção de partes diferentes do texto, o que aumenta mas não garante as chances de compreensão adequada. | Clara escolhe a primeira opção (*when her equipment breaks*) a partir de sua escuta de *my teammate's camera stopped working* (linha 4) e *malfunction* (linha 6). O que foi ouvido (e usado como base para a conclusão) encontra-se em partes diferentes do texto. O problema aqui é que, apesar de esse evento ter sido de fato mencionado duas vezes, ele não remete à pergunta da tarefa (*When is Carlene most afraid?*). |

| Tipo de dedução | Características | Comentários com base no exemplo anterior |
|---|---|---|
| Decisão baseada em conhecimento prévio | O que se sabe sobre o mundo (e não o que se ouve no áudio) é o que determina as conclusões geradas. | Fernando segue esse processo, escolhendo a opção *when things move on their way* apenas porque pensa que essa é a resposta correta, já que ela corresponde a uma experiência similar no passado que foi assustadora. Ele falhou na resposta (e no processo adotado!): afinal, o conhecimento prévio de uma pessoa é por definição pessoal e limitado e não correspondente, necessariamente, às experiências de outras pessoas. |
| Decisão baseada em evidência negativa | Esse processo ocorre quando o ouvinte baseia suas conclusões não no que ouviu, mas no que não ouviu. | Ao escolher a opção *when things move on their way* por não ter ouvido os elementos centrais das outras opções (*equipment* e *spirits*), Mariana parte da premissa de que tudo que está presente nas opções deverá ser dito no áudio. Seu comportamento é típico de ouvintes não bem-sucedidos. |
| Decisão baseada em integração de itens ouvidos e conhecimento prévio | Este tipo de decisão envolve encaminhamento de processos *top-down* (ativação de conhecimento prévio) e *bottom-up* (entendimento do que é dito) ao mesmo tempo. Essa integração tende a contribuir para a eficácia da compreensão. | Virgínia não entende a palavra-chave *evil* (mencionada duas vezes no texto, nas linhas 14 e 15) mas entende a expressão também chave *there's nothing more frightening than being* (linhas 13-14). Ela então parte desse entendimento (*bottom-up*) e da percepção de que as duas primeiras opções já tinham sido mencionadas (também *bottom-up*) para concluir, por eliminação (*top-down*) que *when bad spirits are nearby* é a resposta correta. |

Os perfis usados acima para ilustrar os tipos de deduções encaminhadas ao se ouvir ilustram tendências descritas na literatura entre os ouvintes menos eficazes e os mais eficazes. Tipicamente, os primeiros apoiam suas decisões na escuta de itens isolados ou em evidências negativas. Ouvintes não bem-sucedidos também tendem a se apoiar demasiadamente no conhecimento prévio e partir dele para fazer adivinhações sem fundamento. Ouvintes bem-sucedidos, ao contrário, tendem a aplicar seu conhecimento prévio mas a questioná-lo simultaneamente, ao mesmo tempo que usam elementos ouvidos ao longo de todo o texto para chegar a suas conclusões.

Uma estratégia central para o apoio das conclusões a que chegamos ao ouvir consiste na identificação do "problema", isto é, o reconhecimento do ponto que, apesar de nos causar dificuldade de compreensão, contém informações centrais ou a resposta que procuramos. Esse será o assunto da próxima seção.

### Aplique a estratégia

**1 > a.** Ouça dois minutos e meio do áudio em <http://www.listen-to-english.com/index.php?id=558> e assinale, em cada item, a alternativa que corresponde ao que é dito:

I. O áudio começa com:
- (  ) uma música sobre chá.
- (  ) um poema sobre amizades.
- (  ) uma cantiga de ninar.

II. Os britânicos:
- (  ) bebem mais chá que os irlandeses.
- (  ) gostam mais de café do que de chá.
- (  ) bebem em média 3 xícaras de chá por dia.

III. Beber chá é uma tradição britânica:
- (  ) desde a pré-história.
- (  ) desde o século XVII.
- (  ) desde o século XIX.

IV. O hábito de beber chá faz parte da cultura britânica:
- (  ) em todas as classes sociais.
- (  ) apenas na classe trabalhadora.
- (  ) apenas na Família Real.

**b.** Ao assinalar a resposta em cada item, indique como chegou à sua conclusão, marcando todas as colunas apropriadas na tabela.

|   | Decisão baseada em informação isolada | Decisão baseada em conjunto de informações | Decisão baseada em conhecimento prévio | Decisão baseada em evidência negativa | Decisão baseada em integração de itens ouvidos e conhecimento prévio |
|---|---|---|---|---|---|
| I |   |   |   |   |   |
| II |   |   |   |   |   |
| III |   |   |   |   |   |
| IV |   |   |   |   |   |

**c.** Confira as respostas do exercício lendo o *script* do áudio (disponível no mesmo *site* e na seção *Respostas dos exercícios*) e reflita: Você usou processos diversos para chegar a suas conclusões? Suas respostas corretas estão associadas a determinados processos? E as respostas incorretas?

**2 > a.** Selecione um áudio que você considere "difícil" de ser entendido, e que não tenha mais do que dois minutos de duração. Ouça o áudio e, ao final, escreva na caixa algumas conclusões que você pode tirar sobre o que foi dito.

 

**b.** Analise as suas anotações e marque todas as alternativas que são verdadeiras sobre elas:
- ( ) Suas conclusões são baseadas no entendimento de itens isolados.
- ( ) Suas conclusões são baseadas no entendimento de grupos de palavras/frases completas.
- ( ) Suas conclusões são baseadas na transferência de informações de partes diferentes do áudio.
- ( ) Suas conclusões são baseadas em seu conhecimento de mundo.
- ( ) Você chegou a conclusões com base no que não ouviu.

**c.** Avalie: o seu entendimento baseou-se em elementos diferentes? Se sim, quais os benefícios trazidos por esse comportamento? Se não, o uso de um único tipo de apoio causou restrições ao entendimento que poderiam ter sido evitadas?

## Sugestões adicionais

- Faça uma busca na Internet por *sites* que contenham exercícios de preparação para exames de inglês (por exemplo, PET, FCE, TOEFL®). Ao fazer a tarefa, escreva não apenas as respostas aos exercícios, mas também responda às seguintes perguntas para cada uma das respostas ao exercício: (a) minha decisão foi baseada em quê?; (b) haveria a possibilidade de considerar outros elementos para tomar minha decisão?
- A sugestão acima poderia ser ampliada, com uma avaliação final, após o término de cada tarefa, considerando-se se há correlação entre as respostas certas e o apoio em mais de um elemento para orientar a decisão.
- Se você dá aulas de inglês, uma forma de conscientizar seus alunos sobre esta estratégia é pedir-lhes que analisem exercícios de compreensão oral em seus livros didáticos, apontando quais processos de dedução podem ser encaminhados para se chegar às respostas corretas.

# 30>> IDENTIFICANDO "O PROBLEMA"

### A situação

Você está para ver um vídeo intitulado *"Do you have school lunch?"*, em que três crianças britânicas relatam se comem o almoço disponível em suas escolas ou se levam almoço de casa. Você gostaria de aprender pelo menos três coisas ao assistir o vídeo: primeiramente, como dizer "o almoço trazido de casa" em inglês. Além disso, gostaria de saber o que as crianças normalmente levam de casa como almoço e o que comem na escola.

 Transcrição do áudio

| | | |
|---|---|---|
| 1 | **Boy 1** | Sometimes I have packed lunch, sometimes I have school dinners. |
| 2 | **Boy 2** | Sometimes I have school dinner, and that's, I have school dinner two times, |
| 3 | | which is school preparing a lunch for me. And packed lunch three times in a |
| 4 | | week and that is, um, me taking my own food three days. |
| 5 | **Girl** | Um for lunch I sometimes I have a school dinner, sometimes I have packed |
| 6 | | lunch. Which usually consists of a sandwich, um, maybe a chocolate bar, |
| 7 | | and yeah, that's, which is, that's a packed lunch. For school dinners we have |
| 8 | | things like sausage and mash, um, fruit for afters. |

Disponível em: <http://www.youtube.com/watch?v=muKOu3_KJIw>. Acesso em: 2 abr. 2013.

### A estratégia

Muito bem. Seu comportamento, mesmo antes de ouvir, já mostra que você lança mão de estratégias de compreensão oral: ao elaborar um conjunto de objetivos antes da escuta, você já está de certa forma estabelecendo um diálogo com o texto a ser ouvido. De forma específica, neste caso, você está se perguntando sobre vocabulário desconhecido (como dizer "o almoço trazido de casa") e sobre informações culturais (o que as crianças britânicas costumam levar de casa para seus almoços na escola; o que as escolas oferecem em tal refeição).

No entanto, listar as perguntas não basta. Para uma escuta eficaz, você precisa ser capaz de identificar os pontos no áudio que incluem as respostas para suas perguntas. Tratamos indiretamente dessas questões na seção "Focando a atenção em informações específicas" e "Perguntando-se o que se sabe (e o que não se sabe) sobre o assunto", mas a capacidade de reconhecimento desses pontos envolve um conjunto de estratégias subsidiárias conforme detalhes a seguir, cujos exemplos remetem à situação e ao texto apresentados acima.

| Estratégia | Exemplos |
| --- | --- |
| Perguntando-se o que se sabe (e o que não se sabe) sobre o assunto | Você sabe que os britânicos gostam de batatas fritas (componentes do famoso *fish and chips*) e imagina que as escolas devam oferecer tal alimento. Você sabe que os norte-americanos gostam de pizza e hambúrgueres, mas se pergunta se os britânicos compartilham da mesma preferência. Esse pensamento pode ajudá-lo a ouvir o ponto do áudio em que se mencionam os alimentos. |
| Fazendo previsões | Antes de começar a ouvir, você pode fazer algumas previsões sobre as respostas às suas perguntas: o vocabulário citado pode incluir as palavras *home* ou *lunch*; os alimentos mencionados podem incluir *sandwiches*, *pizza*, *chips*, *salad* ou *fruit*. |
| Identificando informações semelhantes em um texto / Focando a atenção em grupos de palavras | As locuções *packed lunch* e *school dinner(s)* são usadas repetidamente no vídeo (linhas 1, 3, 5 e 1, 2, 5, 7, respectivamente). Você não conhece *packed lunch*, mas sua tradução literal "almoço empacotado" permite-lhe inferir que essa é a forma de se expressar a ideia "almoço trazido de casa" em inglês. |
| Transferindo o que se entende em uma parte para compreender outra parte do texto | A inferência acima pode ser confirmada no trecho *packed lunch three times in a week and that is, um, me taking my own food three days* (linhas 3-4). |
| Focando a atenção em palavras-chaves | Os alimentos mencionados no áudio (*sandwich*, linha 6; *chocolate bar*, linha 6; *sausage and mash*, linha 8 e *fruit*, linha 8) são palavras-chaves assim como *packed lunch* e *school dinner(s)*. |
| Fazendo inferências | Mesmo que você não saiba o que *school dinner(s)* (linhas 1, 2, 5 e 7) signifique, é possível inferir que o termo se refere ao "almoço na escola". O uso de *dinner* (e não *lunch*) na expressão pode causar estranheza, mas isso não deve impedir a inferência. Em tempo, e para efeito de esclarecimento: *dinner*, em inglês, é um termo que não equivale à noção de "jantar" apenas e significa, de forma mais ampla, a refeição principal do dia, mesmo que ela aconteça, digamos, às duas da tarde! |
| Identificando fronteiras no que se ouve | Se você não conhecer nem a palavra *sausage* nem a palavra *mash*, é possível que ouça a sequência *sausageandmash* como uma única cadeia sonora, concluindo que tais sons remetem a um único alimento. No entanto, a percepção de *and* no meio de tal cadeia sonora pode fazê-lo concluir que há mais de uma palavra na sequência de sons. |
| Monitorando a escuta | Todas as estratégias acima, e as hipóteses e conclusões a elas associadas, serão mais eficazes se você se perguntar: Será que é aqui neste ponto em que se dá a informação que procuro? Será que é isso mesmo que estou entendendo? Como posso ter certeza? |

*Two-way listening* é um tipo de compreensão oral que envolve a escuta em situações em que o ouvinte interage explicitamente com o(s) falante(s), por exemplo em conversas face a face (presenciais ou virtuais) ou ao telefone.

Em suma, é a orquestração de um conjunto de estratégias que pode auxiliar um ouvinte a identificar o ponto do áudio (ou vídeo, ou fala de seu interlocutor) que contém a informação de que necessita.

Para a boa aplicação da estratégia tratada nesta seção deve-se cuidar para não tornar uma ocasional impossibilidade de se resolver o "problema" em um impeditivo para o entendimento de outras partes do texto. No caso acima, digamos que o ouvinte não compreenda o que é dito em *sausage and mash* ou *packed lunch*, apesar de suspeitar que suas respectivas cadeias sonoras correspondam a informações buscadas ao ouvir: se não houver meios de verificar os sentidos de tais "sons", o ouvinte terá mesmo de desistir do entendimento. De fato, muitas vezes será necessário abandonar a intenção do entendimento e seguir adiante, especialmente em situações *one-way listening*. Em alguns desses casos (por exemplo, ao ver um vídeo em casa) é possível pausar o áudio, tocá-lo novamente, verificar hipóteses consultando outras pessoas ou um dicionário, mas nem sempre tal verificação é possível (como ao assistir a um filme no cinema, ou ao ouvir a uma palestra, ou ao ouvir um programa de rádio). Em situações de *two-way listening*, por outro lado, há formas de pedir esclarecimentos ou confirmar entendimentos. Trataremos deste assunto na próxima seção.

### Aplique a estratégia

**1 >** **a.** Em <http://sounds.bl.uk/Accents-and-dialects/BBC-Voices/021M-C1190X0036XX-0401V0>, pode-se ouvir uma entrevista com três ingleses sobre suas percepções de sotaques e dialetos. Ouça o primeiro minuto da entrevista e responda: de onde é cada uma dessas pessoas? Qual são seus nomes e suas profissões? Ao ouvir, você pode pausar, retroceder, repetir os "trechos-problemas" (isto é, os trechos que contêm as respostas mas que você não entende bem) quantas vezes achar necessário.

**b.** Após ouvir o áudio, preencha o quadro a seguir registrando as estratégias que você utilizou no seu processo de identificação e solução dos "problemas".
Se desejar verificar a transcrição do áudio, ela está disponível na seção *Respostas dos exercícios*.

| Estratégia | Usada? SIM ou NÃO? |
|---|---|
| Fazendo previsões | |
| Perguntando-se o que se sabe (e o que não se sabe) sobre o assunto | |
| Focando a atenção em palavras-chaves | |
| Identificando informações semelhantes em um texto | |
| Identificando fronteiras no que se ouve | |

| Estratégia | Usada? SIM ou NÃO? |
|---|---|
| Monitorando a escuta | |
| Vocalizando o que é ouvido | |
| Refletindo sobre a relação entre som e grafia | |
| Outra(s) estratégia(s)? Se sim, qual(is)? | |

**2 > a.** Ouça a parte introdutória do áudio em <http://teenshealth.org/teen/food_fitness/nutrition/vitamins_minerals.html?tracking=T_RelatedArticle> (o trecho que vai de *Breakfast cereals* até *And is it possible to get too much of a good thing?*). Se achar o texto de fácil compreensão, prepare-se para o procedimento a seguir impondo alguma dificuldade para a escuta do que vem adiante, por exemplo, tocando uma música ao mesmo tempo ou deixando o volume um pouco baixo.

**b.** Ouça um trecho do áudio (até *small amounts of them each day*) procurando as informações listadas a seguir. Pause, retroceda o áudio e repita os trechos que contêm informações pelas quais você procura, mas que você não compreende totalmente bem.
  I. O nosso corpo absorve todas as vitaminas da mesma forma?
  II. O nosso corpo é capaz de guardar as vitaminas ingeridas por um longo tempo e usá-las conforme for delas precisando?
  III. Qual é a diferença entre "vitaminas" e "minerais"?
  IV. Riboflavina é uma vitamina ou um mineral? E selênio?

**c.** Leia a seguir a transcrição do áudio e reflita: você pausou o áudio em pontos que de fato apresentavam informações de que você necessitava? Se sim, quais estratégias apoiaram esse processo? Se não, o que você poderia fazer no futuro para aprimorar sua capacidade de identificar "o problema" ao ouvir?

Breakfast cereals advertise that they're packed with vitamins and minerals. Sports drinks claim they can rev up your flagging energy with a jolt of vitamins or minerals (sorry, but even powerful vitamins and minerals can't act that fast!). You know vitamins and minerals are good for you. But which ones does your body really need? And is it possible to get too much of a good thing?

What Are Vitamins and Minerals?

Vitamins and minerals make people's bodies work properly. Although you get vitamins and minerals from the foods you eat every day, some foods have more vitamins and minerals than others.

Vitamins fall into two categories: fat soluble and water soluble. The fat-soluble vitamins — A, D, E, and K — dissolve in fat and can be stored in your body. The water-soluble vitamins — C and the B-complex vitamins (such as vitamins B6, B12, niacin, riboflavin, and folate) — need to dissolve in water before your body can absorb them. Because of this, your body can't store these vitamins. Any vitamin C or B that your body doesn't use as it passes through your system is lost (mostly when you pee). So you need a fresh supply of these vitamins every day.

Whereas vitamins are organic substances (made by plants or animals), minerals are inorganic elements that come from the soil and water and are absorbed by plants or eaten by animals. Your body needs larger amounts of some minerals, such as calcium, to grow and stay healthy. Other minerals like chromium, copper, iodine, iron, selenium, and zinc are called trace minerals because you only need very small amounts of them each day.

### Sugestões adicionais

- Ao fazer atividades de compreensão oral (em livros didáticos ou *on-line*), pause logo após ouvir os trechos que contêm as respostas às perguntas. Para poder avaliar se sua identificação dos "problemas" é precisa, grave o seu processo de ouvir e pausar e depois veja a gravação e reflita se suas pausas foram feitas nos pontos adequados. Caso deseje, acompanhe essa avaliação com a leitura do *script* do áudio, se ele estiver disponível.
- Se você dá aulas de inglês, estimule os alunos a ficarem com o controle do equipamento usado para escutar (*CD player*, computador, TV) e a identificarem os pontos do áudio ou vídeo que contêm informações de que precisam mas que não entendem bem. Nesses pontos, eles devem pausar, retroceder e repetir o áudio ou vídeo quantas vezes acharem necessário. Essa atividade pode gerar resultados ainda melhores se forem feitas colaborativamente em pares ou pequenos grupos.

## 31>> ESCLARECENDO O QUE É OUVIDO

### A situação

Imagine que você participa de uma conversa em inglês com outra pessoa. Você não tem dificuldade em compreender o que está sendo dito: a pronúncia de seu interlocutor não lhe causa dificuldade nem o vocabulário e estrutura por ele usados. No entanto, tal entendimento não lhe garante a compreensão do que está sendo dito. Você pensa: "Eu entendo as palavras que ouço, mas não entendo a ideia que está sendo proposta".

O trecho a seguir reproduz uma cena do filme *Body of Lies* (2007) em que o agente da CIA Roger Ferris sente-se da mesma forma descrita acima ao conversar com seu informante Nizar e lida com esse sentimento utilizando uma estratégia para esclarecer o sentido do que acabou de ouvir.

### O texto

| | | |
|---|---|---|
| 1 | **Nizar** | 00:11:04 I know too many things. |
| 2 | | 00:11:07 They prepared me to go outside Iraq. |
| 3 | **Roger Ferris** | 00:11:11 What do you mean by "outside Iraq"? |
| 4 | **Nizar** | 00:11:14 They said they need me to become shahid... |
| 5 | | 00:11:18 ...for martyrdom. |
| 6 | | 00:11:20 When a man knows too much, they say martyrdom. |
| 7 | **Roger Ferris** | 00:11:24 Who do you mean by "they," Nizar? Hm? |
| 8 | **Nizar** | 00:11:33 I don't want to die. |

Disponível em: <http://www.subzin.com/>. Acesso em: 16 abr. 2013.

### A estratégia

No texto acima, em dois momentos em um pequeno espaço de tempo (como visto nas linhas 3 e 7), o personagem Roger Ferris sente necessidade de esclarecer o que ouviu. Essas necessidades foram geradas não porque ele não conseguiu decodificar o que foi dito, isto é, não porque não conseguiu construir um sentido para os elementos (sons e palavras) usados para compor os trechos *outside Iraq* (linha 2) e *they* (linha 6 e provavelmente também linhas 2 e 4). Em outras palavras, Roger Ferris certamente entendeu que Nizar disse "para fora do Iraque" e "eles". O que não entendeu (ou suspeitou

**Poder interacional** é um poder relativo entre participantes de uma interação. Esse poder varia de interação para interação e não é detido de forma fixa por um indivíduo. Uma pessoa pode ter poder interacional superior a outras em uma situação de trabalho, mas não em outras situações. O mesmo acontece entre familiares, vizinhos, na escola, entre outras situações.

mas queria ter certeza) era o que exatamente Nizar queria dizer ao mencionar *outside Iraq* e *they*.

Um bom ouvinte precisa não apenas saber decodificar o que ouve, mas também entender os sentidos a que os textos ouvidos remetem. No caso acima, o agente da CIA procura estabelecer tais entendimentos através do uso de *What do you mean by*, seguido dos termos que ele quer esclarecer. Em nenhum dos dois momentos ele obtém resposta específica às suas perguntas, mas ele deixa claro, ao fazer tais pedidos de esclarecimento, que, como ouvinte, ele não conseguiu entender com clareza o que Nizar está querendo dizer.

O exemplo acima traz à tona alguns pontos importantes. O primeiro deles é que a fronteira entre "ouvir" e "falar" é muito tênue, e que em muitas situações é impossível distinguir um participante do outro. Essa percepção nos leva à conclusão de que estratégias de audição podem convergir com estratégias de fala em muitos momentos, conforme detalhes a seguir:

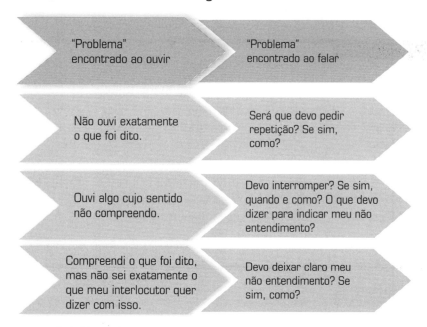

Não há fórmulas exatas para lidar com os problemas apresentados acima e elementos contextuais deverão ser considerados para se decidir como proceder em cada situação. Antes de se decidir pela interrupção de nosso interlocutor, seja para pedir repetição ou esclarecimento específico ou geral, seja por qualquer outra razão, é importante considerar o poder interacional detido pelos participantes: pode ser ou não uma boa ideia interromper seu chefe numa reunião de trabalho; pode ser ou não recomendável interromper seu colega de trabalho quando ele sugere algo que você não entendeu bem. Em paralelo, o nível de formalidade de uma interação vai afetar as formas escolhidas para se pedir esclarecimentos ou repetições: em uma conversa informal com um amigo, pode ser aceitável (e mesmo esperado) que se peça repetição através do uso de *What?*, mas tal uso pode soar abrupto e rude em uma conversa entre estranhos, por exemplo, ao se pedir direções na rua, ao se dialogar com um garçom em um restaurante.

O quadro a seguir oferece uma listagem básica de recursos linguísticos que podem ser usados para se esclarecer o que é ouvido, mas os exemplos apresentados devem ser utilizados com cautela, atentando-se para elementos contextuais e expectativas discursivas quanto ao que é considerado aceitável em cada situação de escuta e fala.

| | |
|---|---|
| **Solicitando repetição de algo ouvido** | (I'm) Sorry? <br> Excuse me? <br> Pardon me? <br> Sorry, what did you say? <br> Can you say that again, please? <br> Can you repeat that, please? <br> Sorry, what was that? <br> Sorry, I missed that. <br> Sorry, I missed what you said about… <br> Sorry, I missed the first/final part. <br> I'm sorry, I don't understand. <br> Sorry, I'm not following you. <br> Sorry, I didn't catch that. |
| **Esclarecendo o significado de uma palavra ouvida** | What's [x]? <br> What does [x] mean? <br> I'm not sure what [x] means. <br> Can you tell me what [x] means? <br> Hum, let me see if I understood. Is [x] something similar to [y]? <br> Okay. So [x] is something that […]. <br> I'm not sure I got it. Is [x] […]? |
| **Solicitando esclarecimento sobre o que foi ouvido** | What do you mean by…? <br> Do you mean [this] or [that]? <br> Did you say that…? <br> You mean that… Is that right? <br> Could you explain what you mean by…? <br> Could you clarify that, please? <br> Could you give me/us an example? <br> Could you be more explicit? <br> Could you be more specific, please? <br> You'd like me to… Is that right? <br> I'm not sure I understood… <br> Let me see if I got this right/straight: you said that… |

## Aplique a estratégia

**1 > a.** O trecho a seguir ilustra uma cena do filme *Dumb and Dumber* (1994). Sublinhe a(s) fala(s) que ilustra(m) pedidos de esclarecimento do que é ouvido.

**Lloyd**  This isn't my real job, you know.
**Mary**  No?
**Lloyd**  Nope. My friend Harry and I are saving up to open our own pet store.
**Mary**  That's nice.
**Lloyd**  I got worms!
**Mary**  I beg your pardon?
**Lloyd**  That's what we're gonna call it. "I Got Worms!" We're gonna specialize in selling worm farms. You know, like ant farms.

Disponível em: <http://www.imdb.com/title/tt0109686/quotes>. Acesso em: 16 abr. 2013.

**b.** Considerando cada uma das falas sublinhadas, responda: o que levou o personagem a pedir esclarecimento sobre o que havia ouvido?

**2 > a.** Vá a um *site* que contenha apresentações curtas (por exemplo, <http://www.scientificamerican.com/podcast/podcasts.cfm?type=60-second-mind>) e lá veja um ou mais vídeos de seu interesse. Ao assistir a um vídeo, imagine que o falante esteja conversando com você e em três pontos da apresentação pause o vídeo e simule (oralmente ou por escrito): (I) um pedido de repetição; (II) um pedido de esclarecimento sobre uma palavra usada; e (III) um pedido de esclarecimento sobre o que foi dito de uma forma mais geral.

**b.** Reflita sobre seu uso da estratégia: você pausou o vídeo em pontos adequados para interrupção? As formas usadas para esclarecer o que foi dito foram adequadas? Você poderia ter usado outras formas?

## Sugestões adicionais

- No *site* <http://www.eslgold.com/speaking/asking_repetition.html>, você encontra exemplos de expressões para pedido de repetição em inglês, além de diálogo ilustrativo com áudio.
- Veja entrevistas curtas na Internet (para tal, vá a <http://www.youtube.com/> e faça buscas por *short interviews*, por exemplo) e ao assistir cada entrevista procure identificar os pedidos de repetição e/ou esclarecimentos feitos por um dos participantes. Veja essas partes repetidamente, observando o que leva o ouvinte fazer tais solicitações, as formas usadas para se fazer tais pedidos e o encaminhamento dado pelos interlocutores a esses pedidos.
- Se você dá aulas de inglês, pratique a estratégia dividindo a turma em grupos e pedindo que um membro do grupo fale sobre um tema de sua escolha. Cada um dos outros membros do grupo deve pedir repetição e/ou esclarecimento sobre o que é dito pelo falante primário e reagir confirmando ou não seu entendimento. Ao final da atividade, a turma comenta suas reações, como ouvintes, ao fazer uso da estratégia: é sempre fácil saber quando e como interromper? É sempre fácil decidir o que dizer ao se fazerem tais pedidos? O que pode ser feito para lidar com as dificuldades encontradas nessas situações?

**Falante primário** é o falante principal numa conversa. A categoria falante primário pode flutuar entre diferentes participantes durante uma mesma interação.

## 32>> APOIANDO-SE EM ELEMENTOS VISUAIS AO OUVIR

### A situação

Ao ver um pequeno vídeo na Internet, você se sente frustrado por não conseguir compreender o que está sendo dito. Você relata esse sentimento a um amigo que então comenta: "Nessas situações é importante focar no que você consegue entender e não no que você não entende". E você retruca: "Mas como fazer isso se eu não entendi nada?". Seu amigo então sugere que você veja o vídeo sem som para se sentir mais confiante ao ouvir em inglês. Você fica sem entender o propósito da sugestão.

### O texto

 Transcrição do áudio

1   "Uh-oh! Ketchup!"
2   "Oh! I wish somebody would invent a ketchup bottle that squirts where you aim it."
3   "Mrs. Porter, I've got the next best thing. A new invention from Procter and Gam-
4   ble. It absorbs ... like magic. It's called Bounty, the new paper towel that actually
5   attracts moisture. Watch! See Bounty attracting, absorbing moisture. That's because
6   it's more than just paper. It's made a unique new way from a special formula of six
7   ingredients spun into a wonderful new towel. Look again! Compare it to the lead-
8   ing towel. See how Bounty attracts, drinks, sucks up spills faster."
9   "Sort of feels different, too, doesn't it?"
10  "Go ahead! Pop it!"
11  "Why, it even sounds strong!"
12  "No other towel is made like Bounty: in regular and jumbo size. Hurry! Get new
13  Bounty. It absorbs ... like magic!"

Disponível em: <http://eolf.univ-fcomte.fr/uploads/ressources/listening/tvcoms/05bounty/bounty.htm>.
Acesso em: 17 abr. 2013.

### A estratégia

Seu amigo acertou duas vezes. Acertou quando lhe disse para focar sua atenção no que entende e não no que não entende ao ouvir em inglês. Como vimos em "Identificando 'o problema' ", até para identificarmos a parte de um áudio que nos é importante mas

**Palavras transparentes** são palavras cuja grafia assemelha-se em duas línguas. Por exemplo, *institution* é uma palavra transparente por ter grafia similar à palavra "instituição".

que não compreendemos, precisamos nos apoiar no que entendemos para chegar a uma conclusão! É compreensível que um ouvinte se sinta frustrado ao ouvir em inglês quando não compreende boa parte do que é falado e que a percepção de "não entendimento" acabe por caracterizar sua compreensão oral como um todo.

Mas é bem provável que haja algum entendimento nessas ocasiões. No caso acima, por mais básico que seja o nível de proficiência em inglês do ouvinte, é bem provável que seja possível entender *invent* (linha 2), *invention* (linha 3), *magic* (linha 4), *attracting* (linha 5), *absorbing* (linha 5) e outras palavras transparentes. É possível que entendam também as marcas *Ketchup* (linhas 1-2), *Procter and Gamble* (linhas 3-4) ou *Bounty* (linha 4).

E seu amigo acertou pela segunda vez ao lhe sugerir que visse o vídeo sem som a fim de aumentar sua confiança ao ouvir em inglês. Seguindo tal sugestão, você observaria a seguinte sequência de cenas:

> **Cena 1**: Um homem tenta colocar *ketchup* no prato. O molho não sai, e o homem bate no fundo da garrafa com força. *Zoom out* e vê-se que o homem está à mesa com uma mulher. O *ketchup* esparrama-se na mesa. A mulher levanta-se e tem expressão irritada e zangada. O homem e a mulher olham para a câmera; *zoom* na mulher, que tem expressão de surpresa.
> **Cena 2**: Uma mão usa uma folha de papel toalha e limpa a mancha.
> **Cena 3**: A mulher segura um pacote de papel toalha e olha para o homem, com expressão de satisfação.
> **Cena 4**: Uma folha de papel toalha absorve um líquido.
> **Cena 5**: A mulher recorta um pedaço de papel toalha de um rolo e tateia o papel, com expressão de gosto.
> **Cena 6**: Duas folhas de papel, cada uma delas limpando uma mancha líquida; uma das folhas limpa bem melhor que a outra.
> **Cena 7**: O homem e a mulher tateiam uma folha de papel toalha; a mulher faz força, como que tentando rasgar a folha, mas ela não se rasga.
> **Cena 8**: O homem e a mulher enchem um armário com rolos de papel toalha, *zoom* na marca.
> **Cena 9**: Repetição da Cena 2 acima.

Como se vê, muita coisa é comunicada na ausência de palavras: repare que na descrição acima as informações dadas no vídeo por meio de texto escrito foram omitidas intencionalmente, a fim de destacar o fato de que muitas informações são dadas visualmente, sem articulação de sons ou palavras. O quadro a seguir dá mais detalhes sobre formas de comunicação não verbal:

| Formas de comunicação não verbal | Exemplos e/ou descrição |
|---|---|
| Movimento corporal | Como nos movimentamos: andando, pulando, saltitando, andando nas pontas dos pés etc. |
| Posição corporal / Postura | Como sentamos (eretos, encurvados, pernas cruzadas ou não etc.); como ficamos de pé (eretos, encurvados, mãos na cintura etc.) |
| Proximidade física | A distância que mantemos de outras pessoas |
| Vestuário | O tipo de roupa e acessórios que usamos |
| Toque | Beijos, abraços, tapas, toques rápidos, carinhos, apertos de mão, ficar de mãos dadas |
| Olhar | Se olhamos brevemente, fixamente, disfarçadamente, se evitamos o olhar |
| Gestos | Acenar, apontar, fechar os punhos, abrir os braços etc. |
| Expressão facial | Franzir a testa, abrir os olhos, levantar as sobrancelhas, sorrir, fazer caretas etc. |

Duas perguntas importantes precisam ser examinadas nesta discussão sobre o impacto de elementos não verbais na construção de sentidos sobre o que é ouvido: Algum dos dois tipos de informações (verbais ou não verbais) tende a ser privilegiado ao se ouvir? Os sentidos produzidos não verbalmente são similares em línguas diferentes? Trataremos de cada uma dessas perguntas a seguir.

**Anglófono** é o falante de inglês.

Há indicações na literatura de que ouvintes tendem a priorizar o que é comunicado através de comunicação não verbal em comparação com o que é realmente dito. Ou seja, que se algo negativo é dito (por exemplo, uma repreensão oral) com atitude não verbal positiva (por exemplo, acompanhada de um sorriso), a percepção do ouvinte tende a ser positiva. O reverso também tende a ocorrer: se comentários positivos são feitos com distância excessiva, olhar distante, postura de desinteresse ou outros comportamentos não verbais que remetam a sentidos negativos, a percepção tenderá a ser negativa.

Apesar de haver semelhanças entre o que é percebido como usos "positivos" e "negativos" de comunicação não verbal, há diferenças nas percepções de alguns aspectos, em diferentes países. De modo geral, em países anglófonos, a quantidade (e intensidade) de gestos usados ao falar é menor do que a dos brasileiros, que é considerada exagerada. Também há diferenças quanto aos sentidos atribuídos a olhares diretos por parte do ouvinte com relação ao falante: em alguns contextos tal olhar pode ser percebido como intrusivo e rude.

Para aprender os sentidos atribuídos ao uso de comunicação não verbal em contexto anglófono, procure prestar atenção ao que é feito nas situações de comunicação em que você participa, observando

**Elementos paralinguísticos** são elementos que acompanham a linguagem, por exemplo (em discurso oral), gestos, expressão corporal, entonação e (em discurso escrito) uso de recursos tipográficos como negrito, itálico, sublinhamento.

como os interlocutores "entendem" os elementos não verbais: como reagem a certos olhares, gestos, toques etc; quais efeitos são causados por maior ou menor proximidade entre os falantes etc. Tais observações podem ajudá-lo a chegar a importantes conclusões sobre como se apoiar em elementos visuais no futuro para construir um sentido do que está acontecendo em conversas de que participa, num vídeo ou filme que vê, numa palestra ou aula a que assiste, entre outros.

Nesta seção tratamos do papel da comunicação não verbal em situações de compreensão oral que têm um componente visual a elas integrado. Vale lembrar que outros elementos paralinguísticos podem estar presentes nessas situações, agregando significado ao que é dito e dando ao ouvinte subsídios adicionais para seu entendimento sobre o que é ouvido. Entre esses elementos, destacam-se tom de voz (revelando mau humor, tristeza, exaltação etc.), velocidade da fala (revelando desânimo, nervosismo etc.), altura do que é dito (revelando impaciência, cuidado etc.). Um bom ouvinte deverá estar atento a esses elementos ao ouvir em inglês tanto em situações de escuta que envolvem componentes visuais quanto em situações desprovidas desse componente (por exemplo, ao se ouvir programas de rádio ou *podcasts* sem vídeo, ao se falar ao telefone ou ao computador sem vídeo). A atenção a esses elementos certamente trará informações importantes sobre o que é ouvido, mesmo que o conteúdo propriamente dito do que se ouve esteja além da capacidade de compreensão do ouvinte. Estratégias como "Fazendo inferências", "Formulando e verificando hipóteses" e "Monitorando a escuta" podem auxiliar esse processo de compreensão oral.

## Aplique a estratégia

**1 >** Veja o *trailer* de um filme na Internet (para tal, faça uma busca por "*trailers*") e ao assistir o vídeo siga os seguintes procedimentos:
  a. Numa primeira vez, veja apenas o vídeo (sem áudio) e anote a sequência de eventos apresentados. Se necessário, pause o vídeo para fazer suas anotações.
  b. Faça previsões: o que deve estar sendo falado em paralelo aos eventos registrados nas suas anotações acima? Se quiser, anote essas previsões também.
  c. Veja o *trailer* de novo, desta vez com áudio e verifique suas previsões.

  Avalie: até que ponto muitas das informações centrais do *trailer* foram apresentadas de forma visual?

**2 >** **a.** Selecione um anúncio em inglês (para tal, você pode explorar o mesmo *site* usado como referência no texto desta seção: <http://eolf.univ-fcomte.fr/index.php?page=tv-commercials-listening-exercises>. Se o *site* não estiver disponível, faça uma busca por "*TV ads*") e assista ao anúncio sem áudio, completando o quadro a seguir com informações dadas no anúncio de forma não verbal. Se necessário, faça anotações adicionais sobre outros personagens em seu bloco de notas:

|  | **Personagem 1** | **Personagem 2** |
|---|---|---|
| Movimento corporal |  |  |
| Posição corporal / Postura |  |  |
| Proximidade física |  |  |
| Vestuário |  |  |
| Toque |  |  |
| Olhar |  |  |
| Gestos |  |  |
| Expressão facial |  |  |

b. Com base nas suas anotações, responda: o que você pode concluir sobre o conteúdo do anúncio?
c. Veja o anúncio com som e verifique suas conclusões originais, bem como os benefícios trazidos pelo foco em elementos visuais para sua compreensão oral.

## Sugestões adicionais

- Pratique a estratégia vendo entrevistas, *sitcoms* e cenas de filmes na TV ou no computador. Veja tais vídeos duas vezes: na primeira vez veja apenas o vídeo, sem som, e anote o que consegue entender com base no que vê. Depois, veja o vídeo com som e verifique suas anotações, refletindo sobre o efeito do áudio para a compreensão: ele adicionou novos entendimentos? Refinou entendimentos originais? Fez você reformular entendimentos prévios?
- Em <http://www.youtube.com/watch?v=jbkSRLYSojo>, você encontra um vídeo fabuloso sobre a relação entre riqueza e saúde ao redor do mundo nos últimos 200 anos. Explore o vídeo seguindo os procedimentos sugeridos no *bullet* acima.
- Para ler mais sobre a estratégia, explore o *site*:
<http://www.brighthub.com/education/languages/articles/79479.aspx>.
- No *site* <http://www.youtube.com/watch?v=CWUcGgSolw4>, você pode ver um vídeo informativo e divertido em que pessoas de nacionalidades diferentes comentam o que os mesmos gestos significam em seus países. Ao ver o vídeo, imagine como você entenderia tais gestos se não tive conhecimento desses sentidos.
- Em <http://www.youtube.com/watch?v=2hIwmq8_OaU>, você tem acesso a um vídeo sobre gestos americanos.

## >> ELABORANDO

### A situação

Você ouve uma entrevista no *site* da *British Library*, em que há um acervo de gravações produzidas na virada do milênio com o objetivo de registrar dialetos diversos no Reino Unido. Ao terminar de ouvir a entrevista, você pensa: "Não entendi quase nada. Entendi que a entrevistada falou qualquer coisa sobre casas, e sobre uma guerra, e sobre um outro lugar, e transporte, mas não entendi detalhes. Será que para entender esse áudio eu precisaria saber detalhes sobre os acontecimentos, locais e assuntos mencionados?"

### O texto

 Transcrição do áudio

| | | |
|---|---|---|
| 1 | **Interviewer** | Is the M25 the harbinger of doom for, for Surrey, the greenfields of |
| 2 | | Surrey? |
| 3 | **Interviewee** | I think that before the M25 came in, that the greenfields of Surrey were |
| 4 | | already beggining to diminish, because the post-war building, um, |
| 5 | | both to replace the houses that had been bombed, and after all a lot |
| 6 | | of the houses that had been bombed in the war were pretty slummy, |
| 7 | | um, so therefore people were moving out of the city centres and into, |
| 8 | | into Surrey, and so the greenfields were built accross, and I can think of |
| 9 | | hundreds of places where fields where we used to run about as kids are |
| 10 | | now housing estates with, um, little chainlink fences and all that. I don't |
| 11 | | know if you remember the little boxes song um, but, you know, this was |
| 12 | | really what Surrey became in the post-war years and into the 1960s. |
| 13 | | So you had an enormous number of people and the communications, |
| 14 | | the infrastructure, the transport systems have never built up to match |
| 15 | | the needs of this population, both in terms of actual tarmac, and in |
| 16 | | terms of the transport services. And so then they decided to try and |
| 17 | | solve this problem, and if you remember the North Circular and South |
| 18 | | Circular, Circular roads, before the M25, there was certainly some |
| 19 | | need for resolving the problem. And also it was a way of starting up |
| 20 | | to get some link between Gatwick and Heathrow airports, which was |
| 21 | | another important thing, and so the M25 was born. [...] |

Disponível em: <http://sounds.bl.uk/Accents-and-dialects/Millenium-memory-bank/021M-C0900X16416X-2400V1>. Acesso em: 2 jul. 2012.

## A estratégia

O questionamento feito ao final da situação de abertura desta seção procede. Ativar e aplicar conhecimento prévio sobre os assuntos que ouvimos pode facilitar nossa compreensão oral. Esse processo é conhecido como "elaboração" ao se ouvir. No caso acima, por exemplo, o conhecimento dos seguintes fatos traria ao ouvinte uma boa base sobre a qual poderia contruir seu entendimento:

| Trecho do áudio | Conhecimento prévio que poderia facilitar o entendimento | Possível elaboração do ouvinte |
|---|---|---|
| Is the M25 the harbinger of doom for, for Surrey, the greenfields of Surrey? / I think that before the M25 came in, that the greenfields of Surrey were… (linhas 1-3) | A M25 é a autoestrada que circunda a Grande Londres. Tem 188 km e é conhecida na região como *the largest car park in Britain*, em função dos seus grandes engarrafamentos! Surrey é um condado no sudeste da Inglaterra, que faz fronteira com a Grande Londres e é uma área afluente com alto custo de vida. | "Não entendi a pergunta direito, mas deve ser sobre algum problema que a M25 possa ter causado às áreas verdes de Surrey." |
| the post-war building, um, both to replace the houses that had been bombed, and after all a lot of the houses that had been bombed in the war were pretty slummy (linhas 4-6) | Londres e outras cidades inglesas foram fortemente bombardeadas na Segunda Guerra Mundial, o que causou destruição massiva de habitações. Uma forma de se lidar com a necessidade de alojar o grande número de desabrigados foi construir novas casas nos arredores das cidades em áreas previamente caracterizadas como rurais. | "Esse *post-war* deve ser o *post-war* da Segunda Guerra Mundial." |
| if you remember the North Circular and South Circular, Circular roads, before the M25 (linhas 17-18) | North Circular Road é uma rua que liga a parte norte de Londres de leste a oeste; South Circular Road liga o sul da cidade de leste a oeste. As duas ruas se juntam formando um anel ao redor da cidade. | "Ela está comparando o anel formado pelas ruas com o anel formado pela M25?" |
| a way of starting up to get some link between Gatwick and Heathrow airports (linhas 19-20) | Heathrow e Gatwick são os dois aeroportos mais importantes em Londres (há outros três aeroportos na cidade), com grande movimento de passageiros. Juntos, os dois aeroportos movimentam cerca de 102 milhões de passageiros por ano. | "Os dois aeroportos precisavam de integração para transporte de seus passageiros?" |

Neste ponto você pode estar reagindo de forma negativa, pensando: "Mas como poderia desenvolver tais elaborações? Não conheço todos esses detalhes!" E, de forma mais ainda pessimista, projetando essas conclusões para situações de compreensão oral no futuro, você conclui: "Nunca vou saber os detalhes de tudo sobre o que ouço, portanto nunca vou poder entender tudo ao ouvir em inglês!"

Para contra-argumentar, vamos por partes. Comecemos com a ideia de "precisar saber de tudo" para se entender o que ouve. De fato, quanto mais se sabe sobre um assunto, melhor será nossa chance de entender algo que ouvimos sobre tal tópico. Por outro lado, é evidente que nenhuma pessoa poderá saber "os detalhes de tudo", mas isso não impede o entendimento do que se ouve. Como vimos em "Inferindo o sentido de vocabulário desconhecido", podemos usar o cotexto para nos ajudar a levantar hipóteses sobre o que ouvimos; no caso acima, isso poderia ser feito ao se ouvir *the harbinger of doom*, uma expressão de difícil compreensão. Além disso, na ausência de conhecimento prévio sobre o assunto que se ouve, outras estratégias podem auxiliar: "Formulando e verificando hipóteses", "Identificando informações semelhantes em um texto oral" e "Lidando com lacunas na compreensão" são algumas delas.

Consideremos agora o que a literatura sobre estratégias diz sobre o papel do conhecimento prévio no processo de compreensão oral. De fato, estudos na área ressaltam que o conhecimento prévio sobre o que vai ser ouvido é um elemento colaborador para uma melhor compreensão do que se ouve. No entanto, tal conclusão precisa ser contemplada com cautela. Apesar de haver uma associação positiva entre conhecimento prévio e compreensão oral, sabe-se que esse conhecimento prévio pode ser mal utilizado se não houver confirmação desse conhecimento no que se ouve ou se o texto apresentar informações contraditórias.

Há outros potenciais problemas relativos à ativação de conhecimento prévio. Um deles é que o ouvinte pode usar tal conhecimento de forma excessiva, apoiando-se nele de forma mais intensa do que em elementos do texto ouvido. Tal comportamento às vezes leva o ouvinte a "adivinhar" mais do que propriamente "basear-se no que ouve" para chegar a suas conclusões. A literatura demonstra que ouvintes mais eficazes questionam seu conhecimento prévio ao ouvir e também utilizam elementos do texto para confirmar ou não suas hipóteses baseadas em conhecimento prévio.

Outra limitação que é necessário ter em mente ao tratarmos da ativação de conhecimento prévio ao ouvir é que tal prática pode facilitar o entendimento de aspectos gerais sobre o que se ouve, mas não de informações específicas contidas no texto. A pergunta que se segue então é: vale a pena ativar conhecimento prévio deliberadamente antes de ouvir sobre um assunto perguntando-se, por exemplo, o que se sabe sobre a organização política da França antes de ouvir uma notícia sobre as eleições presidenciais naquele país? Novamente, estudos indicam que sim, mas vale notar que apesar de haver indicações de que tal ativação tenderá a ter bons resultados a curto prazo (ao se fazer um exercício de compreensão sobre aquele áudio, por exemplo), não há confirmação de que tal ativação específica traga resultados a longo prazo (levando o ouvinte a ativar conhecimento prévio sistematicamente ao ouvir). Desta forma, é sensato argumentar-se que o bom uso da estratégia deve estar associado a monitoramento constante por parte do ouvinte (conforme os tipos de monitoramento apresentados em "Monitorando a escuta"). A avaliação da estratégia também se faz necessária. A seguir sugerimos formas de se desenvolver a estratégia em conjunto com seu monitoramento e avaliação.

## Aplique a estratégia

**1 >** Selecione um *site* que contenha artigos escritos, bem como suas gravações em áudio/vídeo (por exemplo, <http://learningenglish.voanews.com/>), e lá siga os seguintes procedimentos:
   a. Escolha um áudio/vídeo sobre um assunto de que você tenha conhecimento prévio.
   b. Em seu bloco de notas anote o que você sabe sobre o assunto.
   c. Ouça o áudio ou assista ao vídeo, pausando algumas vezes a fim de construir elaborações, isto é, formular hipóteses sobre o que ouve com base em seu conhecimento prévio. Para tal, use suas anotações como referência.
   d. Ouça o áudio ou assista ao vídeo de novo, sem pausas.
   e. Responda: Suas elaborações auxiliaram seu processo de escuta (justifique sua resposta)? Houve algum item listado em (b) que precisou ser repensado durante a escuta?

**2 >** a. No mesmo *site* utilizado no exercício 1, escolha um áudio/vídeo sobre o qual você não tem conhecimento prévio e ouça-o duas vezes. Em seguida, responda: você encontrou mais ou menos dificuldades para entender o texto?
   b. Leia a notícia por escrito sobre o mesmo assunto e avalie: o que você fez ou poderia ter feito ao ouvir para lidar com sua falta de conhecimento prévio sobre o assunto?

## Sugestões adicionais

- Selecione áudios sobre assuntos que você conhece. Antes de ouvir, anote o que você sabe sobre o assunto. Durante a escuta, produza elaborações orais com base nos itens anotados. Depois ouça todo o áudio uma segunda vez, sem pausas. Ao final, avalie: seu conhecimento prévio trouxe benefícios à sua escuta? Houve algum item na sua listagem que não contribuiu para sua escuta, ou por estar errado ou por não ser útil para o entendimento do áudio? Como você fez para não se deixar atrapalhar por esses itens que não colaboraram?
- Se você dá aulas, incentive seus alunos a ativar conhecimento prévio sobre o assunto a ser ouvido sistematicamente. Isso pode ser feito antes de tocar o áudio (dizendo-se aos alunos qual será seu tema) ou após o início do áudio, em um ponto em que já seja possível inferir o seu assunto. Incentive seus alunos, também, a formular hipóteses sobre o que ouvem com base no conhecimento prévio ativado. Para tal, você pode pausar o áudio e pedir-lhes que escrevam pequenas frases com suas hipóteses. Ao final, promova uma discussão com a turma sobre os benefícios trazidos pelas elaborações, bem como as dificuldades encontradas durante o processo.

## 34>> IDENTIFICANDO AS DIFICULDADES E DELINEANDO UM PLANO DE AÇÃO PARA SOLUCIONÁ-LAS

### A situação

Você dá aulas de inglês e está confiante de que vem fazendo um bom trabalho de familiarização e prática de estratégias de compreensão oral com seus alunos: já lhes apresentou várias estratégias, e vem oferecendo com frequência e regularidade oportunidades de implementação dessas estratégias. No entanto, você tem dúvidas sobre como seus alunos se sentem ao se engajarem em atividades de compreensão auditiva: quais são as suas dificuldades? Quais áreas podem ser mais bem trabalhadas? Você resolve, então, encaminhar um debate sobre o tema.

### O texto

Listening is challenging. We only have a few chances to figure out everything and do the task.

Aluno 1

My English vocabulary is very limited and it's difficult to understand a few words.

Aluna 2

I find it hard to process the information given the little time I have.

Aluna 3

There are times when it's easier to understand because of the way they speak and because of their accent.

Aluno 4

But they speak too fast!

Aluna 5

Arquivo pessoal da autora.

## A estratégia

A ideia de convidar os alunos a se posicionarem sobre os desafios associados a ouvir em inglês é sempre positiva. É impossível que um professor consiga detectar exatamente o que causa dificuldades a cada indivíduo em sala de aula. Sempre que se dá a voz aos alunos é possível ter acesso a informações, sentimentos, percepções que possivelmente passariam despercebidos na sempre movimentada – e às vezes impessoal – dinâmica da sala de aula.

Especificamente, os depoimentos acima podem ser agrupados em três categorias:
- Aluno 1 concebe a dificuldade no âmbito de *listening* de um modo geral (*Listening is challenging*) e desta dificuldade geral ele parte para a articulação de uma dificuldade atrelada à tarefa de compreensão auditiva. De forma similar, a Aluna 3 também concebe a dificuldade (*I find it hard to process the information*) no âmbito da tarefa propriamente dita (*given the little time I have*).
- A Aluna 2 atribui a dificuldade a um problema pessoal: a falta de vocabulário.
- Os Alunos 4 e 5 descrevem os falantes como responsáveis pelas dificuldades: eles *speak too fast*, mas se falarem de forma pausada ou mais clara, ou se tiverem sotaques familiares, será mais fácil compreendê-los.

Com base no que já se discutiu sobre estratégias neste livro, pode-se concluir que os Alunos 1, 3, 4 e 5 não estão no caminho certo para se tornarem ouvintes estratégicos. Por definição, saber escolher e utilizar uma estratégia de compreensão oral presume que o ouvinte esteja "no controle" do seu processo de compreensão oral, percebendo onde estão os potenciais problemas e acionando ferramentas que possam minimizar ou eliminar tais dificuldades. Em outras palavras, o ouvinte precisa ser agente de sua audição.

Ao alocar a responsabilidade de sua dificuldade com compreensão oral a terceiros (como fizeram os Alunos 4 e 5) ou às tarefas envolvidas ao ouvir (como fizeram os Alunos 1 e 3), esses aprendizes ficam de certa forma paralisados, sem poder dar solução a seus problemas: afinal, não se pode mudar a maneira como outras pessoas falam, da mesma forma que não se pode mudar as tarefas a que somos apresentados em situações de compreensão oral em inglês.

O que se pode mudar é a nossa maneira de encarar esses desafios. Nesse sentido, a Aluna 2 posiciona-se melhor que os outros alunos da cena inicial ao atribuir sua dificuldade ao ouvir em inglês a uma limitação pessoal: *My English vocabulary is very limited*. A percepção de uma dificuldade pessoal é o primeiro passo para se delinearem soluções para esse problema.

No entanto, se por um lado é positiva a articulação do problema da Aluna 2 como algo que reside nela própria (e não em outras pessoas, nem em situações que fogem do seu controle), por outro lado é problemática a concepção da dificuldade de se ouvir em inglês apenas no âmbito do conhecimento sistêmico (lexical, para sermos mais específicos). Afinal, ouvintes estratégicos saberão "driblar" essa limitação usando uma ou mais das várias estratégias que discutimos ao longo deste livro.

Concluindo, uma importante estratégia de compreensão oral consiste em saber identificar as dificuldades ao ouvir – e articular essas dificuldades de forma que possam ser atenuadas através de alguma estratégia, conforme exemplos abaixo:

| "Problema" de escuta | Formas possíveis de se lidar com o problema |
| --- | --- |
| "Não consigo me concentrar. Começo a ouvir e, se não entender, entro em pânico e fico perdido." | Acionar monitoramento de foco, lembrando a si próprio: *Keep going! Don't panic! Stay focused!* |
| "Às vezes acho que entendo, mas sempre fico na dúvida se minha interpretação é correta." | Procurar ouvir por informações semelhantes no texto; transferir entendimentos. |
| "Quando ouço, fico na dúvida de quais são as palavras-chaves. Acabo achando que elas são as palavras que eu conheço!" | Desenvolver a capacidade e identificar palavras-chaves ao ouvir, atentando para repetições, negativas, pausas etc. |
| "Quando ouço notícias no computador não entendo nada!" | Ouvir em colaboração com outras pessoas, trocando ideias e construindo conhecimento em conjunto. |
| "Quando faço compras em inglês tenho muita dificuldade." | Canalizar a atenção em informações específicas (preços, condições de pagamento); ativar conhecimento prévio (sobre situações semelhantes). |
| "Quando ouço algo em inglês cujo assunto não conheço bem, acho tudo muito difícil." | Questionar deduções feitas com base em conhecimento prévio; transferir entendimentos; monitorar o entendimento. |

Como se vê no quadro anterior, a identificação das dificuldades está de certa forma interligada ao desenvolvimento de um plano de ação que possivelmente envolverá outras estratégias de compreensão oral. E um lembrete final: saber identificar nossas dificuldades ao ouvir em inglês está associado à capacidade de autoavaliar essas dificuldades, concebendo-as como limitações pessoais sobre as quais podemos agir.

## Aplique a estratégia

**1 >** Para cada um dos depoimentos abaixo descrevendo problemas ao ouvir em inglês, sugira um plano de ação para atenuar o problema apresentado. No seu plano, liste as estratégias que podem auxiliar a resolver o problema. Caso deseje, consulte a lista de estratégias no sumário deste livro ao fazer o exercício.
   a. "Essas pessoas falam rápido demais."
   b. "Não entendo nada que um dos personagens diz; deve ser o sotaque."
   c. "Amanhã vou assistir a uma palestra sobre a exploração de petróleo no Brasil; acho que não vou entender nada porque não conheço bem o vocabulário sobre o assunto em inglês."
   d. "Quando viajo, não gosto de pedir informações porque não entendo nada que as pessoas dizem e não sei como reagir."
   e. "Tenho dificuldades em entender letras de músicas em inglês; as letras sempre parecem um contínuo embolado de sons que não fazem sentido."

**2 >** Vá <http://wordia.com/> e digite algumas palavras para ver suas definições em vídeo (por exemplo, *fate*, *education*, *music*). Para cada um dos verbetes observados, responda:
   a. Quais as dificuldades encontradas ao ouvir?
   b. O que você fez para lidar com as dificuldades?
   c. Suas estratégias foram satisfatórias? Se sim, por quê? Se não, o que poderia ter sido feito para melhorar sua compreensão oral?

## Sugestões adicionais

- Durante uma semana, registre os problemas identificados ao ouvir em todas as situações de escuta em inglês. Para cada uma delas, preencha uma ficha como a sugerida abaixo:

  | Date: ____/____/____
  | Listening passage: _____
  | Problem(s) I encountered: _____
  | What I did to tackle the problem(s): _____
  | What I can do in similar situations in the future: _____

- Se você dá aulas de inglês, conforme for apresentando estratégias de compreensão oral a seus alunos, peça-lhes que produzam continuamente uma lista dessas estratégias, e que tenham suas listas perto de si ao ouvir em inglês, de forma que possam usá-las como referência para ideias de estratégias a serem utilizadas ao se depararem com algum problema. Em paralelo, vá encorajando seus alunos a "assumir responsabilidade" sobre suas dificuldades, evitando atribuí-las a outras pessoas ou situações.

## 35>> OUVINDO EM COLABORAÇÃO

### A situação

Em uma situação de sala de aula para aprendizes de inglês de nível básico, a professora quer explorar uma atividade de compreensão oral de forma que a turma ouça em colaboração. A tarefa consiste na escuta de frases simples a serem lidas em voz alta pela professora (por exemplo, *These people are in a farm, This boy is in a town*) e na observação de 4 imagens (a, b, c, d), identificando qual imagem corresponde a cada uma das frases ouvidas. Para poder refletir sobre a eficácia da estratégia após a aula, a professora grava a interação durante a aula em áudio, transcrevendo-a posteriormente. Ao ler a transcrição, ela fica com a impressão de que sua tentativa de implementar a estratégia não foi bem-sucedida, mas não sabe bem explicar por que tem essa impressão, nem como proceder no futuro para garantir melhor encaminhamento do trabalho.

### O texto

1 **Classroom interaction**
2 T okay everybody? Hum? Okay, now let's go to page ten, please. Let's go to
3 page ten Roberto. Look at this ((mostrando a imagem de duas pessoas con-
4 versando em uma escola no livro didático)): where are the people? where
5 are the people?
6 S1 school
7 S2 school =
8 S3 = the people are in a school
9 T *ah*! in a school, ((mostrando outras imagens)) in a farm, in a factory, in a
10 town =
11 S2 ((de forma hesitante)) = in... school
12 T er... I will say the number right?
13 S4 number
14 T you will listen okay? And you write the numbers right? Okay? Number one,
15 these people are in a farm . . .
16 S5 Huh?
17 T Look at the people, where are the people? Where? I will say the number and
18 you write where you think they are okay? Right? Number one. These people
19 are in a farm, these people are in a farm. a, b, c or d? What do you think?
20 S1 b

| 21 | T | okay. I did the first one with you, now you do it together, *vocês fazem* |
| 22 | | *agora, tá? Num grupo*. You may help each other. Number two. Er… this |
| 23 | | boy is in a town. Okay? |
| 24 | S2 | okay |
| 25 | T | number three. This boy is in a school. ((pausa)) Number four. This man is |
| 26 | | in a factory. Can you please check as a group now? A. What number is it? |
| 27 | S4 | (?) |
| 28 | T | hum? a. Letter a |
| 29 | S2 | *a letra a* |
| 30 | T | letter a… |
| 31 | S2 | three |
| 32 | T | hum? |
| 33 | S2 | *a letra* a é three = |
| 34 | T | = go ahead. *Gente, vocês podem perguntar para o outro:* what's letter b? |
| 35 | | what's letter c? |
| 36 | S4 | letter b é one *letra* c é four *letra* d é two |

Arquivo pessoal da autora.

## A estratégia

No cenário do ensino e aprendizagem da compreensão auditiva, fala-se de *collaborative listening* para se referir a situações em que a dicotomia *listener-speaker* se faz imprecisa: quando se interage com outras pessoas e, ao falar, "escuta-se" ao mesmo tempo o interlocutor a partir de suas reações verbais e não verbais de forma contínua e simétrica; ao se ouvir, "fala-se" registrando entendimento, compreensão, discordância etc. também de forma verbal ou não verbal.

Como explica Rost (2002: 55), "In collaborative listening, the purpose of listening is not primarily comprehension of messages but rather establishing interactive connections with one's interlocutors and mutually moving toward goals". Na aula transcrita acima, a professora abordou a noção de *collaborative listening* não com o foco no *listening* propriamente dito mas na verificação da tarefa proposta no livro didático.

Depois de a tarefa propriamente dita já ter sido apresentada na primeira parte da interação (linhas 1-19), na linha 21, a professora sugere aos alunos: "Vocês fazem agora, tá? Num grupo. *You may help each other*."). A proposta de um trabalho colaborativo é rearticulada mais adiante, na linha 26 (*Can you please check as a group now?*), mas os alunos não reagem conforme proposto: a verificação do exercício seguinte é feita entre a professora e a Aluna 2 (linhas 28-31). Mais uma vez, a professora insiste no trabalho colaborativo (linhas 34-35) mas as respostas seguintes são propostas de forma individual, em sequência, por um único aluno (linha 36). Em outras palavras, apesar do convite feito pela professora a seus alunos a trabalharem colaborativamente na verificação das respostas do exercício de *listening*, não houve colaboração nesta atividade, pois os alunos se posicionaram como ouvintes passivos, organizando sua fala num padrão interacional Professor-Aluno-Professor-Aluno-etc. e sinalizando que esperavam que a professora lhes confirmasse as respostas aos exercícios.

É importante notar que, no caso acima e em geral, não é o objetivo da interação em si que impede que haja *collaborative listening*. Os alunos poderiam se engajar numa verificação verdadeiramente colaborativa das respostas do exercício ouvindo dúvidas e perguntas dos colegas (e propondo respostas), ouvindo justificativas de respostas (e concordando ou discordando em seguida), ouvindo propostas para se seguir adiante (e aceitando ou não tais propostas). Da mesma forma, os alunos poderiam engajar na própria atividade de *listening* de forma colaborativa: para tal, ouviriam a professora (como no caso acima), ou um áudio, e negociariam respostas (expressando seu entendimento e opinião, justificando seu posicionamento, pedindo e dando esclarecimentos etc.).

Obviamente tais processos envolvem algumas dificuldades, entre elas: se os alunos não estão acostumados a "ouvir em conjunto", eles precisarão aprender a trabalhar desta forma, discutir seus benefícios, avaliar os resultados. Uma segunda dificuldade atrelada à prática de *collaborative listening* tem caráter técnico: normalmente as salas de aula possuem apenas um único aparelho para emitir o áudio (seja ele um *CD player*, um *MP3 player*, um computador, ou um toca-fitas) e nesse cenário é impossível permitir aos pares ou grupos que manuseiem tal aparelho a seu critério. Nesses casos, pode-se ter uma pessoa encarregada de tocar e pausar o áudio (o professor ou um dos alunos), enquanto os grupos interagem durante as pausas.

Em situações de compreeensão oral no dia a dia, no entanto, são frequentes as ocasiões em que nos engajamos em *collaborative listening*, o que reforça a importância do desenvolvimento de estratégias para "ouvir em conjunto" por aqueles que aprendem inglês. Por exemplo, se não entendemos algo ao vermos TV, ouvirmos o rádio, conversarmos com outras pessoas, ouvirmos a gravações no computador, entre outros, frequentemente pedimos esclarecimentos ou a quem falou ou a outra pessoa que também tenha escutado o trecho em foco. É importante notar que, nessas interações, os interlocutores muitas vezes trocam não apenas informações sobre o que foi ouvido, mas também sobre como se chegou a certas conclusões: o que foi percebido ao ouvir, as hipóteses e deduções feitas, os trechos a que se atentou ao ouvir, entre outros.

Evidentemente, para se encaminhar *collaborative listening*, é preciso implementar uma combinação de procedimentos que envolvem a audição e a fala. A familiarização com algumas locuções e expressões, como as apresentadas no quadro a seguir, pode facilitar esse processo de colaboração ao ouvir.

> I didn't catch that. What did s/he say?
> What was the last word s/he said?
> I understood [x]. What about you?
> I think the answer is [y] because...
> I heard [z] but I'm not sure.
> Let's listen again.
> Can you repeat that/say that again, please?

Havendo a possibilidade de fazer esses esclarecimentos, eles devem ser feitos – mas obviamente haverá situações em que tal negociação não será apropriada, como ao ver filmes no cinema, ao ouvir palestras, ao assistir a uma peça de teatro. Caberá ao ouvinte avaliar a adequação da estratégia ao evento de *listening* que vive e decidir se nele é possível e recomendável se engajar em *collaborative listening*.

Em *collaborative listening*, monitoramento pode ocorrer não apenas como automonitoramento, mas também como monitoramento mútuo. Dessa forma, aumentam-se as possibilidades de monitorar o processo de audição de forma focada e sistemática. Depois de engajar-se em *collaborative listening*, os participantes devem avaliar o processo de tal escuta, perguntando-se: valeu a pena ouvir de forma colaborativa? Houve ganhos? Se sim, quais? Se não, por que não? O que poderia ser feito para tornar esse processo mais eficaz no futuro?

A escuta colaborativa torna-se estratégica quando deixa de ser uma ação tomada sem reflexões paralelas, apenas porque assim é designado por outra pessoa (o professor, por exemplo) ou pelo livro didático. A fim de usar a escuta colaborativa estrategicamente, assim como ocorre com outras estratégias, o ouvinte precisa estar ciente de seus benefícios e dificuldades, e decidir quando a estratégia deve ser implementada. Os benefícios associados ao uso da estratégia são: ela potencializa o desenvolvimento de entendimento (duas ou mais cabeças tendem a entender melhor que apenas uma!), estimula a interação social e possivelmente a motivação para uma tarefa.

## Aplique a estratégia

**1 >** Vá a um *site* que contenha áudios para escuta (para ideias, consulte a seção *Fontes de referência*, na p. 234).
   a. Ouça um áudio e responda: você avaliaria seu entendimento como ótimo, muito bom, bom, regular ou ruim?
   b. Junte-se a outra pessoa que tenha mais ou menos o mesmo nível de proficiência em inglês que o seu e ouçam outro áudio no mesmo *site*. Ao final da escuta, troquem ideias sobre o que vocês entenderam.
   c. Debatam: a escuta colaborativa permitiu melhor entendimento do áudio? Ela trouxe algum outro benefício?

**2 >** a. Veja um áudio ou vídeo de sua escolha. Em seguida, anote o que você entendeu no seu bloco de notas.
   b. Junte-se a outra pessoa que também tenha ouvido o mesmo áudio (ou assistido ao mesmo vídeo) e que tenha também seguido os procedimentos acima. Em seguida, comparem suas notas e completem o diagrama abaixo, registrando na interseção os pontos observados por ambos.

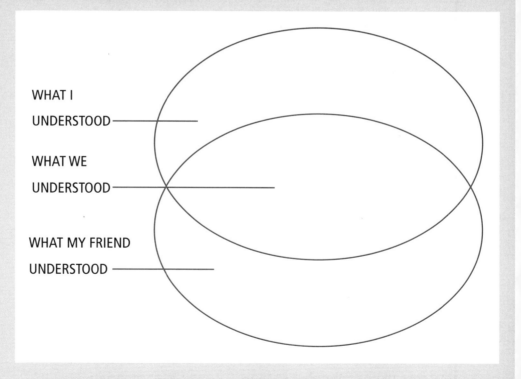

   c. Em conjunto, debatam sobre os ganhos que a escuta colaborativa pode trazer.

## Sugestões adicionais

- Junte-se a uma pessoa que tenha nível de proficiência de inglês similar ao seu para praticar a estratégia: ouçam um áudio (ou vejam um vídeo, com áudio) tomando notas separadamente sobre o que entendem. Em seguida, comparem suas notas e tentem recompor oralmente a ideia do que ouviram com base em suas anotações. Ouçam o áudio (ou vejam o vídeo) mais uma vez para verificação das ideias construídas colaborativamente.

- A sugestão acima pode ser ampliada compartilhando-se informações não apenas sobre o conteúdo do *listening* mas também sobre as estratégias que foram usadas para se chegar às conclusões previamente discutidas. Os potenciais benefícios dessa troca são diversos: para quem ouve sobre as estratégias utilizadas pelo par, a troca pode gerar reflexão sobre a importância de estratégias desconhecidas ou esquecidas; para quem articula as estratégias usadas ao ouvir, a troca pode funcionar como conscientização de estratégias metacognitivas que envolvem avaliação de comportamento estratégico.

- Se você dá aulas de inglês, é sempre uma boa ideia incentivar a colaboração ao ouvir em sala de aula. Trabalhando em pares ou grupos ao ouvir, seus alunos podem trocar ideias e juntos construir novos entendimentos. Além disso, a interação pode criar oportunidades de andaimento, em que um par mais competente possa auxiliar o colega a fazer algo que não saberia fazer sozinho.

- Para fortalecer o sentimento da turma como uma "comunidade de *listeners*", proponha a criação de um *blog* ou *wiki* em que os alunos registrem fontes para ouvir em inglês (por exemplo, *talking books*, exercícios convencionais, músicas, *sites* de canais de TV etc.), comentando sobre tais fontes e trocando ideias sobre suas experiências ao ouvir usando tais recursos.

> **Andaimento** é um conceito central na teoria sociocultural de ensino-aprendizagem. De acordo com essa teoria, aprendizes necessitam de apoio de um **par mais competente** antes de saberem fazer algo com autonomia. Esse apoio é concebido metaforicamente como um andaime numa construção: inicialmente, o andaime está presente e permite o desenvolvimento da construção, e ele é gradualmente retirado até a construção tornar-se "independente". Essa metáfora orienta o conceito de andaimento no ensino-aprendizagem.

# 36>> OUVINDO DE FORMAS DIFERENTES

### A situação

Você costuma ouvir áudios na Internet como forma de praticar sua compreensão oral em inglês. Um dia, ao ouvir um áudio, você logo se desinteressa por achar seu tom enfadonho e seu conteúdo simplista. Mais tarde, pensando sobre esse evento, você pensa: "Aquele áudio não era interessante mas a linguagem usada estava no nível certo para mim: nem muito fácil, nem muito difícil. Será que escutar aquele áudio poderia ter contribuído para o desenvolvimento da minha escuta em inglês de alguma forma?".

### O texto

#### 🎧 Transcrição do áudio

1  I'd like to start with a challenge: good is the enemy of great. Good is the mortal enemy
2  of great, and if you think about it that's one of the main reasons why we have so few
3  things that become truly great.
4  We by in large do not have great schools, why? Because we have good schools.
5  We by and large don't have great government, because we have good government.
6  And it works pretty well. Most companies will never become great, because most
7  are really quite good, and therein lies much of their main problem. And the truth
8  be told in this great society of abundance that is the modern world, that most
9  people will wake up at the end of their lives and need to look back and accept the
10 horrifying truth that they did not have a great life, because it is oh so easy to settle
11 for a good life.
12 Good is the enemy of great.

Disponível em: <http:// www.jimcollins.com/media_topics/defining.html#audio=32>. Acesso em: 1º abr. 2013.

### A estratégia

Vale a pena considerar ouvir algo em inglês que não tenha apenas o objetivo de ouvir para nos distrair. Podemos, por exemplo, ouvir para aprender sobre a língua inglesa. Usando o texto acima como exemplo, o ouvinte poderia usar o áudio para desenvolver conhecimento sobre diversas áreas da língua, e o quadro a seguir dá mais detalhes.

| Área | Exemplos |
|---|---|
| Fonética e Fonologia | Ao ouvir, o ouvinte pode projetar sua atenção a como certos sons são articulados em inglês e vocalizá-los ao ouvir. No texto, palavras particularmente interessantes para essa prática seriam aquelas que costumam causar dificuldades aos brasileiros: *main* (linha 2) e *truth* (linha 7). Palavras longas como *government* (linha 5), *abundance* (linha 8) e *horrifying* (linha 10) também são potencialmente adequadas. Além do foco em pronúncia de palavras, o ouvinte pode atentar para a pronúncia de *chunks* (por exemplo, *with a challenge*, linha 1) e para a entonação de trechos mais longos (*Because we have good schools*, linha 4; *because we have good government*, linha 5). |
| Morfologia | O contraste entre *their lives* (linha 9) e *great life* (linha 10) pode levar o ouvinte a pensar sobre formação de plural em inglês; o uso de *government* (linha 5) pode auxiliar a percepção de que a palavra "governo" em inglês é formada através do uso do sufixo *-ment*; percepção similar pode ocorrer ao se ouvir *horrifying* (linha 10) e o uso do sufixo *-ing* para formar o adjetivo. |
| Semântica | Ao ouvir o trecho *We by in large do not have great schools* (linha 4), o ouvinte pode concluir que *by and large* é um *idiom*. Essa conclusão pode levá-lo a uma pesquisa sobre o sentido de tal *idiom*, apoiada pela reflexão sobre a relação entre o som e grafia para identificar formas possíveis de escrever o *idiom* (*Buy and large? Buy enlarge? By and large?*), o que então guiaria a procura da expressão em um dicionário. |
| Sintaxe | O trecho é potencialmente interessante para observação da ordem de adjetivos e substantivos em inglês (*mortal enemy*, linha 1; *main reasons*, linha 2; *good schools*, linha 4 e outros). Pode servir também como fonte de observação para uso do *Simple Present* (*we have*, linhas 2, 4-5; *it works*, linha 6, entre outros) e formação de negativa (*we... don't have*, linha 5; *they did not have*, linha 10) |
| Discurso | Vale observar que o falante começa sua fala com a expressão *I'd like to start with* seguida de seu argumento principal (*Good is the enemy of great*, linha 1) e que termina a fala repetindo esse argumento principal (linha 12). Tal recurso retórico é certamente planejado, visando reforçar o ponto apresentado. A presença de uma pergunta retórica (*why?*, linha 4) é outra característica que torna o discurso do falante mais enfático, assim como o uso da interjeição *oh* (linha 10) mais adiante no trecho. |

**Fonética** é um ramo de estudo que investiga os aspectos físicos da produção e da percepção dos sons da fala humana.

**Semântica** é a área da gramática que estuda a relação entre as palavras e seus significados.

**Recurso retórico** (*rhetorical device*, em inglês) envolve o uso de elementos linguísticos com o objetivo de maximizar o efeito do texto, por exemplo, repetições, **perguntas retóricas**, linguagem emotiva, entre outros.

**Pergunta retórica** é uma pergunta que se faz ao falar sem se esperar uma resposta, como em um discurso político: *Do you know why we are here today? We are here to celebrate the victory of our nation [...]*.

Podemos ouvir também para praticar estratégias de compreensão oral. Retomando o exemplo de abertura desta seção e o texto a que ela corresponde, o ouvinte poderia usar o áudio para praticar uma série de estratégias, conforme detalhes no quadro:

| Estratégia a ser praticada | Procedimentos possíveis |
|---|---|
| Focando a atenção no dialeto e sotaque dos falantes | O ouvinte pode tentar identificar a origem do falante com base na sua pronúncia. A entonação utilizada pode levar o ouvinte a suspeitar que o falante é norte-americano. Essa hipótese pode ser reforçada ao se ouvir a pronúncia do /r/ em *start* (linha 1), *large* (linha 4) e *world* (linha 8), bem como o som *flap* em *think abou̱t it* (linha 2) e *i̱t is* (linha 10). |
| Refletindo sobre a relação entre som e grafia / Identificando fronteiras no que se ouve | Ao ouvir, pode-se escrever o que é dito ao mesmo tempo, refletindo-se sobre as correspondências entre sons e letras, bem como onde há quebras entre as palavras. |
| Identificando informações semelhantes em um texto | Ao ouvir, tenta-se identificar as palavras e ideias apresentadas mais de uma vez, anotando-as. Nesse processo, o uso repetido de *great* e *good* em exemplos alternados deve chamar a atenção do ouvinte. |

Os procedimentos e sugestões decritos até este ponto nesta seção têm algo em comum: eles envolvem o uso de um texto oral não com o foco de se compreender seu conteúdo, mas de se praticar diferentes formas de ouvir com atenção nas "formas" usadas ao se falar. A atenção para esse aspecto pode apoiar o ouvinte no desenvolvimento de suas habilidades *bottom-up* ao ouvir, na medida em que desenvolve sua atenção para aspectos mais localizados do que ouve.

Mas pode-se ouvir de formas diferentes com foco em conteúdo, também. Uma forma de encaminhar tal prática é através de *jigsaw listening*, como discutido em "Transferindo o que se entende em uma parte para compreender outra parte do texto".

### Aplique a estratégia

**1 > a.** Vá a <http://sounds.bl.uk/Accents-and-dialects/Millenium-memory-bank/021M-C0900X05078X-0200V1> e ouça o primeiro minuto e meio da entrevista, até *I get money in the week and that*. Você vai ouvir esse mesmo trecho por 5 vezes: a cada vez use uma (e apenas uma) das estratégias listadas na coluna central da tabela. Após cada escuta faça alguns comentários na coluna da direita (o que entendeu, o que achou do uso da estratégia etc.).

| Escuta | Estratégia | Comentários |
|---|---|---|
| 1 | Leia o resumo do áudio no *site* (seção *Description*) e faça previsões sobre conteúdo do texto | |
| 2 | Ouça e identifique algumas palavras-chaves | |
| 3 | Ouça o áudio e vocalize alguns termos ouvidos | |
| 4 | Ouça e identique repetições | |
| 5 | Ouça para aprender ou rever vocabulário | |

**b.** Leia todos os seus comentários e reflita: o uso de mais de uma estratégia trouxe ganhos para a compreensão geral do áudio de um modo geral? Se sim, quais? Neste momento, você pode verificar a transcrição do áudio, disponível na seção *Respostas dos exercícios*.

_____

_____

_____

**2 >** Repita os procedimentos propostos no Exercício 1, desta vez com um pequeno vídeo de sua escolha e com um quadro de estratégias também de sua escolha. Para selecionar as estratégias que deseja praticar, consulte o sumário deste livro na p. 6.

### Sugestões adicionais

- Em <http://www.uefap.com/listen/exercise/standex/standex.htm>, você encontra sugestões de como ouvir um mesmo áudio mais de uma vez, cada vez com um objetivo diferente.
- Músicas tradicionais são uma boa fonte para a prática desta estratégia. No *site* <http://www.kididdles.com/lyrics/traditional.html>, há um bom acervo dessas músicas em inglês.
- Se você dá aulas de inglês, conscientize seus alunos sobre os benefícios de ouvir um mesmo áudio mais de uma vez pedindo-lhes que ouçam um mesmo texto por três vezes consecutivas: ao final de cada vez eles devem escrever o que compreenderam do texto e o que fizeram para compreender. Essas anotações podem ser compartilhadas em um debate geral entre a turma após a atividade.

## 37>> OUVINDO PARA APRENDER SOBRE COMUNICAÇÃO ORAL

### A situação

Seguindo uma sugestão proposta em um livro didático de inglês (Bowler and Parminter, 1999: T10), uma professora dá início a uma atividade de *listening* pedindo aos alunos que ouçam dois trechos em áudio. Ambos os trechos contêm o mesmo *script* e reproduzem um ensaio de uma peça teatral baseada no filme *Grease.* De acordo com as instruções no livro, os alunos devem ouvir as duas versões e responder qual delas preferem e por quê.

O texto a seguir reproduz a interação em sala de aula ao redor desta atividade. Após a aula, a professora pergunta-se se a tarefa foi bem-sucedida.

### O texto

| 1 | T | you have . you're going to listen to a rehearsal of the play |
| 2 | | Grease / okay? |
| 3 | S1 | / do we have to do it? |
| 4 | T | and . this play . is being rehearsed by students at a school okay? |
| 5 | S2 | ((pointing to a picture in the book)) like this? |
| 6 | T | yes . you what you're gonna listen is here / what you're gonna listen is |
| 7 | | here okay? |
| 8 | S2 | / ah okay |
| 9 | T | okay? so . well listen and see see what you think if they're doing well . if |
| 10 | | they're not doing well . which part of the play it is |
| 11 | | ((students listen to the first part of the audio)) |
| 12 | | [...] |
| 13 | S3 | I think it's the the this the first scene |
| 14 | S1 | Danny isn't = |
| 15 | T | = do you agree?. is it the beginning the middle or the end of the movie? |
| 16 | S2 | it's the beginning |
| 17 | T | and is it well . rehearsed? |
| 18 | S4 | yes |
| 19 | S2 | yes |
| 20 | T | it is good? |
| 21 | S3 | no . *não sei* we have to do (?) = |
| 22 | T | = okay . we're gonna listen to the second version okay? see which one |
| 23 | | you prefer |

| | | |
|---|---|---|
| 24 | | ((students listen to the second part of the audio)) |
| 25 | | [...] |
| 26 | **S5** | *as vozes* |
| 27 | **S3** | the second one is better |
| 28 | **T** | yeah what? |
| 29 | **S4** | I think the first one |
| 30 | **S3** | the first? |
| 31 | **S4** | because the voice of the boys |
| 32 | **S6** | the first they say likes instead of liked |
| 33 | **S3** | they train they are pratiquing in the . second . they are good |
| 34 | **T** | would you like to act this out? |
| 35 | **S6** | hum hum |

Arquivo pessoal da autora.

## A estratégia

De acordo com o Livro do Professor que acompanha a atividade descrita acima, o objetivo da atividade era ouvir para uma ideia geral (*listening for gist*), com um foco em pronúncia: *recognizing and producing correct affective intonation*. A tarefa, então, envolvia aspectos discutidos neste livro em "Prestando atenção à pronúncia e à entonação": especificamente, a atividade tinha como objetivo promover a reflexão sobre o tom de voz adequado para promoção do envolvimento interacional. O áudio usado para esse fim era apropriado: as duas versões, apesar de conter o mesmo *script*, eram bem diferentes. A primeira delas era monótona, os falantes liam o *script* sem expressão, com tom de voz uniforme, pausas nos pontos errados; a segunda, ao contrário, era lida com expressão, e os falantes demonstravam suas emoções adequadamente através de suas vozes.

Na interação de sala de aula reproduzida acima, a professora apresenta a tarefa a ser encaminhada (linhas 1-2, 4, 6-7 e 9) incluindo detalhes do que os alunos devem fazer (*listen and see what you think... which part of the play it is*, linhas 9-10). Ao ouvir a primeira versão, os alunos interagem com o auxílio da professora e concluem corretamente que a cena é *the first scene* (linha 13)/*the beginning* (linha 16). Direcionados por perguntas da professora (linhas 17 e 20), dois alunos respondem que o trecho é bem ensaiado (*yes*, linhas 18 e 19), mas um deles hesita em concluir que o ensaio é bem feito (*no. não sei*, linha 21): ao expressar uma ideia sobre o que precisam fazer (*we have to do*, linha 21), esse aluno é interrompido pela professora, que logo em seguida apresenta a segunda versão. Após ouvirem

**Envolvimento interacional** consiste na coparticipação de todos os **interlocutores** em uma interação. Formas de se garantir o envolvimento interacional envolvem: estabelecer contato visual, perguntar sobre opiniões, dar *backchannelling*, pedir esclarecimentos etc.

> *Backchannelling* refere-se às indicações verbais ou não verbais dadas por um ouvinte para sinalizar reações, entendimento ou envolvimento numa interação, por exemplo, expressão facial indicando concordância ou surpresa, palavras como *really?*, *yes* ou mesmo *uh-huh* ou *hmm*.

essa versão, os alunos discordam na sua preferência (*the second one is better*, linha 27; *I think the first one*, linha 29), mas as justificativas dadas ou são vagas (*because the voice of the boys*, linha 31) ou focam critérios gramaticais que não são relevantes nesse caso (*the first they say likes instead of liked*, linha 32). Em outras palavras, a turma não cumpre o objetivo da tarefa: não se identifica a melhor versão nem se discute o que torna uma versão melhor ou pior que a outra. Essa discussão é fundamental para se construir conscientização sobre o que é considerado apropriado em comunicação oral.

Sem dúvida, é uma boa ideia procurar usar as interações orais que vivenciamos (seja como participantes, seja como observadores) como fontes de aprendizagem sobre como se comunica oralmente em inglês. Desta forma, o que aqui sugerimos é uma estratégia de compreensão oral que tem objetivos mais amplos, visando o desenvolvimento de estratégias de produção oral. No entanto, para que essas experiências tragam aprendizagens significativas, deve-se atentar para elementos específicos das interações vivenciadas. A seguir listamos alguns procedimentos que podem ser encaminhados a fim de cumprir esses objetivos:

- Observe como seus interlocutores (ou participantes de uma situação de comunicação oral a que você assiste, tais como aulas, palestras, cenas de filmes ou seriados de TV) solicitam repetição ou esclarecimento do que foi dito; como interrompem seus interlocutores; como expressam hesitação; como fazem reparos conversacionais; como produzem *backchannelling*; como tomam, cedem e mantêm o turno da fala; como articulam ideias desagradáveis (tais como discordâncias, críticas, más notícias); como variam as formas de dizer uma mesma coisa etc.
- Observações similares podem ser feitas com relação a elementos paralinguísticos tais como tom de voz, expressão facial, postura corporal, gestos.
- Quando seu interlocutor produzir uma palavra, locução ou frase que você consegue entender, mas sabe que não a produziria sozinho, procure criar condições na conversa que lhe permitam usar o(s) novo(s) termo(s).
- Ao ouvir novas palavras, locuções ou frases durante uma conversa, tome nota delas e procure usá-las no futuro quando for apropriado.
- Volte a suas notas com frequência, relendo-as em voz alta e pensando em possíveis formas de usar os novos termos em contexto.

Uma dificuldade associada a esta estratégia é que nem sempre é possível observar os aspectos mencionados acima sistematicamente; mais difícil ainda pode ser tomar notas durante uma conversa! No entanto, vale o esforço e a procura de uma rotina nesse sentido.

Uma forma de tornar tal prática mais palatável é alternar o foco de nossa observação: por exemplo, em certas situações podemos focar em como se interrompe; em outras, em como se indica entendimento do que é dito, e assim por diante. De qualquer forma, será mais fácil fazer essa observação se não estivermos diretamente envolvidos na interação: por exemplo, ao assistir um programa de TV você pode focar sua atenção "na forma" como os participantes interagem verbal e não verbalmente sem dar tanta atenção ao conteúdo específico sobre o que é dito. Nesses casos, as formas de se comunicar passam a ser o conteúdo a ser atentado pelo ouvinte.

Ao ouvir para aprender sobre comunicação oral é importante não fazer generalizações a partir de um pequeno número de observações. Por exemplo, depois de ouvir por uma ou duas vezes alguém interromper outra pessoa dizendo "*Wait a minute!*", não se deve concluir que esta forma é aconselhável em todas as situações de interrupção em comunicação oral! Uma forma de se chegar a conclusões mais sensatas é compilar as observações (em fichas como as seguintes) e analisar as tendências nas formas de se comunicar em contextos similares, por exemplo, entre participantes de poder interacional comparável, entre situações com nível de formalidade semelhante.

| Estratégia de produção oral | Informações contextuais (situação, participantes e sua relação, nível de formalidade, assunto) | O que foi feito e/ou dito |
|---|---|---|
| Interrompendo o interlocutor | | |
| Expressando ideias desagradáveis | | |
| Expressando hesitação | | |
| etc. | | |
| | | |
| | | |

### Aplique a estratégia

**1 > a.** Selecione uma cena de um filme que envolva conversa entre duas ou mais pessoas (uma busca na Internet por "*movies*", "*dialogue scenes*", "*video*" pode ajudá-lo a achar alguns exemplos). Ao observar a cena, use a tabela a seguir como referência e tique as estratégias de fala usadas por um dos participantes. Numa segunda vez, observe a participação de outro personagem.

|  | Participante 1 | Participante 2 |
|---|---|---|
| Expressa sentimentos através do olhar. |  |  |
| Pede esclarecimento. |  |  |
| Expressa concordância ou discordância. |  |  |
| Varia respostas positivas e negativas. |  |  |
| Usa gestos. |  |  |
| Usa expressões faciais. |  |  |
| Expressa hesitação. |  |  |
| Pede esclarecimento do que ouviu. |  |  |
| Indica entendimento do que ouviu. |  |  |
| Interrompe seu interlocutor. |  |  |

b. Observe a cena novamente focalizando sua atenção em um dos personagens. Em seu bloco de notas, anote "como" as estratégias de fala que ele/ela utiliza são postas em prática (com que palavras ou expressões, gestos, entonação etc.).

c. Em seu bloco de notas, responda: os procedimentos acima auxiliaram você a desenvolver seu conhecimento sobre interação oral em inglês? Justifique sua resposta.

### Sugestões adicionais

- Para uma sugestão adicional de como ouvir com o objetivo de identificar padrões conversacionais, veja o arquivo em <http://micase.elicorpora.info/learners/esl-eap-teaching-materials>.
- Ao assistir a programas de TV ou filmes, anote algumas palavras e estruturas que você ouve no áudio (o uso de legenda pode ser muito útil nessa tarefa). Volte a suas notas com frequência e procure usar as formas anotadas sempre que possível.
- Em suas conversas em inglês, crie a rotina de "se forçar" a aprender um número mínimo de novo vocabulário por conversa. Registre esse novo vocabulário e procure voltar a ele sistematicamente.
- Se você dá aulas de inglês, selecione pequenos diálogos (de livros didáticos, de *scripts* de peças de teatro, filmes ou seriados de TV). Divida a turma em três grupos (*Actors and Actresses 1, Actors and Actresses 2, audience*). Chame um representante do primeiro grupo e um do segundo grupo para sortear um dos dois pedaços de papel: *(1) Read well; (2) Don't read well*. Os grupos então leem o texto selecionado conforme a indicação do papel, e o grupo *Audience* deve identificar qual grupo *reads well* e qual grupo *doesn't read well*, justificando suas escolhas. Para *scripts* de peças de teatro, filmes e/ou programas de TV, explore os seguintes *sites*. Em <http://www.lazybeescripts.co.uk/play_script_collections/index.htm>, você encontra vários roteiros de peças teatrais, organizadas por faixa etária (crianças, adolescentes, adultos). No *site* <http://www.talkingpeople.net/tp/library/scripts/scripts.html>, há *links* para *scripts* de peças, filmes e programas de TV.

## 38>> PENSANDO SOBRE COMO SE OUVE

### A situação

Seu professor de inglês pede-lhe que, por uma semana, você mantenha um diário registrando todas as situações de escuta em inglês, incluindo comentários sobre como você se sentiu e o que fez durante essas situações. Tal diário, seu professor esclarece, deve ter o título *Listening Log* e ser entregue na semana seguinte. Você não entende bem o que lhe foi pedido e não cumpre a tarefa. Uma semana depois você não tem o que apresentar e pede a seu professor que lhe dê um exemplo do que é esperado e que esclareça melhor qual o propósito da tarefa.

### O texto

1. There were subtitles but I tried to read rather than hear as much as I can. ... Gradually I
2. can understand the story more and more by listening rather reading subtitle. ... Finished
3. Rome [the name of a TV show] and started watching it second time. This time I deleted
4. the subtitle and tried to understand only by listening.

Depoimento de um aluno reproduzido no artigo "The Listening Log: exploiting listening opportunities beyond the classroom", de Jenny Kemp. Disponível em: &lt;http://www.llas.ac.uk/resources/paper/3224&gt;. Acesso em: 19 abr. 2013.

### A estratégia

O fato de você não ter encaminhado o pedido de seu professor poderia, à primeira vista, ser interpretado como uma rejeição de sua parte em se posicionar estrategicamente quanto à sua compreensão oral em inglês. Tal interpretação seria, no entanto, equivocada. Ao querer entender o porquê da estratégia, e como ela deveria ser implementada, você de fato se posiciona como um aprendiz estratégico que está no controle de sua aprendizagem!

Nesse sentido, por mais bem-intencionado que seu professor tivesse sido ao propor o encaminhamento do *listening log*, ele falhou ao não dar mais esclarecimentos aos alunos: o que são *listening logs*? Como eles se caracterizam? Quais as suas funções? Sem ter essas informações, um aprendiz não tem como encaminhar os procedimentos solicitados, e sob uma ótica mais ampla do ponto de vista de sua aprendizagem de inglês de um modo geral, não tem como usufruir dos benefícios desses procedimentos de uma forma estratégica, isto é, de uma forma que possa ajudá-lo a se conhecer melhor como "ouvinte de inglês" e a reconhecer seus pontos fortes e fracos, identificando suas dificuldades e contemplando formas de superá-las.

Vamos, então, entender melhor o que são *listening logs*, em que consistem, quais benefícios podem trazer ao aprendiz-ouvinte e quais as potenciais dificuldades associadas a seu uso.

*Listening logs* são diários mantidos por ouvintes em que são descritas as situações de escuta vivenciadas, incluindo-se comentários sobre como lidaram com cada situação. Em outras palavras, esses *logs* criam oportunidades de autorreflexão sobre como se ouve. No texto acima, o aprendiz começa por descrever um procedimento que não era satisfatório ao assistir a um vídeo (*There were subtitles but I tried to read rather than hear as much as I can. ...*, linha 1) e menciona que, aos poucos, ele consegue entender melhor o que ouve e com isso retirar o apoio da legenda (*Gradually I can understand the story more and more by listening rather reading subtitle. ...*, linhas 1-2). O aprendiz finaliza sua entrada no diário descrevendo como assiste ao mesmo vídeo pela segunda vez: *This time I deleted the subtitle and tried to understand only by listening.*, linhas 3-4.

Um bom *listening log* deve, no entanto, incluir não apenas a descrição das situações de escuta, mas também sua análise. No caso acima, teria sido válido incluir mais detalhes sobre como o aprendiz conseguiu *understand the story more and more by listening* (linha 2) ao ouvir: isso aconteceu diante da aplicação de alguma estratégia? A leitura inicial da legenda teve algum impacto nesse entendimento? Essas reflexões não somente trariam informações reveladoras ao leitor; elas também poderiam auxiliar o próprio ouvinte a se conscientizar sobre seu comportamento ao ouvir em inglês e a identificar seus pontos fortes e suas dificuldades nesse processo. Tal identificação, por sua vez, poderia apoiá-lo na solução de problemas de escuta no presente e no futuro (conforme discutido na seção "Identificando dificuldades e delineando um plano de ação para solucioná-las").

Diante dos pontos discutidos acima, o conteúdo de um *listening log* poderia seguir a seguinte sequência de informações:

- O objeto de escuta – o que foi ouvido, por exemplo: *a TV show; a movie; a podcast; a radio program* (nesses casos pode-se incluir o título desses vídeos ou áudios); *a class/lecture; a presentation at work/at the university; a conversation with the shop assistant/the waiter at X; a phone call; a video clip.*
- A avaliação da compreensão oral – como se avalia o desempenho, por exemplo: *very good, good, not very good, poor.*
- A identificação das dificuldades e de suas soluções – quais foram as dificuldades encontradas e o que foi feito para se lidar

com elas, por exemplo: a dificuldade em identificar as palavras-chaves e quais subestratégias foram utilizadas para se lidar com tal dificuldade.
- As lições para o futuro – o que essas reflexões sobre o evento podem ensinar para futuras situações de escuta, sobretudo com relação a estratégias de escuta que poderiam ter sido utilizadas mas não foram.

A reflexão sobre como se ouve não precisa necessariamente ser encaminhada através de *listening logs*. Ela pode também ser estimulada através de questionários e debates. O importante, nesses casos, é falar sobre *listening* indo-se além da descrição de eventos e fomentando-se reflexões críticas que incluam justificativas e exemplos para as descrições apresentadas, bem como possibilidades para se lidar com aprendizagem ou uso de *listening* no futuro.

Pensar sobre como se ouve envolve outros desafios, entre eles: o tempo necessário para tais reflexões, a habilidade por parte dos ouvintes em encaminhar os processos metacognitivos necessários a tais reflexões, o seu conhecimento sobre estratégias disponíveis para o apoio dos cenários descritos. Se realizadas sistematicamente, porém, essas reflexões podem se tornar mais fáceis e eficazes.

## Aplique a estratégia

**1 > a.** Responda às perguntas a seguir em seu bloco de notas.

I. Você ouve em português e em inglês de forma similar ou diferente? Justifique sua resposta.
II. Pense em uma experiência positiva que envolveu a escuta em inglês. Descreva a experiência e responda: o que levou essa experiência a ser considerada positiva?
III. Pense em sua última experiência ao ouvir em inglês. Ela foi positiva ou negativa? Por quê?
IV. Quais são seus pontos fortes ao ouvir em inglês?
V. Quais são suas maiores dificuldades ao ouvir em inglês? O que você acha que poderia fazer para superar tais dificuldades?

**b.** Releia suas respostas acima e reflita: a que conclusões você chega a partir das suas respostas?

**2 > a.** Durante uma semana, mantenha um *listening log* seguindo o formato apresentado a seguir para cada situação de escuta.

| Data: | ___/___/___ |
|---|---|
| Objeto de escuta | |
| Avaliação da escuta | ☺ very good<br>😐 okay<br>☹ not good |
| Problemas que tive e como lidei com eles | |
| Lições para o futuro | |

    **b.** Após uma semana, releia suas anotações e reflita: de que forma as reflexões encaminhadas no *log* contribuíram para sua compreensão oral em inglês? Você nota alguma melhora em sua compreensão ao comparar objetos de escuta similares?
    **c.** Se possível, mantenha o *log* por um tempo maior, retomando as reflexões propostas em (b) sempre que possível.

## Sugestões adicionais

- Para ler mais sobre *listening logs*, leia o artigo usado como referência na parte "O texto" desta seção. O artigo está disponível em <http://www.llas.ac.uk/resources/paper/3224>.
- Para ver alguns exemplos de *listening logs*, vá a <http://www.lang.nagoya-u.ac.jp/dep/eigog/listening/meidai.html>.
- Encaminhe as reflexões propostas no Exercício 1 sistematicamente, por exemplo, uma vez por mês. Guarde todas as suas respostas e volte a elas com frequência, reavaliando seu plano de ação para desenvolvimento estratégico.
- Se você dá aulas de inglês, encaminhe debates na turma sobre a escuta em inglês de um modo geral. Tópicos para debate incluem: o que os alunos ouvem; como avaliam seu desempenho ao ouvir (e por que); quais dificuldades encontram, em que situações e como lidam com elas; quais estratégias acham que precisam desenvolver melhor. Esses debates podem ser postos em prática, por exemplo, escolhendo-se um aluno em cada aula e pedindo-lhe que compartilhe suas reflexões com a turma. Os outros alunos dão *feedback* oralmente ou por escrito, expressando suas conclusões e dando sugestões para um plano de ação de aprendizagem e uso de estratégias no futuro.

# 39>> SELECIONANDO E APLICANDO AS ESTRATÉGIAS APROPRIADAS PARA UMA TAREFA

## A situação

Você está para começar a fazer uma tarefa de compreensão oral (veja "O texto" a seguir). Você já conhece muitas estratégias de *listening* e entende que o uso dessas estratégias pode apoiá-lo a ouvir de forma mais eficaz e, consequentemente, a ter uma melhor compreensão do áudio. No entanto, você tem uma dúvida básica: como fazer para saber quais são as estratégias adequadas para a tarefa que está por iniciar?

## O texto

1. **Listen to the CD and mark the right alternatives.**
2. **a.** Isabella is stressed about her:
3. ( ) career.   ( ) school work.   ( ) birthday party.
4. **b.** Isabella is good at:
5. ( ) biology and physics.
6. ( ) chemistry and biology.
7. ( ) sociology and chemistry.
8. **c.** Michael asks Isabella if she would like to work in:
9. ( ) a hospital.   ( ) an office.   ( ) a laboratory.
10. **d.** How does Isabella react to Michael's suggestion at the end of the conversation?
11. ( ) She says she'll forget about it.
12. ( ) She says she'll consider it.
13. ( ) She says she'll talk about it with her parents.

Santos, D. *Take Over 1*. São Paulo: Larousse, 2010. p. 124.

## A estratégia

Muito bem! Seus questionamentos revelam que você está ciente de alguns pontos importantes sobre estratégias: em primeiro lugar, que elas existem e podem ajudá-lo a ouvir em inglês! Muitas pessoas nem sabem, ou nem se lembram, de que o uso de estratégias pode tornar o processo de escuta mais eficiente e, com isso, ajudar o ouvinte a ter uma compreensão oral melhor do que teria se ouvisse sem o apoio de estratégias.

O segundo ponto a ser notado na situação acima é que o aprendiz-ouvinte mostra estar ciente de que estratégias não são "boas" ou "más" por si próprias, mas, sim, "adequadas" ou "não adequadas" a uma situação de escuta específica. Para tal, o ouvinte precisa ter clareza quanto às características da situação de escuta que está por ocorrer. Por definição, o contexto de uma situação envolve uma série de fatores tais como: o que se ouve (Que gênero textual? Que tipo de texto?), com quem ou para quem se fala, os objetivos da escuta (incluindo se ela envolve exercícios de compreensão ou não), o nível de formalidade do texto, a urgência com que o texto é dito, se o que é dito envolve elementos visuais (em vídeo ou em interação face a face), entre outros. Tudo isso afeta, de um jeito ou de outro, as decisões a serem tomadas ao ouvir.

No caso acima, algumas estratégias são potencialmente úteis, e o quadro a seguir oferece alguns exemplos com comentários adicionais:

| Estratégias potencialmente úteis | Justificativa |
| --- | --- |
| Preparando-se para ouvir | A partir da leitura do exercício a ser feito, o ouvinte pode concluir que o áudio envolverá duas pessoas e que, provavelmente, ele terá a forma de um diálogo (vide *at the end of the conversation*, atividade d). Sabe-se de antemão que uma dessas pessoas (Isabella) está estressada sobre algo. As opções em (b) também podem levar o ouvinte a concluir que o áudio mencionará matérias escolares. O enunciado em (c) permite que o ouvinte conclua que Michael faz pelo menos uma pergunta a Isabella. Essas constatações podem ajudar o ouvinte, ainda antes de ouvir, a ficar mais relaxado diante da tarefa. |
| Fazendo previsões/ Monitorando previsões durante a escuta | Antes de escutar, podem-se prever os nomes de algumas matérias escolares a serem mencionadas (em preparação para responder à atividade b). Pode-se prever também que o áudio ou mencionará a palavra *work* (atividade c) ou alguma profissão associada a *hospital, office* ou *laboratory*. Diante do assunto dessas duas atividades (escola e trabalho, respectivamente), pode-se prever que a resposta à atividade (a) será ou *school work* ou *career*. Todas essas previsões devem ser monitoradas durante a escuta. |
| Focando a atenção em palavras-chaves / Focando a atenção em informações específicas | Ao ouvir, deve-se estar atento a termos que remetam direta ou indiretamente a matérias escolares e locais de trabalho. É necessário estar atento, também, a justificativas para o estado de estresse de Isabella. Estas podem vir acompanhadas de palavras-chaves como *why / reason / because*. |
| Prestando atenção à pronúncia e à entonação | A fim de completar o enunciado (c) *Michael asks Isabella if she would like to work in*, o ouvinte pode ficar atento a falas de Michael que têm forma de perguntas; a atenção à entonação também pode apoiar a resposta a (a): se Isabella está *stressed out*, é bem provável que esse estado de espírito se manifeste no tom de voz da falante. |

| Estratégias potencialmente úteis | Justificativa |
|---|---|
| Fazendo inferências | Para articular a ideia mencionada em (c), é possível que Michael não use exatamente as palavras mencionadas nas opções, mas que use termos relacionados a esses locais de trabalho (como comentado no item "Fazendo previsões/Monitorando previsões durante a escuta"). Nesse caso, o ouvinte precisará fazer uma inferência e é aconselhável que esta seja baseada em elementos ouvidos no texto. |
| Identificando "o problema" | O ouvinte precisará ficar atento ao ponto do áudio em que as informações procuradas são dadas. Por exemplo, ao ouvir Isabella dizer no áudio *Argh! I'm stressed*, deve concluir que a justificativa para tal sentimento será provavelmente dada logo em seguida. |
| Monitorando a escuta | Estratégias de monitoramento são sempre desejáveis ao ouvir. No caso específico desta tarefa, estratégias de monitoramento de foco e de compreensão são especialmente recomendáveis. |

Ainda com relação ao exemplo anterior, poderá haver variações na seleção de estratégias potencialmente apropriadas diante de outras condições contextuais não explicitadas na situação. Se o ouvinte tem de ouvir o áudio sob pressão (em uma situação que envolva avaliação, por exemplo), com pouco tempo, pode não ser uma boa ideia usar muito tempo prevendo-se vocabulário específico a ser ouvido. Por outro lado, se a realização da tarefa é parte de um plano de estudo ou treino de compreensão oral, permitindo ao ouvinte que dedique mais tempo e atenção para a escuta, outras estratégias como "Vocalizando", "Considerando elementos para apoiar decisões" ou "Ouvindo para aprender sobre comunicação oral" poderiam ser potencialmente úteis durante a tarefa.

De qualquer forma, a escolha das estratégias adequadas em uma situação de compreensão oral envolve uma dificuldade básica: como se lembrar de todas as estratégias conhecidas para então fazer a seleção? Uma forma de se ter em mente as opções é ter uma lista de estratégias como referência ao começar a ouvir (algo como o sumário deste livro na p. 6). Com tal referência em mãos e por não ter de contar com a sua memória, o ouvinte pode decidir com mais objetividade e segurança quais estratégias poderiam ser implementadas naquele momento de escuta. Esta ideia traz, no entanto, duas dificuldades adicionais: primeiramente, nem sempre é possível ter uma lista de estratégias em mãos quando ouvimos em inglês; em segundo lugar, a consulta a uma lista de referência ao mesmo tempo que se ouve impõe ao ouvinte uma pressão cognitiva intensa durante um processo (o ato de ouvir) já desafiador do ponto de vista cognitivo. Por tudo isso, a prática de seleção de estratégias em momentos de escuta que imponham menos pressão (ao se fazer os exercícios propostos neste livro, por exemplo) é importante. Com o passar do tempo, e com o uso sistemático de estratégias, elas podem ser automaticamente ativadas ao se ouvir em inglês.

Para desenvolver seu domínio nesta estratégia, troque ideias: converse com outras pessoas sobre suas preferências e dificuldades ao usar estratégias de escuta, procurando entender melhor como pode implementar certas estratégias com mais eficiência e maximizar seus benefícios. Na dúvida de como usar uma determinada estratégia, releia a parte correspondente a ela neste livro e faça mais exercícios aplicando-a. Após a aplicação de uma estratégia, procure sempre que possível perguntar-se se ela foi de fato útil, se você está sabendo utilizá-la adequadamente, até que ponto ela pode ser mais bem aplicada em futuras situações de compreensão oral. Retomaremos o processo de avaliação de estratégias na próxima seção.

Em suma, lembre-se sempre: ao ouvir em inglês, você deve sempre se sentir no comando da sua escuta, decidindo o que – e como – ouvir. As estratégias têm a função de apoiá-lo neste processo, funcionando como recursos ao seu dispor para garantir a eficácia de sua compreensão oral. Cabe a você identificar quais estratégias deve usar, implementá-las e avaliar o seu uso a fim de, cada vez mais, estar no controle de sua compreensão oral em inglês.

## Aplique a estratégia

**1 >** Para cada uma das situações a seguir, liste e justifique a escolha de estratégias potencialmente úteis. Ao fazer este exercício você pode consultar o sumário deste livro, na p. 6.
   a. Em uma aula de inglês, você está para fazer uma tarefa de compreensão oral que envolve uma atividade de preenchimento de lacunas para completar a transcrição do texto ouvido.
   b. Em um exame de inglês que está para começar, você ouvirá dois áudios: um deles envolverá uma atividade de múltipla escolha, e o outro, uma atividade com frases sobre o texto para serem identificadas como *true* ou *false*. Você ainda não recebeu as atividades mas sabe que cada áudio será tocado duas vezes.
   c. Você está em um auditório de uma universidade, onde assistirá a uma palestra sobre *Life in pre-history*. Esse assunto lhe interessa, mas você não é um especialista nele e desconhece muito do vocabulário básico a esse respeito.
   d. Você vai assistir a um filme na televisão. Você conhece o roteiro do filme, mas seu nível de inglês é básico e você tem dificuldade em compreender conversas coloquiais.

**2 >** No quadro a seguir, descreva brevemente uma situação futura que vai envolver sua compreensão oral em inglês. Com base nesta descrição, liste algumas estratégias que considera apropriadas à situação, justificando-as.

Descrição da situação: _____
O que você vai ouvir: _____
Com que finalidade: _____
Quem vai falar: _____
Características do(s) falante(s): _____
Háverá/Não haverá elementos visuais: _____
Outras informações: _____

| Estratégias potencialmente úteis na situação | Justificativa |
|---|---|
|  |  |
|  |  |
|  |  |
|  |  |
|  |  |

### Sugestões adicionais

- Selecione uma ou mais situações de escuta ilustradas neste livro ao longo das seções "A situação". Com uma lista de estratégias em mãos (por exemplo, o sumário deste livro na p. 6) identifique estratégias de compreensão oral potencialmente úteis àquela situação, procurando sempre justificar suas escolhas.
- Sempre que possível, identifique as estratégias potencialmente úteis numa situação de escuta em inglês que está por acontecer. Use tais estratégias ao ouvir e num momento posterior avalie: as estratégias utilizadas foram adequadas? Elas foram aplicadas adequadamente? Como elas poderiam ser aplicadas de forma melhor no futuro? Que outras estratégias poderiam ter apoiado a escuta?
- Se você dá aulas de inglês, procure fazer do uso de estratégias um tópico para debate sempre que possível diante de situações de escuta que ocorreram ou estão por ocorrer.
- Amplie seu repertório sobre estratégias de compreensão oral. Neste livro, apresentamos algumas estratégias, mas há muitas outras que você poderia explorar para se tornar um ouvinte de inglês cada vez melhor! Para aprender mais, use a Internet ou consulte a lista de referências ao final deste livro.

## 40>> AVALIANDO AS ESTRATÉGIAS APLICADAS

### A situação

Você gostaria de avaliar sua capacidade de compreensão oral em inglês mas não sabe bem como fazer isso. Um amigo lhe sugere que você consulte os critérios de avaliação para *listening* do *Common European Framework of Reference,* o documento de referência para avaliação de proficiência em língua estrangeira utilizado na Europa e também comumente aplicado no Brasil. Você consulta a listagem de critérios relacionados aos seis níveis de proficiência propostos no documento em foco, mas pergunta-se até que ponto esses critérios poderiam auxiliá-lo a avaliar seu uso de estratégias de compreensão oral.

### O texto

| | | |
|---|---|---|
| 1<br>2<br>3<br>4 | C2 | I have no difficulty in understanding any kind of spoken language, whether live or broadcast, even when delivered at fast native speed, provided I have some time to get familiar with the accent. |
| 5<br>6<br>7<br>8 | C1 | I can understand extended speech even when it is not clearly structured and when relationships are only implied and not signalled explicitly. I can understand television programmes and films without too much effort. |
| 9<br>10<br>11<br>12<br>13 | B2 | I can understand extended speech and lectures and follow even complex lines of argument provided the topic is reasonably familiar. I can understand most TV news and current affairs programmes. I can understand the majority of films in standard dialect. |
| 14<br>15<br>16<br>17<br>18 | B1 | I can understand the main points of clear standard speech on familiar matters regularly encountered in work, school, leisure, etc. I can understand the main point of many radio or TV programmes on current affairs or topics of personal or professional interest when the delivery is relatively slow and clear. |
| 19<br>20<br>21<br>22<br>23 | A2 | I can understand phrases and the highest frequency vocabulary related to areas of most immediate personal relevance (e.g. very basic personal and family information, shopping, local geography, employment). I can catch the main point in short, clear, simple messages and announcements. |

| 24 25 26 | **A1** | I can recognise familiar words and very basic phrases concerning myself, my family and immediate concrete surroundings when people speak slowly and clearly. |

Nota: A1/A2: Usuário básico; B1/B2: Usuário independente; C1/C2: Usuário proficiente.
Disponível em: <http://www.coe.int/t/DG4/Portfolio/?L=E&M=/documents_intro/Data_bank_descriptors.html>.
Acesso em: 21 abr. 2013.

## A estratégia

Muito bem! Você teve duas preocupações louváveis: para começar, a intenção de avaliar sua compreensão oral em inglês mostra que você está consciente da importância de autoavaliações para o desenvolvimento de sua competência e autonomia como aprendiz. Além disso, sua indagação sobre a adequação dos critérios sugeridos no *Common European Framework of Reference* para a avaliação de estratégias mostra que você está atento para o fato de que critérios de avaliação precisam ser condizentes com aquilo que se deseja avaliar!

Antes de desenvolvermos a discussão sobre avaliação de estratégias, precisamos fazer um esclarecimento básico: nesta seção tratamos de avaliações que uma pessoa faz sobre si própria; portanto, tratamos de autoavaliações. Autoavaliações envolvem processos metacognitivos (isto é, cognição sobre cognição) que podem conscientizar o aprendiz-ouvinte a respeito de aspectos importantes relacionados a situações específicas de escuta, bem como atitudes e crenças sobre a escuta de uma forma mais geral. Sua função principal é, pois, oferecer oportunidades para que o ouvinte reflita sobre o processo de compreensão oral recém-concluído e sobre como ele se posiciona ao ouvir.

Voltemos, então, aos critérios de avaliação apresentados em "O texto" acima. Eles têm pontos positivos: para começar, são articulados ao redor de habilidades (*what the listener* can *do*) concretas (o que pode ser feito, em que situação). Isso é muito bom, porque nossa capacidade de fazer algo necessariamente depende das circunstâncias que caracterizam o evento: podemos saber andar de bicicleta, mas não conseguir fazê-lo em terrenos íngremes e irregulares; retomando o critério B1, acima, podemos afirmar que sabemos *understand the main point of many radio or TV programmes on current affairs or topics of personal or professional interest*, mas que só conseguimos ter tal compreensão se, de fato, a fala for *relatively slow and clear*. Em outras palavras, os critérios acima têm a vantagem de ser precisos e apontar para circunstâncias bem específicas, e tal precisão é sempre desejável em critérios de avaliação.

No entanto, é importante notar que os critérios acima são articulados ao redor de competências, e não de estratégias: ao concentrar no que o ouvinte *can do*, a listagem não cria condições para se pensar nas dificuldades ao ouvir e, sobretudo, nas formas de contemplar essas dificuldades. Para que uma autoavaliação traga à tona elementos associados à aplicação de estratégias ao ouvir, é necessário que elas gerem reflexões não apenas sobre "o que" se consegue compreender oralmente, mas também sobre "como" o processo de compreensão oral de uma pessoa se configura. As perguntas a seguir servem como sugestões para o encaminhamento dessas autoavaliações:

- Qual é o objetivo da escuta que estou por fazer (entretenimento; aprendizagem; teste etc.)? Que estratégias posso implementar para atingir tal objetivo com sucesso?
- Estou encontrando alguma dificuldade ao ouvir? Quais estratégias estou usando para lidar com tais dificuldades? O que posso fazer para tornar minha compreensão oral mais estratégica?
- Os objetivos da minha escuta foram atingidos? Se sim, quais estratégias me auxiliaram neste processo? Se não, quais estratégias eu poderia ter usado para atingir meus objetivos?
- Quais estratégias usei na minha escuta? Quais foram mais (e quais foram menos) úteis? Quais foram mais (e quais foram menos) fáceis de serem aplicadas? Por quê?
- O que posso fazer para aplicar melhor uma determinada estratégia?

Uma forma mais guiada de aplicar a estratégia é preencher fichas que listem estratégias de compreensão oral, ticando-se as estratégias utilizadas durante o processo de escuta.

---

Date: ____/____/____
Listening Task: _____

As preparation for the listening, I…
( ) predicted the topic of the listening passage.
( ) activated prior linguistic knowledge (vocabulary, grammar) and brainstormed some ideas.
( ) activated world knowledge (what I knew about the topic).
( ) listed some points I would like to know about the topic.

( ) activated generic knowledge (what I knew about the genre of the text to be heard).
( ) reflected on possible answers to the questions I had to answer.
( ) tried not to panic and to feel in control of the process.
( ) thought about potential problems (and about ways of dealing with those problems).
( ) Other. Please specify:
_____

While listening, I…
( ) paid attention to key words.
( ) looked for repeated ideas in the text.
( ) paid attention to chunks.
( ) paid attention to negatives.
( ) paid attention to intonation and pronunciation.
( ) tried to learn new vocabulary.
( ) formulated and checked hypotheses about my understanding.
( ) checked the predictions I made before listening.
( ) used my prior knowledge to make conclusions.
( ) took notes.
( ) thought about the relationship betweens sounds and their spelling.
( ) monitored my listening.
   If yes, which type of monotoring:
   ( ) comprehension
   ( ) sense
   ( ) focus
   ( ) Other (please specify:
_____)

After listening I…
( ) thought about my difficulties during the listening.
( ) thought about what I did to deal with those difficulties.
( ) thought about what I can do in the future if I have similar difficulties.
( ) thought about what I had discovered about myself as a listener.
( ) Other (please specify:
_____)

Fichas de apoio podem envolver todo o processo de escuta como no exemplo acima ou podem focar em partes desse processo (por exemplo, o que se fez apenas antes de ouvir, ou apenas enquanto se ouvia, ou apenas depois de ouvir). O importante é que seu preenchimento seja seguido por reflexões mais amplas que levem o aprendiz-ouvinte a pensar sobre o que fez bem, o que poderia ter feito, o que poderá fazer no futuro para contemplar dificuldades semelhantes.

Resumindo: é importante não conceber o preenchimento de fichas como a acima, ou o encaminhamento de reflexões como as sugeridas nos *bullets* anteriores, como "atividades" a serem feitas antes, durante e/ou após a escuta. Essas autoavaliações têm um objetivo mais amplo: o de permitir ao aprendiz-ouvinte que se conheça melhor como ouvinte de inglês e que avalie, de forma contínua e sistemática, se deve manter ou mudar certos hábitos e crenças ao ouvir em inglês. Por exemplo, se concluir que fixou sua atenção no entendimento de palavras isoladas, pode ficar mais atento ao foco de *chunks* e ideias repetidas no futuro; se concluir que ficou nervoso ao não entender o início do áudio, o que prejudicou seu entendimento do resto, pode conseguir lembrar de acionar monitoramento de foco (ver seção "Monitorando a escuta") na próxima vez que ouvir em inglês.

Não é fácil encaminhar essas reflexões e planos de ação. Esse processo pode ser facilitado se feito de forma colaborativa, envolvendo outros aprendizes e o professor (em situações de aprendizagem formal de inglês). O autodidata terá de ter disciplina e posicionamento autorreflexivo para se engajar em tais processos.

## Aplique a estratégia

1 > a. Selecione uma tarefa de compreensão oral proposta ao longo deste livro e encaminhe-a.
   b. Após ouvir, preencha a ficha de autoavaliação sugerida nesta seção e marque as estratégias usadas antes, durante e depois de ouvir.
   c. Leia a ficha preenchida com atenção e, com base no que foi e no que não foi ticado, reflita: a autoavaliação permitiu-lhe conhecer melhor seu comportamento ao ouvir em inglês? Ela fez você pensar em possíveis formas de ouvir no futuro?

2 > a. Selecione outra tarefa proposta neste livro.
   b. Durante o processo de escuta, responda às perguntas de autoavaliação apresentadas em *bullets* nesta seção. Ao final, avalie: as perguntas auxiliaram-no a realizar a tarefa? Contribuíram para o seu desenvolvimento como ouvinte de inglês? De que forma?

**3 >** Avalie os dois processos de autoavaliação propostos acima (Exercício 1 e 2): qual dos dois você prefere, e por quê? Haveria ocasiões em que um tipo de autoavaliação possa ser mais adequado do que o outro? Justifique suas respostas.

### Sugestões adicionais

- Encaminhe processos de avaliação por meio de diários a serem feitos após cada tarefa de compreensão oral. Esses diários podem registrar aspectos tais como:
  - *What went well, and why*
  - *What didn't go so well, and why*
  - *How I feel about my progress in listening in English, and why*
  - *Plans for the future*
- Se você dá aulas de inglês, use fichas de avaliação como a apresentada nesta seção sistematicamente com seus alunos. Comece por utilizar fichas mais simples, com "partes" do processo de escuta e menor número de estratégias. Aos poucos vá ampliando a lista. Sempre estimule seus alunos a pensar sobre seu processo de ouvir em inglês: o que fazem bem, quais suas dificuldades, como podem superá-las.

# PARTE 3

# COMPLEMENTOS

## >> RESPOSTAS DOS EXERCÍCIOS

### Estratégia 1

#### Exercício 1

a. I. Sabe-se que o texto a ser ouvido envolverá *telephone directions* mas não se pode ter certeza se essas *directions* envolverão mensagens gravadas ou conversas entre duas pessoas.

II. O texto ouvido envolverá situações que fazem uso do telefone: isso pode ser concluído pelo enunciado e pela recorrência de imagens que remetem a tal meio de comunicação.

III. Como a tarefa envolve a escolha de uma de duas opções dadas, é possível que as opções estejam relacionadas e mesmo contenham algum elemento que possa confundir o ouvinte: algumas hipóteses que podem ser formuladas são: (1) incluirá menção a uma nota ou uma moeda; (2) mencionará ou *call / ring* ou *hang up*; (3) tratará de *ring*, que significará ou "tocar (o telefone)" ou "anel"; (4) pode envolver algo como *greeting* ou *wrong*; (5) envolverá *calling* ou *hanging up*; (6) poderá estar relacionado ou a *sheep* ou a *operator*.

b. I. O texto a ser ouvido deve ser uma narrativa sobre a rotina de uma pessoa.

II. Pelo enunciado sabe-se que o áudio será um monólogo lido por uma pessoa do sexo feminino (*Nick's sister*).

III. Atenção às horas mencionadas, a advérbios de tempo (*usually, never, always* etc.), aos verbos relacionados à rotina descrita (*get up, walk, take the dog, help*). O ouvinte deve estar ciente de que os itens mencionados na ficha a ser preenchida podem ser mencionados explícita ou indiretamente.

#### Exercício 2

Respostas pessoais.

### Estratégia 2

#### Exercício 1

a. Previsão de assunto: várias respostas possíveis, por exemplo, pela frequência de termos relacionados a animais e à natureza, é possível que o texto trate desses assuntos com relação aos hábitos, trabalho e viagem ao Alasca de uma pessoa chamada Burney Crouss;

Previsão de gênero textual: várias respostas possíveis, por exemplo, uma entrevista com Burney Crouss, um monólogo produzido por Burney ou por outra pessoa que fala sobre ele, uma notícia de rádio ou de TV sobre Burney;

Previsão de vocabulário: respostas pessoais, em função do assunto e do gênero textual previstos pelo ouvinte;

Previsão das respostas dos exercícios: respostas pessoais.

b. Respostas pessoais.

> **Transcrição do áudio**
>
> Burney Crouss went to school to study the sounds of nature. For 20 years he has recorded the sounds animals make. He has recordings of animal sounds from all over the world.
>
> Burney has made a record of animal songs. It all began when he took some of the sounds and put them together. Last year, he put together a song he called "Jungle Shoes." It turned out great.

Burney makes the music by taking part of his animal noises and saving them on a computer. He makes each sound play when a key is pressed. Then he asks other musicians to play the keys into songs.

Burney believes in working to save nature. He thinks that more people need to take care of our world. The sounds of nature are quickly disappearing.

When he recorded whales in Alaska, he could hear the sound of oil well drilling from fifteen to twenty miles away. It was very loud. He says his goal is to save nature sounds so his children will be able to hear them.

Disponível em: <http://www.cdlponline.org/index.cfm?fuseaction=activity1&topicID=11&storyID=73>.
Acesso em: 25 jun. 2013.

## Exercício 2
Respostas pessoais.

### Estratégia 3

## Exercício 1

a. Gênero: várias respostas possíveis, por exemplo, duas pessoas conversando, monólogo contendo descrição, programa de turismo na TV;
   Assunto: tíquetes de trem para transporte em Tóquio;
   Vocabulário a ser ouvido: várias respostas possíveis, por exemplo, *buy, subway, busy, go around, get on, get off, cheap/expensive, in advance* etc.
b. Respostas pessoais.
c. Respostas pessoais.

**Transcrição do áudio**

| | |
|---|---|
| Man | Let me see now. Which train do I need to get on? |
| Woman | Excuse me. Do you need any help? |
| Man | Yes, I want to go to Tokyo Tower, but I'm really lost. This is my first visit to Japan, so I have no idea on how to ride the trains. |
| Woman | First, you need to buy a ticket to your destination. [Um-HUH] From here, it's a hundred and thirty yen. |
| Man | A hundred thirty yen. Okay. |
| Woman | Then, get on the Hibiya Subway Line at platform number 4. |
| Man | Number 4, alright. Oh, and how often do the trains come around this time of day? |
| Woman | Usually, they come about every six minutes or so. |
| Man | Alright. And where do I get off the train? |
| Woman | Get off at Kamiyacho Station, three stops from here. The sign at the station is written in English, so you'll be able to read it. |
| Man | Three stops. Got it. Thanks for your help. |
| Woman | No problem. Good luck. |

Disponível em: <http://www.esl-lab.com/train/trainsc1.htm>. Acesso em: 25 jun. 2013.

## Exercício 2
Respostas pessoais.

## Estratégia 4

### Exercício 1

a. Termos repetidos: *you, we, I, war, need, world, feel, day, situation, happen, strike, shocked,* entre outros;
Marcadores do discurso: *so first of all, well, er, um, then, I mean, that's why,* entre outros;
Números/Estatísticas: *ten (minutes later), 1:30, ten times (harder);*
Tempos verbais: Simple Present (*is, think, need* etc.), Past Progressive (*you were doing, I was running*), Simple Past (*hit, thought, was, called, did/keep working, did/have* etc.);

Termos enfatizados: *name, occupation, plane, another, hit, shock, shocked, war, bullies, grandchildren, again, my, means, happen* etc.;
Termos apresentados depois de pausas: *security, installer, the events of that day, one thirty, world war* etc.;
Termos pronunciados mais devagar: *first of all, Tuesday, situation.*

b. Respostas pessoais.
c. Respostas pessoais.

**Transcrição do áudio**

**Interviewer**  Hum, so first of all, hum if you could please tell me your name and your occupation and where you come from.
**Interviewee**  My name is Aaron Hill, my occupation is er security er installer and I come from Baltimore, Maryland.
**Interviewer**  OK and... er can you tell me what er what you were doing last Tuesday, how you found out about the events of that day and...
**Interviewee**  Well...
**Interviewer**  What you did then?
**Interviewee**  Well I was running wires for my job and I heard a plane hit the world trade centre and I thought it was just a fluke accident, and then ten minutes later he called me and said another plane hit and I was just shocked, really pretty much, pretty much saddened the whole day, and uh, that's pretty much it, I was just in shock for a while, pretty much.
**Interviewer**  Did you guys keep working, or did...
**Interviewee**  Yeah I kept working, then we left like uh 1:30, when we found out the Pentagon got hit and everything else, and we finally just went home. Um, I guess I would say I was just more shocked more than anything else.
**Interviewer**  What about, um, did you personally have family members?
**Interviewee**  No, no, I can't say that I did.
**Interviewer**  Um, what do you what do you think we should do in responding to this?
**Interviewee**  Well, I think America needs to check itself, like, we need to ask ourselves the question: are we the super powers of the world, and if the answer is yes, then we need to act like the super powers, and take care of the situation, no matter what the cost may be: world war...whatever, we just can't let this go just hanging in the wind or whatever, cause you never know what next organisation will take it the next step further, I mean, we need to take control of the situation, that's my my, whole take on everything. If war is the means to do that, then that's what we have to do. I mean, I don't feel as though it's a war against all the Muslims, and all of that, they did, we just wanna get the terrorists out of the whole world. I mean, I'm all for war, pretty much, I mean, I think we need to strike back ten times harder than they struck us, that's how I feel. And if we're gonna be the bullies on the block, why not act like the bullies on the block, I mean, don't sit

|              | back and try and get (?) and then let's do what we gotta do like President Bush said, that's my whole (?). |
|---|---|
| Interviewer  | Um, is there anything else you would like to say about this for, you know maybe your grandchildren down the road? |
| Interviewee  | I'd just would like to say I hope this never happens again, and I hope to see my grandchildren one day, and that's why I feel as though we need to resolve this situation through any means necessary so that I can see my grandchild one day. And I do feel kinda fearful that if we do step towards conflict, that more terrorist attacks are gonna happen, but casualties of war, what can you say, it's gonna happen it's gonna happen, but we have to, we have to strike back, if you ask me, that's my main point. |
| Interviewer  | Thank you. |
| Interviewee  | Thank you sir. |

Disponível em: <http://memory.loc.gov/service/afc/afc2001015/sr/sr203a03.mp3>. Acesso em: 25 jun. 2013.

## Exercício 2
Respostas pessoais.

# Estratégia 5

## Exercício 1
Respostas pessoais.

## Exercício 2
Respostas pessoais.

# Estratégia 6

## Exercício 1
Respostas pessoais.

### Transcrição do áudio

| Interviewee | When you go into the door, on my right is my bed, and on my left is my dressing table and I've got a telly, I've got a radio, and if you look straight in front there's a window, and um, and um, I've got posters on my walls and I've got cupboards on the left as well, and yeah that's it, it's really small. |
|---|---|
| Interviewer | Who's on the posters? |
| Interviewee | Michael Owen. (Laughs) |
| Interviewer | Do you like Michael Owen? |
| Interviewee | Yeah… |
| Interviewer | Um, you've got a TV? |
| Interviewee | Yeah… |
| Interviewer | And a radio… |
| Interviewee | Yeah… |
| Interviewer | Have you got a computer in your bedroom? |
| Interviewee | In my sister's bedroom. 'Cause my own bedroom is too small. |
| Interviewer | How old is your sister? |
| Interviewee | Twenty-two. |

| | |
|---|---|
| **Interviewer** | Oh right, hehe. Big difference. |
| **Interviewee** | I've got a brother who's um nearly sixteen. |
| **Interviewer** | So you're the youngest. Have you got a hi-fi system as well? |
| **Interviewee** | I've got, yeah, it's a hi-fi sort of thing, yeah. The speakers, and the radio and CD and all that. |
| **Interviewer** | Who buys you all of those things? |
| **Interviewee** | My mum and dad. (giggles) |
| **Interviewer** | Do you have to nag them? |
| **Interviewee** | Yeah, sometimes. I get pocket money and I get money during the week. |
| **Interviewer** | How much do you get? |
| **Interviewee** | Sometimes a fiver, sometimes a tenner, and I get money in the week and that. |

Disponível em: <http://sounds.bl.uk/Accents-and-dialects/Millenium-memory-bank/021M-C0900X05078X-0200V1>. Acesso em: 25 jun. 2013.

## Exercício 2
Respostas pessoais.

## Estratégia 7

## Exercício 1

a. Prefixos negativos: Sim (*in-, im-, dis-*) / Sufixos negativos: Não;
Palavras que restringem: Sim (*almost*);
Palavras que expressam ideias negativas: Sim (*angered, recession*);
Marcadores do discurso associados a ideias contrárias: Não;
Frases com estruturas negativas: Sim (*…the Facebook CEO didn't really care about his company's future*).

b. *the incorrect attire, a mark of immaturity, many analysts disagreed with Mr Pachter's comments*; *he wore a tie to work almost every day in 2009*; *Mark Zuckerberg angered Wall Street, the start of the recession in 2008*; Markets analyst Michael Pachter felt it was the incorrect attire to wear to a high-level business meeting and showed how the Facebook CEO didn't really care about his company's future.

c. Respostas pessoais.

### Transcrição do áudio

**Facebook Hoodie Angers Bankers**

Facebook CEO Mark Zuckerberg angered Wall Street bankers this week by turning up to a meeting wearing a hoodie – a casual, zip-up jacket with an attached hood. Mr Zuckerberg was in talks with investors ahead of next week's launching of Facebook on the stock market. Markets analyst Michael Pachter felt it was the incorrect attire to wear to a high-level business meeting and showed how the Facebook CEO didn't really care about his company's future. Mr Pachter said: "I think that's a mark of immaturity. I think that he has to realize he's bringing investors in right now, and I think he's got to show them the respect that they deserve because he's asking them for their money."
Facebook's IPO (Initial Public Offering) is expected to raise over $10 billion, which would make it the largest amount of cash ever raised. Many analysts disagreed with Mr Pachter's comments, saying Zuckerberg's hoodie is simply the personal fashion choice of a successful entrepreneur. Many likened the hoodie to the black sweaters and jeans that Steve Jobs always wore. Zuckerberg wrote on his own Facebook that he wore a tie to work almost every day in 2009. He said: "After the start of the recession in 2008, I wanted

to signal to everyone at Facebook that this was a serious year for us... My tie was the symbol of how serious and important a year this was, and I wore it every day to show this."

Disponível em: <http://www.breakingnewsenglish.com/1205/120510-hoodie.html>. Acesso em: 25 jun. 2013.

## Exercício 2
Respostas pessoais.

## Estratégia 8

### Exercício 1
Respostas pessoais.

### Exercício 2
Respostas pessoais.

## Estratégia 9

### Exercício 1
a. Várias respostas possíveis, por exemplo: *Simple Past* (a entrevista giraria em torno de eventos que aconteceram no passado); *Simple Present* (a entrevista giraria em torno de opiniões mais gerais sobre comportamentos, valores etc.).
b. *wanted (to start with), got (together), know, think, met, were (married), was, made/get married, was, know, was looking, needed, guess, was, were, ended up (hooking up)*.
c. Várias respostas possíveis: retomando a ideia do uso do *Simple Past*, muitos dos verbos neste tempo descrevem fatos e situações no passado (*got together, met, were married, needed, was, were, ended up*); retomando a ideia do *Simple Present*, os verbos em tal tempo no trecho remetem para opiniões e ideias (*know, think, guess*).
d. Respostas pessoais.

**Transcrição do áudio**

| | |
|---|---|
| **Chana Wiliford** | One of the first things I wanted to start with, Dad, was like when you and mom got together. Um, for example, I know that-- I think, anyway-- you guys met in a bar. And then like two weeks later, you were married. |
| **Bob Wiliford** | Yeah. It was a very short romance. |
| **Chana Wiliford** | You know, what made you guys get married so quickly? |
| **Bob Wiliford** | Yeah, it was a, kind of a whirlwind thing, you know? I know in my— from my side of it-- I was looking for somebody. I needed someone in my life, you know. And I guess, you know, she basically was in the same situation. So we both just were looking for somebody, and we ended up hooking up. |
| **Chana Wiliford** | Yeah. |

Disponível em: <http://www.thisamericanlife.org/radio-archives/episode/106/transcript>. Acesso em: 25 jun. 2013.

### Exercício 2
a/b. *found* (passado); *sleeping* (passado com aspecto contínuo); *was...going to devour* (passado); *caught* (passado); *dropping* (passado com aspecto contínuo); *made* (passado); *finding* (passado com aspecto contínuo); *could not overtake* (passado); *abandoned* (passado); *came back* (passado);

reached (passado); found (passado); was (passado); had to go (passado); serves (presente); said (passado); should have been (passado); had (passado); hankering (passado com aspecto contínuo).

c. Respostas pessoais.
d. I. (2); II. (3); III. (5); IV. (4); V. (1); VI. (6).
e. Respostas pessoais.

### Transcrição do áudio

**The Lion and the Hare**

A Lion found a Hare sleeping in her form, and was just going to devour her when he caught sight of a passing stag. Dropping the Hare, he at once made for the bigger game; but finding, after a long chase, that he could not overtake the stag, he abandoned the attempt and came back for the Hare. When he reached the spot, however, he found she was nowhere to be seen, and he had to go without his dinner. "It serves me right," he said, "I should have been content with what I had got instead of hankering after a better prize."

Disponível em: <http://ia700200.us.archive.org/19/items/aesop_fables_volume_eight_librivox/fables_08_08_aesop.mp3>. Acesso em: 25 jun. 2013.

## Estratégia 10

### Exercício 1

Números ouvidos: *twenty twelve*; *two*; *nine hundred thousand*; *thirty-four million*; Informações e palavras-chaves que acompanham os números: *more rice in twenty twelve than was produced last year*; *the world rice harvest should rise almost two percent*; *Demand is expected to fall nine hundred thousand tons to about thirty-four million metric tons*. As conclusões/reflexões sobre o que é ouvido são pessoais, bem como a avaliação final.

### Transcrição do áudio

This is the VOA Special English Agriculture Report.

The United Nations is expecting the world to harvest more rice in twenty twelve than was produced last year. The UN's Food and Agriculture Organization says the world rice harvest should rise almost two percent, mainly because of increased production in Asia. Large gains are expected for Bangladesh, Burma, China, India, Pakistan, the Philippines and Thailand.

The FAO also is predicting a recovery for rice harvests in Africa. It expects increased production from Mali, Nigeria and Senegal.

But the UN agency says harvests will be lower in the European Union and the United States. Two reasons for this are unusually dry weather and falling rice prices, which have led some farmers to plant other crops. Smaller rice harvests also are expected in Latin America and the Caribbean.

Concepcion Calpe is an economist with the FAO. She says good harvests in Asia will lead to reduced demand for rice this year. Demand is expected to fall nine hundred thousand tons to about thirty-four million metric tons.

Disponível em: <http://learningenglish.voanews.com/content/increase-rice-production-asia-africa/666440.html>. Acesso em: 25 jun. 2013.

# Estratégia 11

## Exercício 1

a. Várias respostas possíveis, por exemplo: *Mielec, children, born, very, small, mills, flour, father*.

b. Retomando as respostas acima: *Mielec* (the town, in Poland, where the speaker was born), *children* (7 children in the speaker's family; she also had 5 children), *born* (where and when she was born), *very* (she came from a very orthodox family; she worked very hard), *small* (her mother had a small store in a small town in Poland), *mills/flour* (her father supplied the flour mills; he also supplied the bakery shops with the flour from the mills), *father* (previous parts; also the fact that he dealt with grains and that the peasants brought grains to him).

c. Respostas pessoais.

**Transcrição do áudio**

**Interviewer** This is an interview for the national life story collection of Mrs. Toby?
**Interviewee** Yes.
**Interviewer** Toby Biber, by Celia Leevey on the 6th of February 1989. Could you tell me where and when you were born, please?
**Interviewee** I was born in Poland, Mielec the town. I come from a very orthodox home, we were 7 children, middle class. My father was dealing in grain, the peasants were bringing grain to my father and he would buy them and supply the flour mills. In… After… Then he supplied the local bakery shops with the flour from the mills. After the children were growing up, my mother went into business separately, er… that was like a small store in a small town in Poland selling everything and anything, ladies clothes, shoes, you name it.
**Interviewer** What was the name of the town that you were born in?
**Interviewee** Mielec.
**Interviewer** Mielec?
**Interviewee** Mielec.
**Interviewer** I see.
**Interviewee** Um… I worked very hard. Of course, with 7 children, 5 daughters and 2 sons.

Disponível em: <http://sounds.bl.uk/Oral-history/Jewish-Holocaust-survivors/021M-C0410X0019XX-0100V0>.
Acesso em: 25 jun. 2013.

## Exercício 2

a. the princess;
b. the prince;
c. thing (a palavra está omitida, mas *another* corresponde a *one* na expressão anterior; como *one* modifica *thing*, isso leva o ouvinte a concluir que *another* também se refere a *thing*);
d. as mulheres que o príncipe encontrava e que se diziam princesas (*Princesses he found in plenty*);
e. the prince;
f. muito escuro: há uma comparação entre a escuridão e a cor do piche (*pitch*);
g. ele era o rei (*king*), era idoso (*old*) e ele abriu a porta (*went out himself to open it*);
h. the king and the queen;
i. if the woman at the door was a real princess;
j. the queen;
k. the queen;
l. the princess;
m. the three little peas.

## Estratégia 12

**Exercício 1**
Respostas pessoais.

**Exercício 2**
Respostas pessoais.

## Estratégia 13

**Exercício 1**
Respostas pessoais.

**Exercício 2**
Respostas pessoais.

## Estratégia 14

**Exercício 1**
Respostas pessoais.

**Exercício 2**
Respostas pessoais.

## Estratégia 15

**Exercício 1**
Respostas pessoais.

**Exercício 2**
a. I. Várias respostas possíveis, por exemplo: o local apresenta fauna e flora diversas. O local deve ter muitas qualidades diante de sua caracterização positiva (*dreamy*, *beauty*, *amazing*, *dream*, *famous*).

II. Um falante que se dirige a outras pessoas (*ladies and gentlemen*, *folks*). Elas são turistas ou pessoas locais que fazem o passeio em Rainbow Springs.

III. *foxtail fern* e *water shamrock* são tipos de vegetação; *bluegill* e *small mouth bass* são tipos de peixe.

b. Respostas pessoais.

## Estratégia 16

**Exercício 1**
a/b. Respostas pessoais.
c. *ravenous*: faminto (é possível inferir que a palavra é um adjetivo que caracteriza o urso; o uso de *hungry* anteriormente pode levar o ouvinte a inferir que *ravenous* está de alguma forma relacionado à palavra *hungry*);
*cavernous*: cavernoso (é possível inferir que a palavra caracteriza a boca do urso e está relacionada a "cruel"; além disso, *cavernous* é uma palavra com a mesma origem de "caverna"/"cavernoso/a" em português; o uso do sufixo -*ous* pode também auxiliar o ouvinte a inferir que a palavra é um adjetivo);

*scurry*: correr, mover-se com rapidez e passinhos miúdos (é possível inferir que a palavra é um verbo pela estrutura do trecho *Isabel didn't scream or scurry* e é também possível inferir que tal verbo refere-se a alguma ação esperada quando se é confrontado por um urso);
*cross*: zangado, irritado (pode-se inferir que a palavra é um adjetivo com sentido negativo por qualificar o rosto de uma bruxa e aparecer em conjunto com *wrinkled*/enrugado);
*hideous*: horrendo (pode-se inferir que a palavra é um adjetivo com sentido negativo por qualificar um gigante);

*grind*: moer (pode-se inferir que a palavra é um verbo pela estrutura do trecho *I'll grind your bones*; por remeter a uma ação relativa a ossos, e partindo de um gigante, pode-se inferir que a palavra descreve uma ação agressiva e violenta); *zwieback*: um tipo de torrada (pode-se inferir que se trata de uma comida pelo uso de *nibbled* e *fed* na "vizinhança");

*bulged*: inchado, cheio (pode-se inferir que a palavra é um adjetivo que descreve a bolsa com pílulas); *concocter*: pessoa que faz misturas inusitadas (pelo uso de *pill concocter* pode-se inferir que *concocter* está relacionado a um objeto ou pessoa que faz alguma ação com pílulas).
A avaliação sobre a formulação de inferências é pessoal.

**Transcrição do áudio**

**The Adventures Of Isabel**
(Ogden Nash)
Isabel met an enormous bear,
Isabel, Isabel, didn't care;
The bear was hungry, the bear was ravenous,
The bear's big mouth was cruel and cavernous.
The bear said, 'Isabel, glad to meet you,
How do, Isabel, now I'll eat you!'

Isabel, Isabel, didn't worry.
Isabel didn't scream or scurry.
She washed her hands and she straightened her hair up,
Then Isabel quietly ate the bear up.

Once in a night as black as pitch,
Isabel met a wicked old witch.
The witch's face was cross and wrinkled,
The witch's gums with teeth were sprinkled.
'Ho, ho, Isabel!' the old witch crowed,
'I'll turn you into an ugly toad!'

Isabel, Isabel, didn't worry,
Isabel didn't scream or scurry,
She showed no rage and she showed no rancor,
But she turned the witch into milk and drank her.

Isabel met a hideous giant,
Isabel continued self reliant.
The giant was hairy, the giant was horrid,
He had one eye in the middle of his forehead.
'Good morning, Isabel,' the giant said,
I'll grind your bones to make my bread.

Isabel, Isabel, didn't worry,
Isabel didn't scream or scurry.
She nibbled the zwieback that she always fed off,
And when it was gone, she cut the giant's head off.

Isabel met a troublesome doctor,
He punched and he poked till he really shocked her.
The doctor's talk was of coughs and chills,
And the doctor's satchel bulged with pills.
The doctor said unto Isabel,
'Swallow this, it will make you well.'

Isabel, Isabel, didn't worry,
Isabel didn't scream or scurry.
She took those pills from the pill concocter,
And Isabel calmly cured the doctor.

## Exercício 2
Respostas pessoais.

## Estratégia 17

## Exercício 1
Respostas pessoais.

## Exercício 2
Respostas pessoais.

### Estratégia 18

**Exercício 1**
a. I. S; II. NS; III. S; IV. NS; V. S; VI. NS; VII. S; VIII. NS.
b. I. Marie was the last person alive to speak a language called Eyak.
III. Marie was the last person alive to speak a language called Eyak. [..] But no-one speaks Eyak any more. It is a dead language.
V. ... spoken by the Celtic people who lived in Britain before the English arrived...
VII. ... languages spoken by the Celtic people who lived in Britain before the English arrived in the 4th and 5th centuries. The most important is Welsh.
c. II. Eyak is, or was, one of the native North American languages /...before the English arrived in the 4th and 5th centuries.
IV. We do not have an official language in Britain, but most people of course speak English or a dialect of English.
VI. We do not have an official language in Britain, but most people of course speak English or a dialect of English. [...] They are descended from the languages spoken by the Celtic people...
VIII. ... If you visit Wales, you will see that all road signs are in English and Welsh. Welsh is flourishing.

**Exercício 2**
Respostas pessoais.

### Estratégia 19

**Exercício 1**
Respostas pessoais.

**Exercício 2**
Respostas pessoais.

**Transcrição do áudio**

And I think that, starting very early on now, girls and women are encouraged to feel really disconnected, as if our bodies were just separate parts, each one of which needs improvement. And that this sense of disconnection is extremely painful. And then what happens, which adds insult and injury, is the advertisers offer us addictive products to help deal with the pain that's caused by this disconnection. So they offer us alcohol, they offer us cigarettes, and they offer us food. And they really offer the product as a way that will make us feel more connected, but the way that it will make us feel more connected is by we'll be in a relationship with the product itself. So, not a relationship with a human being, but rather with the substance, the product, the food, the bottle, whatever, but it's the thing, the product is sexualised, the product becomes the partner. That we're loyal to a brand, rather than anything else.

Disponível em: <http://streaming.yale.edu/cmi2/opa/podcasts/health_and_medicine/kilbourne_food_050212.mp3>. Acesso em: 25 jun. 2013.

### Estratégia 20

**Exercício 1**
Respostas pessoais.

**Exercício 2**
a. Respostas pessoais.
b. I. Goose; II. day; III. were; IV. not/enough; V. kill; VI. whole store; VII. goose; VIII. more/all.

## Estratégia 21

**Exercício 1**
Respostas pessoais.

**Exercício 2**
Respostas pessoais.

## Estratégia 22

**Exercício 1**
a. shoe/do; ale/tail; flower/hour; clean/seen; high/eye; tea/agree; bed/bread
b. Respostas pessoais.

**Exercício 2**
a. queen; b. though; c. usual; d. lay; e. cow; f. isolated.

**Exercício 3**
Respostas pessoais.

## Estratégia 23

**Exercício 1**
Hickory / dickory / dock / the / mouse / ran / up / the/ clock / the / clock / struck / one / the / mouse / ran / down / hickory / dickory / dock / tick / tock

**Exercício 2**
Respostas pessoais.

## Estratégia 24

**Exercício 1**
Respostas pessoais.

**Exercício 2**
Respostas pessoais.

## Estratégia 25

**Exercício 1**
Respostas pessoais.

**Exercício 2**
Respostas pessoais.

## Estratégia 26

**Exercício 1**
Respostas pessoais.

**Transcrição do áudio**

**Title: Interview with Fountain Hughes, Baltimore, Maryland, June 11, 1949**
**Description**
Approximately 4 million slaves were freed at the conclusion of the American Civil War. The stories of a few thousand have been passed on to future generations through word of mouth, diaries, letters, records, or written transcripts of interviews. Only 26 audio-recorded interviews of ex-slaves have been found, 23 of which are in the collections of the American Folklife Center at the Library of Congress. In this interview,

101-year-old Fountain Hughes recalls his boyhood as a slave, the Civil War, and life in the United States as an African American from the 1860s to the 1940s. About slavery, he tells the interviewer: "You wasn't no more than a dog to some of them in them days. You wasn't treated as good as they treat dogs now. But still I didn't like to talk about it. Because it makes, makes people feel bad you know. Uh, I, I could say a whole lot I don't like to say. And I won't say a whole lot more."

### Exercício 2
Respostas pessoais.

## Estratégia 27

### Exercício 1
Respostas pessoais.

### Exercício 2
a. Respostas pessoais.
b. Várias respostas possíveis, por exemplo: identificar palavras-chaves ao ouvir (colors, images, lights); focalizar a atenção em palavras negativas (can't, don't etc.); prestar atenção a ideias repetidas no áudio.
c. Respostas pessoais.
d. Respostas pessoais.

**Transcrição do áudio**

"A plant sees what we see. A plant sees light."
Daniel Chamovitz, director of the Manna Center for Plant Biosciences at Tel Aviv University and author of the new book *What a Plant Knows*.
"So if you take someone who's completely blind and by surgery in some way giving them a camera, allow them to see just shadows, would we say that that person now has rudimentary sight? He doesn't see pictures, but for that person being able to differentiate shadows is definitely sight. If we would let them be able to differentiate between red and blue, then that would be even slightly more sight.
"That's what plants do. They don't see pictures. But they see colors, they see directions, they see intensities. But on a certain level, plants might think that we're, um, visually, um, limited. Because plants see things that we can't see. They see UV light and they see far red light, you know, and we can't see that at all. So I think we can say that plants see. It knows quite a bit, much more than we give them credit for."

Disponível em: <http://www.scientificamerican.com/podcast/episode.cfm?id=researcher-argues-that-plants-see-12-06-26>. Acesso em: 25 jun. 2013.

## Estratégia 28

### Exercício 1
Respostas pessoais.

### Exercício 2
Respostas pessoais.

## Estratégia 29

### Exercício 1
a. I. uma música sobre chá;
   II. bebem em média 3 xícaras de chá por dia;
   III. desde o século XVII;
   IV. em todas as classes sociais.
b. Respostas pessoais.
c. Respostas pessoais.

**Transcrição do áudio**

That was Miss Binnie Hale, singing a song called 'A Nice Cup of Tea', which she recorded 70 years ago, in 1941. We British love tea. We drink more tea per head of population than any other country in the world, except for Ireland. If you go to the Tea Council website, you will see a counter at the top of the page which shows how many cups of tea we have drunk so far today. By the end of the day, the counter will reach 165 million – that is three cups of tea per person per day. Coffee has become more popular in Britain in recent years, but even today we drink more than twice as much tea as coffee.

However, tea drinking is not an old tradition in Britain. We made our first cup of tea sometime in the middle of the 17th century. We found that we liked it, that it refreshed us and made us strong and happy, and we have continued drinking tea ever since. In the 19th century, tea became popular among working-class people, and it has remained the favourite drink of ordinary British people ever since. And it is well-known that the Queen likes a nice cup of tea, as well.

Disponível em: <http://www.listen-to-english.com/index.php?id=558>. Acesso em: 25 jun. 2013.

**Exercício 2**
Respostas pessoais.

## Estratégia 30

**Exercício 1**

a. Sutton / Lisa Maiklem / plant area manager; a lot of parts in Britain / Priscilla Jane Buswell / osteopath; Coldslam / John Sheringham / fruit and veg salesman.

b. Respostas pessoais.

**Transcrição do áudio**

**Interviewer** […] I'm sitting here in the delightful Fanny's tea shop in Redhill, in Surrey, and with me I have three people who I'm going to ask to introduce themselves. Firstly, on my right…

**Interviewee 1** I'm Lisa Maiklem, I've lived in Sutton for most of my life, and in Reigate for the last five years.

**Interviewer** What do you do Lisa?

**Interviewee 1** I work in a garden centre, as a plant area manager, and I've been self-employed previously to that, um, working in private gardens.

**Interviewer** And Priscilla?

**Interviewee 2** I've lived in this area for 26 years, and before that I've lived in a lot of different parts of Britain, um, and, I'm an almost retired osteopath.

**Interviewer** What's your full name, Priscilla?

**Interviewee 2** Priscilla Jane Buswell.

**Interviewer** Thank you. And Pip?

**Interviewee 3** I'm John Sheringham, I've lived in Coldslam for 35 years. I used to be a fruit and veg salesman in Covent Garden.

Disponível em: <http://sounds.bl.uk/Accents-and-dialects/BBC-Voices/021M-C1190X0036XX-0401V0>. Acesso em: 25 jun. 2013.

**Exercício 2**

a. Respostas pessoais.
b. I. Não.
   II. Algumas sim, outras não.
   III. Vitaminas são substâncias orgânicas e minerais, inorgânicas.
   IV. Riboflavina é uma vitamina; selênio é um mineral.
c. Respostas pessoais.

## Estratégia 31

### Exercício 1
a. No?; I beg your pardon?
b. Várias respostas possíveis, por exemplo: vontade de saber mais sobre o assunto, no primeiro caso; surpresa, no segundo caso, já que o trecho *I got worms* poderia ser interpretado como "Eu estou com vermes".

### Exercício 2
Respostas pessoais.

## Estratégia 32

### Exercício 1
Respostas pessoais.

### Exercício 2
Respostas pessoais.

## Estratégia 33

### Exercício 1
Respostas pessoais.

### Exercício 2
Respostas pessoais.

## Estratégia 34

### Exercício 1
Várias respostas possíveis, por exemplo:
a. Ouvir para ter uma ideia geral; fazer inferências, monitorar a escuta.
b. Tentar identificar qual é o sotaque do personagem e procurar saber mais sobre tal sotaque usando a Internet como fonte de informação; atentar para a pronúncia ao ouvir; ouvir em colaboração com outra pessoa trocando ideias sobre o que é compreendido.
c. Preparar-se para ouvir fazendo de antemão uma pesquisa sobre vocabulário-chave na área e ouvir a palestra prestando atenção a esse vocabulário; fazer previsões e monitorá-las durante a escuta; inferir o sentido de vocabulário desconhecido.
d. Lidar com lacunas na compreensão; focar a atenção em palavras-chaves; identificar "o problema".
e. Identificar fronteiras entre palavras; monitorar a escuta; vocalizar o que é ouvido.

### Exercício 2
Respostas pessoais.

## Estratégia 35

### Exercício 1
Respostas pessoais.

### Exercício 2
Respostas pessoais.

## Estratégia 36

### Exercício 1
Respostas pessoais.
Para a transcrição do áudio, veja respostas relativas à Estratégia 6, Exercício 1.

### Exercício 2
Respostas pessoais.

## Estratégia 37

### Exercício 1
Respostas pessoais.

## Estratégia 38

### Exercício 1
Respostas pessoais.

### Exercício 2
Respostas pessoais.

## Estratégia 39

### Exercício 1
Várias respostas possíveis em todas as alternativas, por exemplo:
a. Podem-se fazer previsões sobre o que será ouvido, monitorando-se tais hipóteses durante a escuta. Tais previsões permitirão uma conexão entre o ouvinte e o que será ouvido ainda antes de se começar a escuta; o monitoramento é importante para confirmar hipóteses e auxiliar o ouvinte a refazer suas hipóteses enquanto ouve.
b. A leitura das opções no exercício de múltipla escolha, bem como das sentenças que devem ser qualificadas como verdadeiras ou falsas, permitirá ao ouvinte chegar a algumas conclusões sobre o assunto, o gênero, o vocabulário e mesmo as respostas de alguns exercícios.
c. O apoio no conhecimento prévio sobre o assunto permitirá ao ouvinte fazer algumas inferências fundamentais sobre o que é ouvido; tais inferências deverão, por sua vez, ser monitoradas diante do que é compreendido. A transferência de entendimento de diferentes partes do texto pode ajudar o ouvinte durante o processo de monitoramento.
d. O uso de legenda pode auxiliar o entendimento, sendo uma forma de ouvir para aprender vocabulário e mesmo de refletir sobre a relação entre som e grafia.

### Exercício 2
Respostas pessoais.

## Estratégia 40

### Exercício 1
Respostas pessoais.

### Exercício 2
Respostas pessoais.

### Exercício 3
Respostas pessoais.

## ÍNDICE DOS TERMOS DO GLOSSÁRIO

Adjetivo .............................................. 28
Advérbio ............................................ 28
Andaimento ..................................... 189
Anglófono ....................................... 173
Antônimo .......................................... 73
Apropriação ...................................... 82
Aspectos extratextuais ............... 149
Aspectos fonético-fonológicos .... 83
Aspiração ....................................... 116
*Backchannelling* ........................... 196
*Brainstorm* ...................................... 38
Cognatos ........................................... 41
*Collocate* .......................................... 72
Conhecimento de mundo ............ 32
Conhecimento de
organização textual ....................... 32
Conhecimento sistêmico .............. 32
Conscientização linguística .......... 63
*Content words* ................................ 77
Contrações ....................................... 54
Cotexto .............................................. 41
Derivados .......................................... 40
Dialetos ............................................. 56
Discurso acadêmico ....................... 61
Ditongo ........................................... 127
Elementos contextuais .................. 45
Elementos de coesão .................... 72
Elementos paralinguísticos ........ 174
Elipse ................................................. 73
Elisões ............................................. 127

Envolvimento interacional ......... 195
Falante primário .......................... 170
*Falling intonation* ........................ 116
Fonemas ........................................ 115
Fonética ......................................... 191
Fonologia ....................................... 121
*Full vowels* .................................... 122
*Function words* .............................. 77
Gêneros textuais ............................ 24
Grafemas ....................................... 125
*Idioms* .............................................. 78
IELTS ................................................. 43
Imperativo ....................................... 41
Interjeições ...................................... 85
Interlocutores ................................. 90
*Jigsaw listening* .......................... 141
Leitor potencial ............................ 154
Léxico ................................................ 73
Língua estrangeira ......................... 45
*Lingua franca* ............................... 121
Língua materna .............................. 63
Língua padrão .............................. 122
Linguagem não padrão ................ 56
Locução ............................................ 79
Marcadores do discurso ............... 40
Marcadores temporais .................. 64
*Minimal pairs* ............................... 115
Morfologia ..................................... 121
Números ordinais .......................... 69

| | | | |
|---|---|---|---|
| Omissões | 127 | *Scanning* | 50 |
| *One-way listening* | 69 | *Schwa* | 115 |
| Onomatopeias | 85 | Segunda língua | 120 |
| Ortografia | 97 | Semântica | 191 |
| Palavra-chave | 32 | Sílaba tônica | 68 |
| Palavra tabu | 120 | Sinônimo | 40 |
| Palavras homônimas | 126 | Sintaxe | 121 |
| Palavras transparentes | 172 | *Sitcom* | 24 |
| Paráfrase | 40 | Sotaque | 118 |
| Paralelismo | 97 | *Stress* | 116 |
| Paralinguagem | 42 | Substantivo | 55 |
| Pares mais competentes | 97 | Sufixo | 55 |
| Pergunta retórica | 191 | *Syllabus* | 136 |
| *Phrasal verbs* | 77 | *Tag question* | 116 |
| Poder interacional | 168 | Tempo verbal | 41 |
| Preconceito linguístico | 122 | Textos argumentativos | 86 |
| Prefixos | 54 | Textos descritivos | 85 |
| Preposições | 69 | Textos informativos | 86 |
| Primeira língua | 120 | Textos instrucionais | 85 |
| Processos *bottom-up* | 49 | Textos narrativos | 62 |
| Processos cognitivos | 25 | Tipos de texto | 27 |
| Processos metacognitivos | 25 | *Think-aloud* | 146 |
| Processos *top-down* | 77 | TOEFL® | 30 |
| Propósito comunicativo | 25 | Tópicos frasais | 46 |
| Psicolinguística | 79 | *Two-way listening* | 164 |
| Recurso retórico | 191 | URL | 136 |
| Recursos tipográficos | 41 | Variantes linguísticas | 120 |
| Reparo | 60 | Verbo | 41 |
| *Rising intonation* | 116 | Verbo auxiliar | 54 |

## >> FONTES DE REFERÊNCIA

Nesta seção encontram-se sugestões de *sites* que podem ser utilizados para prática das estratégias apresentadas neste livro. (*sites* acessados em 14 abr. 2013)

- http://www.voanews.com/specialenglish/index.cfm
    *Site* do *Voices of America*, espaço destinado a aprendizes de inglês, em que se tem acesso a inúmeros artigos e áudios correspondentes.
- http://www.bbc.co.uk/podcasts
    Neste *site* encontram-se *podcasts* sobre diversos assuntos, produzidos pela BBC.
- http://www.npr.org/sections/arts/
    *Site* da NPR, que produz e distribui notícias e programações culturais de qualidade. O *site* contém um *link* para "*hourly news*" em vídeo.
- http://www.literacynet.org/cnnsf/home.html
    Este é o *site* do Literacy Net, no qual se encontram reportagens da CNN e da CBS5. No *site* pode-se ler o texto integral das reportagens, ou uma versão simplificada ou um *outline* do texto e há ainda a possibilidade de se ver um videoclipe sobre o texto ou ouvir um áudio correspondente. Exercícios de vocabulário e compreensão acompanham as reportagens.
- http://www.cdlponline.org/index.cfm?fuseaction=homepage
    Neste *site* se encontram textos acompanhados de exercícios de vocabulário e compreensão, bem como áudio e vídeo. O *site* é desenvolvido pelo California Distance Learning Project e aqui se podem selecionar textos sobre vários assuntos (por exemplo, *Family, Money, Health and Safety*, entre outros).
- http://www.esl-lab.com/
    *Site* desenvolvido por Randall Davis contendo um vasto repertório de atividades de *listening* organizadas por nível de dificuldade e incluindo exercícios de compreensão, vocabulário, aplicação de estratégias, entre outros.
- http://www.ted.com/
    *Site* em que se podem ver e ouvir apresentações sobre diversos assuntos.
- http://mitworld.mit.edu/index.php
    Neste *site*, mantido pelo Massachusetts Institute of Technology (MIT), encontram-se vídeos de qualidade sobre assuntos diversos.
- http://www.bbc.co.uk/radio4/
    *Site* que contém uma vasta gama de programas de rádio, de gêneros e assuntos variados.
- http://www.eslvideo.com/
    *Site* que contém vídeos e exercícios produzidos para aprendizes de inglês.
- http://www.eslgold.com/listening.html
    Neste *site* tem-se acesso a vários *links* que podem apoiar o trabalho com *listening*, incluindo *sites* com vídeos, *podcasts*, informações para professores, referências de livros didáticos, entre outros.
- http://www.efl.net/index.htm
    *Site* com vasto acervo de material audiovisual para o aprendiz de inglês, incluindo textos e respectivos áudios, *links* para vídeos e dicionários, entre outros.
- http://www.listen-to-english.com/index.php?atp=archive_atp
    *Site* com *podcasts* para aprendizes de inglês, com áudio e sua transcrição.

- http://www.elllo.org
  
  *Site* com material audiovisual para aprendizes de inglês que contém também transcrições e explicações sobre vocabulário.
- http://www.real-english.com/new-lessons.asp
  
  O *site* contém pequenos vídeos em situações reais, exploradas para o aprendiz de inglês (com repetições, legendas, apoio de imagens adicionais, entre outros).
- http://www.bbc.co.uk/worldservice/learningenglish/multimedia/
  
  Neste *site* você encontra artigos em áudio e em vídeo para o aprendiz de inglês. Outros recursos incluem a transcrição e as definições de vocabulário.
- www.breakingnewsenglish.com/
  
  *Site* com planos de aula de inglês, com áudio (e sua transcrição) e sugestões de procedimentos para a sala de aula.
- http://www.digital-librarian.com/audio.html
  
  Neste *site* há uma longa lista de outros *sites* que contêm material multimídia.
- http://www.englishclub.com/pronunciation/index.htm
  
  Visite este *site* para informações sobre diversos aspectos da pronúncia da língua inglesa.
- http://www.soundsofenglish.org/
  
  Neste *site* encontram-se inúmeras informações sobre pronúncia (incluindo aspectos de articulação, tonicidade e entonação) sobre sons da língua inglesa. O *site* contém imagens e áudio além de explicações escritas.
- http://free-english-study.com/home/listening.html
  
  Para inúmeros exercícios (organizados por níveis) para cada uma das habilidades linguísticas, visite este *site*.
- http://archive.org/details/movies
  
  *Site* do *Moving Images* em que se podem ver e baixar filmes e vídeos de vários gêneros.
- http://www.learnenglishfeelgood.com/eslvideo/
  
  Videoclipes de filmes com exercícios de compreensão.
- http://www.bbc.co.uk/skillswise/topic-group/speaking-and-listening
  
  Para ler, ouvir, ver vídeos jogar em inglês e ter mais informações sobre comunicação oral nesse idioma, visite este *site*.

## BIBLIOGRAFIA E SUGESTÕES DE LEITURAS COMPLEMENTARES

BOWLER, B.; PARMINTER, S. *Network*: Teacher's Book 2. Oxford: Oxford University Press, 1999.

CHAMOT, A. U. The learning strategies of ESL students. In: WENDEN, A.; RUBIN, J. (Eds.). *Learner strategies in language learning*. Englewood Cliffs, NJ: Prentice-Hall, 1987. p. 71-84.

CHAMOT, A. U. Language learning strategy instruction: Current issues and research. *Annual Review of Applied Linguistics*, v. 25, p. 112-130, 2005.

CHAMOT, A. U.; BARNHARDT, S.; EL-DINARY, P. B.; ROBBINS, J. *The learning strategies handbook*. White Plains, NY: Addison Wesley Longman, 1990.

COHEN, A. *Strategies in learning and using a second language*. Londres: Longman, 1998.

COHEN, A.; MACARO, E. (Eds.) *Language learner strategies:* 30 years of research and practice. Oxford: Oxford University Press, 2007.

FIELD, J. *Listening in the language classroom*. Cambridge: Cambridge University Press, 2009.

GOH, C. C. M. How ESL learners with different listening abilities use comprehension strategies and tactics. *Language Teaching Research*, v. 2, n. 2, p. 124-147, 1998.

GOH, C. C. M. Listening as process: Learning activities for self-appraisal and self-regulation. In: HARWOOD, N. (Ed.). *English language teaching materials:* Theory and practice. Cambridge: Cambridge University Press, 2010. p. 179-206.

GRAHAM, S.; SANTOS, D.; VANDERPLANK, R. Listening comprehension and strategy use: A longitudinal exploration. *System*, v. 36, n. 1, p. 52-68, 2008.

HALLIDAY, M. A. K.; HASAN, R. *Cohesion in English*. Londres: Longman, 1976.

MACARO, E. *Learning strategies in foreign and second language classrooms*. Londres e Nova York: Continuum, 2001.

MACARO, E.; GRAHAM, S.; VANDERPLANK, R. A review of listening strategies: Focus on sources of knowledge and on success. In: COHEN, A. D.; MACARO, E. (Eds.). *Language learner strategies*: 30 years of research and practice. Oxford: Oxford University Press, 2007. p. 165-185.

NAIMAN, N.; FRÖHLICH, M.; STERN, H. H.; TODESCO, A. *The good language learner*. Toronto: Ontario Institute for Studies in Education, 1978/1996.

O'MALLEY, J. M.; CHAMOT, A. U. *Language learning strategies in second language acquisition*. Cambridge: Cambridge University Press, 1990.

OXFORD, R. *Language learning strategies*: what every teacher should know. Boston: Heinle and Heinle, 1990.

OXFORD, R. *Teaching and researching learning strategies*. Harlow: Pearson Education, 2011.

ROST, M. *Teaching and researching listening*. Harlow: Pearson, 2002.

SANTOS, D.; GRAHAM, S.; VANDERPLANK, R. Second language listening strategy research: Methodological challenges and perspectives. *Evaluation and Research in Education*, v. 21, n. 2, p. 111-133, 2008.

VANDERGRIFT, L. The comprehension strategies of second language (French) listeners: A descriptive study. *Foreign Language Annals*, v. 30, n. 3, p. 387-409, 1997.

VANDERGRIFT, L. Successful and less successful listeners in French: What are the strategy differences? *The French Review*, v. 71, n. 3, p. 370-395, 1998.

VANDERGRIFT, L. Orchestrating strategy use: Toward a model of the skilled second language listener. *Language Learning*, v. 53, n. 3, p. 463-496, 2003.

VANDERGRIFT, L.; GOH, C. *Teaching and learning second language listening*: metacognition in action. Nova York: Routledge, 2012.

WEINSTEIN, C.; MAYER, R. The teaching of learning strategies. In: WITTROCK, M. (Ed.). *Handbook of Research on Teaching*. 3. ed. Nova York: Macmillan, 1986. p. 315-327.

WENDEN, A. Incorporating learner training in the classroom. In: WENDEN, A.; RUBIN, J. *Learner strategies in language learning*. Hemel Hempstead: Prentice Hall, 1987. p. 159-168.

# CONHEÇA TAMBÉM

**Como ler melhor em inglês**
*Denise Santos*

Este volume integra a coleção ESTRATÉGIAS e contempla estratégias relativas à habilidade de leitura. Algumas das estratégias apresentadas: Lendo um texto rapidamente para entendimento de sua ideia geral (*skimming*); lendo um texto à procura de informações específicas (*scanning*); identificando o gênero textual e compreendendo suas características; usando conhecimento de mundo para compreensão de vocabulário novo.

# CONHEÇA TAMBÉM

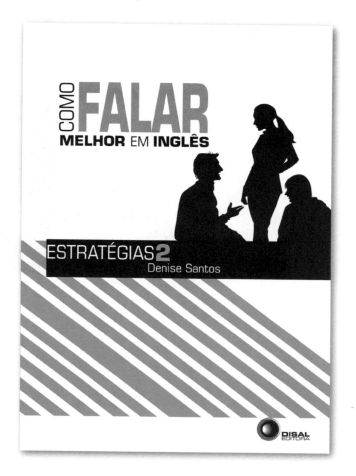

**Como falar melhor em inglês**
*Denise Santos*

O segundo volume da coleção ESTRATÉGIAS apresenta e discute estratégias de produção oral, incluindo: Usando comunicação não verbal para se comunicar; observando a pronúncia de palavras que costumam causar dificuldades para os brasileiros; expandindo e conectando ideias; iniciando e terminando uma conversa telefônica; expressando hesitação.

# CONHEÇA TAMBÉM

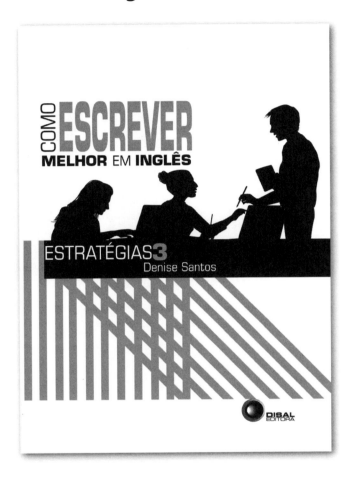

**Como escrever melhor em inglês**
*Denise Santos*

Este volume da coleção ESTRATÉGIAS trata de estratégias de produção escrita, entre elas: Refletindo sobre a organização de um texto; usando um editor de texto; usando marcadores de discurso; considerando diferenças entre modalidade oral e escrita; fazendo a revisão do texto (*proofreading*); tomando notas.

Este livro foi composto nas fontes
Eurostile LT Std, Frutiger LT Std e
Stempel Garamond LT Std
e impresso em setembro de 2013
pela gráfica Vida e Consciência,
sobre papel offset 90g/m².